Doctor
JESUS
의사 예수

Doctor JESUS

의사 예수

김종성 지음

전나무숲

추천의 글

영감이 넘치게 하고, 몰입하게 하고, 가슴을 뛰게 하는 책!

    이 세상에 오신 예수님은 다양한 병자를 고치셨고, 무지한 자들을 가르치셨고, 천국을 선포하셨다. 그러므로 참된 구원은 몸과 마음과 영혼의 전인적 구원을 말한다. 현대의학은 예수님이 오신 지 2천 년이 지나면서 비로소 그 뜻을 이해하기 시작했다. 21세기는 동양과 서양이 손을 잡고, 의학이 신학과 만나고, 인간의 문제를 하나님을 만나 해결하는 전인통합의학으로 나아가고 있는 시대인 것이다.

    이런 상황에서 출간된 『의사 예수』는 실로 보석 같은 책이다. 김종성 목사가 쓴 이 책은 신학, 철학, 심리학, 상담학, 심신의학을 두루 공부한 탁월한 지적 능력의 소산일 뿐만 아니라, 30년간 한결 같은 목회 생활과 절망에 빠진 수많은 환자를 돌보고 치유해온 경험이 녹아 있는 탁월한 영적 치유서이다.

몸이 병들면 기독교인들은 당연히 예수님을 찾는다. 절박하고 갈급한 마음으로 주님께 나아가 예수님의 옷자락이라도 스치기를 바란다. "에바다(질병에서 풀려라)! 달리다굼(소자야 명하노니 일어나라)!"이라는 주님의 음성을 듣고 싶어 한다. 이 책은 바로 이런 주님의 기적적 치유를 과학의 눈으로 보여주는 의학서인 동시에, 오늘날 어떻게 하면 하나님의 음성을 들을 수 있는지 알려주는 신학서이다.

이 책은 에너지가 넘치고, 마지막 장을 읽을 때까지 몰입하게 만들고, 가슴을 뛰게 한다. 명료하면서도 깊이 있으며 영적인 길을 소개하고 있는 이 책을 쓸 만한 더 나은 사람을 상상할 수 없다. 한국 교회 성도들에게 꼭 한번 읽어보라 권하고 싶다.

NCCK총회 회장, WCC총회 유치위원장, 명성교회 당회장 **김삼환 목사**

추천의 글
Doctor JESUS를 만나는 축복

　하나님께서 인간을 창조하실 때 그 크신 사랑으로 우주의 모든 원리를 우리 몸속에 있게 하셨습니다. 최근에는 그 정교한 생명의 원리가 의학이나 분자생물학 연구를 통해서 많이 밝혀졌습니다. 그 원리란, 하나님이 영원히 허락하신 영적 세계와 일정한 기간만 존재하게 해주신 육신계가 항상 상호작용을 통해서 잘 조화되어야 건강한 삶을 누릴 수 있다는 것입니다.

　저는 일생동안 암을 전공하였고 많은 암환자를 의학적으로 완치시킨 의사입니다. 암이란 잘못된 생활습관이나 식생활에 의해 몸의 유전체가 손상을 입을 때, 정상 세포가 암세포로 변질되어 생기는 것입니다. 이때 생활습관이나 유전체에 해를 주는 80%의 원인은 '잘못된 마음'에서 비롯됩니다.

　이제 나이 들어 지난 50년을 뒤돌아보면, 부족한 저를 통해 하나님께서 환자들을 많이 축복하셨지만, 그 환자의 몸만 치료하였을 뿐 마음과 영혼을 돌보는 일에는 부족했다는 생각이 듭니다. 때마침 출간된

김종성 목사님의 책 『의사 예수』는 부족했던 부분을 의료 과학적으로 잘 설명하고 있어서 무척 기쁜 마음으로 읽었습니다. 예수님 말씀의 원리대로 통합적 치유 방법을 해설해놓은 이 책은 우리의 몸과 마음을 바꾸고 치료하는 최고의 지침서가 될 것입니다.

최근에 제가 가르친 제자들인 강남세브란스병원의 이희대 교수, 정우희 교수, 길르앗치유문화원장 이성훈 박사가 이러한 '작은 Doctor JESUS'가 되어 치유를 행하고 있어 저 자신도 무척 행복하고 자랑스럽게 생각하고 있습니다. 여기에 김종성 목사님도 힘을 합쳤다고 하니 더할 나위 없이 기쁩니다.

요사이 회자되는 'Well being'과 'Well dying'의 원리를 깨닫게 하고, 복된 예수님의 치유 기적을 체험케 하는 김 목사님께 다시 한 번 감사드립니다. 육신과 마음의 병으로 고생하는 도든 이들에게 하나님의 축복과 예수의 치유의 기적이 있길 기도하며 『의사 예수』를 여러분에게 적극 추천하는 바입니다.

전 연세대 총장, 전 CHA의과대 총장, 전 대한암학회 이사장 · 회장, 전 연세암센터원장 **김병수 박사**

추천의 글

심신의학은 질병의 원인을 밝혀내고, 병의 뿌리를 캐내는 중요한 분야

본인은 최첨단 서양의학인 뇌신경과학, 면역학, 분자세포생물학, 생명공학 등 여러 분야에서 회장이나 책임자의 일을 맡아왔다. 그러나 서양의학은 증상만 제거하려는 한계가 있어 늘 고민하다가, 뜻이 있어 한국에 처음으로 한국통합의학 학회를 창립하고 의과대학에서 통합의학교실을 운영하였다. 통합의학은 서양의학과 동양의학, 심신의학, 영양학, 운동의학 등으로 통합적으로 환자를 돌보는 방법이다. 특히 심신의학은 질병의 원인을 밝혀내고, 병의 뿌리를 캐내는 중요한 분야이다.

김종성 목사는 심신의학 전문가로 가톨릭대 통합의학교실에서 외래교수로 함께 일했다. 그는 오랫동안 신학, 철학, 심리학, 상담학, 심지어 심신의학까지 폭넓게 공부하였으며, 무엇보다 자신의 불치병을 치유해본 경험이 있기에 환자의 아픔을 누구보다 잘 아는 분이다. 이 점에서 그의 책 『의사 예수』는 심신의학을 예수께 연결시키는 놀라운 치유서라 할 수 있다. 누구든지 이 책을 읽고 건강해지길 바라며, 아직 심신의학의 불모지와 같은 한국사회가 새로운 눈을 뜨게 되길 기대한다.

한국통합의학학회 초대 회장, 전 가톨릭대 통합의학교실 주임교수 **변광호 박사**

추천의 글

예수님의 치유의 핵심을 설명한 책

사랑하고 아끼는 제자가 쓴 『의사 예수』를 기쁜 마음으로 추천하는 데는 네 가지 이유가 있다.

이 책은 첫째, 예수님의 치유를 의학 분야의 심신관계(psycho-somatic relation) 이론에 근거해서 해석하려고 시도하고 있다. 모르면 기적이지만 알면 과학이 된다는 말이 있다. 의료가 과학이 되기 위해서는 통계적으로 유의미해야 하고, 치유되는 메커니즘이 확실해야 한다. 이 책은 주님의 기적을 최첨단 심신의학 이론으로 풀어가면서 지금도 살아 계신 하나님이 어떻게 역사하고 계신지를 잘 알려주고 있다.

둘째, 어려운 의학지식을 누구나 알아듣기 쉽게 설명하고 있다. 한번 책을 펴들면 저절로 끝까지 죽 읽어 내려갈 수 있는 흥미로운 책이다. 하지만 이 책은 결코 가벼운 책이 아니다. 면역, 내분비, 분자생물학, 신경과학 등 전문 의학지식에서부터 심리학, 철학, 신학, 영성에 이르기까지 방대한 지식을 소개하고 있다. 지식이 방대하다 보면 산만하거나 가벼워지기 쉽지만, 이 책에서 소개하는 지식은 잘 통합된 전문지식이라 일반인이나 전문가들이라도 심신-영성의학을 이해하는 데 아주 적합한 책이다.

셋째, 이 책을 읽으면 다음과 같은 치유의 핵심 원리를 배울 수 있다. "알고 보면, 모든 질병은 사랑의 결핍에서 비롯된다. 따라서 사랑보다 더 좋은 치료제는 없다. 사랑에는 경이로운 치유의 힘이 있다. 사랑으로 치료하신 예수, 그 분은 진정한 의사이다."

넷째, 전도를 위한 책이다. 오늘날 전도는 불신자의 가려운 곳을 긁어주고, 실존의 문제를 해결해주는 것이라야 한다. 환자들에게는 지푸라기라도 잡으려는 갈급함이 있다. 이 갈급함을 접촉점으로 해서 환자에게 살아 계신 주님을 만나게 하고, 주님의 치유가 일어나도록 안내하는 지혜가 필요하다. 이 책은 어떻게 주님의 치유가 가능한지를 설명하면서 실제 주님을 만나게 할 수 있는 방법도 소개하고 있다.

이 책은 오랫동안 저자가 병원에서 환자를 치유하고 가르쳐온 강의 내용을 중심으로 꾸민 것이다. 그래서 교육을 통해 생각을 바꾸고 훈련을 통해 몸을 바꿀 수 있음을 알기 쉽게 보여준다. 나도 속히 실습 프로그램에 참여하고 싶다는 마음을 샘솟게 하는 책이다. 한국 교회 성직자, 평신도, 심지어 불신자에게도 꼭 일독을 권하고 싶다.

전 장로회신학대학교 총장, 대구제일교회 담임목사 **고용수 목사**

프롤로그

예수님은 지금도 치유하신다

두려운 마음으로 많은 시간 동안 고민했다. 부족한 사람의 졸필로 감히 전능자의 성호를 '의사 예수'라는 한정된 말 속에 제한시키지는 않을까? 끝을 헤아릴 수 없는 창조자의 지혜를 부족한 내가 안다면 과연 또 얼마나 알겠는가? 기도로 주님께 묻고 또 물었다. 응답받기를 간절히 원했다. 그렇게 오랜 기도 후에 드디어 마음에 확신이 들었다. "의사 예수! 이름을 빌려주는 대신 이름값은 하라"는 음성과 함께.

필자는 우리나라 처음으로 의과대학에서 심신의학 프로그램을 맡은 실습 전문가이다. 그래서 환자의 아픔과 두려움을 잘 안다. 잘 안다고 감히 말하는 것은 공부를 많이 했기 때문이 아니라, 20년 전 직접 병을 겪으며 거의 한 해 동안 생과 사를 수없이 넘나들었기 때문이다.

그때는 정말 살고 싶었다. 주님의 옷자락을 만져 병이 나은 혈루증 여인이 참으로 부러웠다. 그리고 풀리지 않는 질문들을 수없이 그분에게 던졌다. 그러다가 기적같이 살게 되었다.

그 후 '주님의 옷자락에 접촉' 하는 것이 과연 무엇인지 과학적으로 알게 되었고, 나는 늘 그 기쁨 속에 살고 있다. 이것이 심신의학이다.

2천여 년 전 예수께서는 이 땅에서 수많은 병자를 고치셨다. 귀신 들린 병, 열병, 문둥병, 혈루증, 소경, 지체불구, 간질, 환자를 고치시고, 심지어 죽은 자도 살리셨다. 예수님이 행하신 기적은 "낱낱이 책에 기록한다면 이 세상에 보관하기에 부족"(요한 21:25)할 정도다. 『성경』에 기록된 것을 정리해보면 약 30가지 정도의 치유가 나오는데, 정신과, 내과, 외과, 재활의학과, 안과, 신경과, 피부과 등 다양한 질병들이었다.

예수님의 치유 기적들을 현대과학으로 증명해볼 수 있을까?
예수님의 치유에는 몇 가지 공통적인 특색이 있다. 우선 항상 성공적이었고, 즉각적이었으며, 재발이 없었다. 그리고 요즘처럼 밀실(수술실)에서 이루어진 것이 아니라 많은 대중들 앞에서 행해졌고, 치유가 워낙 확실해 반대자 바리새인들조차 의심하거나 시비할 수 없었던 것이다.
최근 예수님의 치유는 기적을 넘어 과학으로 밝혀지고 있다. 그분은 인간을 지으신 창조자로 그 설계도를 DNA 유전자 속에 고스란히 보관하고 계셨다. 현대의학은 분명 하나님이 허락하신 지혜다. 그러나 아직도 보이는 증상만 제거할 뿐, 근본 원인을 밝히는 데 한계가 있으며 설사 치료를 한다고 하더라고 쉽게 재발한다. 그래서 원인을 찾아 치유하는 심신의학이 등장하게 되었다. 심신의학의 최고의 의사는 바로 예수님이시다.

예수님이 환자에게 안수를 해주거나, 침으로 흙을 이겨 발라주거나, 물에 가서 씻어라 한 것은 환자 각각의 믿음 때문이지만, 근본적인 치유는 '말씀의 능력'이었다. 육체의 건강을 위해, 마음과 영적으로 바로 서는 것이 필요했다.

"저희의 믿음을 보시고 중풍병자에게 이르시되 소자야 네 죄 사함을 받았느니라"(마가 2:5)

오늘날 약 80% 이상의 질병이 스트레스와 잘못된 생활습관에서 비롯된다. 그래서 세계의 의료 패러다임은 '몸-마음-영성'을 통합하는 심신의학으로 나아가고 있다. 이 책은 심신의학이 무엇인지, 심신의학이 얼마나 큰 효과가 있는지 알려줄 것이다.

하지만 이 책은 이론 중심의 책이 아니라 실습 중심의 책이다. 그래서 가능한 과학의 눈으로 『성경』을 보려 했고, 어려운 의학용어도 일반인이 이해하기 쉽게 풀어 썼다. 아마 여러분이 이 책을 다 읽을 즈음에는 상당한 사고의 변화가 있을 것이다. 이 책에 나와 있는 훈련법들을 그대로 실천할 수만 있다면 여러분의 건강과 인생에 놀라운 기적이 일어날 것이다.

예수께서 12제자를 부르시고, "더러운 귀신을 쫓아내며 모든 병과 모든 약한 것을 고치는 권능"(마태 10:1)을 주시며 복음을 전하라 명하셨다. 심지어 오늘 우리에게도 "나를 믿는 자는 내가 하는 일을 그도 할 것이요 또한 그보다 큰 일도 할 것"(요한 14:12)이라 말씀하신다.

예수님의 치유는 병을 낫게 하는 데 목적이 있는 것이 아니라, 이를 통해서 복음을 전파하는 데 목적이 있었다.

세계는 이제 웰빙의 시대에 진입했다. 사람마다 전인건강에 대한 관심이 폭발적이다. 현대인은 하나님을 직접 체험하고 싶어 목말라 하고 있다. 아픈 환자는 지푸라기도 잡을 만큼 마음이 준비되어 있다. 전도는 불신자의 가려운 데를 긁어주는 것이라야 하지 않는가. 사람을 살리는 일에 이 시대가 여러분을 부르고 있다.

무엇보다 이 책을 읽고 직접 실습해보기를 권한다. 운전면허를 따려면 교실에서 학과 공부도 필요하지만, 자동차에 몸을 싣고 직접 운전해보는 것이 더 중요하다. 3개월간만 연습해보라. 처음에는 미숙하지만 점점 익숙해져 몸은 변화되고, 당신은 전인치유 전문가가 될 것이다.

이 책이 나오기까지 많은 사람의 수고와 도움이 있었다. 그들에게 모든 공로를 돌린다. 특히 바쁘신 중에도 추천의 글을 기꺼이 써주신 분들, 필자의 지적 순례의 여러 스승들, 출판사 전나무숲 가족분들, 믿음으로 따라준 길교회 교우들, 사랑하는 가족에게 감사를 드린다.

2천 년이란 시간을 초월하여 영성으로 오시는 주님께서 직접 여러분을 만지고 치유하기를 원하신다. 이 책을 읽는 모든 분께 치유와 능력이 나타나길 기도한다.

모든 영광을 하나님께.

경주 토함산 자락 길교회에서 **김 종 성**

차 례

추천의 글 영감이 넘치고, 몰입하게 하고, 가슴을 뛰게 하는 책! **김삼환 목사** 4
　　　　　Doctor JESUS를 만나는 축복 **김병수 박사** 6
　　　　　심신의학은 질병의 원인을 밝혀내고, 병의 뿌리를 캐내는 중요한 분야 **변광호 박사** 8
　　　　　예수님의 치유의 핵심을 설명한 책 **고용수 목사** 10

프롤로그 예수님은 지금도 치유하신다 12

 ## 제1부
몸을 치유하는 의사 예수

예수님은 우리의 의사다

- 생존 가능성 10%, 간암을 통해 거듭난 목사님　26
- 예수님에게 치유는 '기적'이 아니라 '일상'이다　30
- 동-서양의학에 전해지는 '하나님의 형상'　34
- 동-서양의학이 통합의학으로 발전　40

스트레스가 병을 부른다

- 불을 품고 사는 현대인　45
- 성격에 따라 걸리는 병도 다르다　47

- 스트레스가 병이 되는 메커니즘   49
- 마음의 힘, 스트레스를 푸는 열쇠   54

예수님이 주신 뇌와 심장의 힘
- 나다나엘이여, 이보다 더 큰 것을 보리라   59
- 온전한 사랑, 두려움과 의심을 극복하는 힘   63
- 방황하는 마음을 붙잡는 법   66
- 심장은 사랑의 장기   69
- 예수님의 심장은 왜 파열됐을까?   75

우리 몸 안에 의사가 있다
- 과학으로 증명되는 예수님의 말씀   77
- 면역체계를 좌우하는 마음의 힘   79
- 기도와 명상으로 듣는 마음의 소리   85
- 병의 원인을 알면 치료할 수 있다   89

평생 병 없이 사는 비결
- 마음을 풀면 꼬인 유전자가 풀린다   92
- 부정적 사고의 악순환   95
- 간편하고 효과적인 프리즈 프레임   97

 **제2부**
마음을 치유하는 의사 예수

마음의 집짓기와 치유의 첫 단계
- 모래 위와 반석 위에 지은 집   102
- 예수님의 분노와 유머   107
- 마음을 치유하기 위한 여러 방법들   110
- 예수님의 별명과 희망의 메시지   116

마음의 쓰레기를 어떻게 처리할 것인가
- 다윗의 토설하는 기도   119
- 세상에서 가장 더러운 것은 무엇일까?   125
- 우리의 연약함을 아시는 주님   128

용서가 만드는 기적
- 용서는 누구를 위한 것일까?   133
- '원수까지 사랑하라'는 이유   136
- 절망에 빠졌던 요셉의 용서법   142
- 베드로를 구원하신 예수님의 용서법   145

나를 푸른 초장에 누이시고

- 깊은 잠에 빠질 수 있었던 베드로   148
- 잠과 꿈의 과학적 원리   151
- 가장 확실한 불면증 탈출법   153
- 꿈(dream)과 꿈(vision)   156
- '죽음의 수용소'를 넘어서   158

사망의 골짜기에서도

- 죽음을 보면 삶이 보인다   163
- 의학적, 철학적 물음으로서 죽음   167
- 영원한 영광의 몸   171
- 참된 희망, 주께서 나와 함께 한다는 믿음   176
- 희망 만들기, 3차 건강 개발 계획   178

제3부
영혼을 치유하는 의사 예수

영성이란 무엇인가?

- 하나님의 능력과 심리적인 플라세보 효과   182
- 영성, 나와 너(I-You)의 관계   184
- 김정준 목사의 삶   189

하나님에게 솔직히 하라
- 겉과 속이 다른 회칠한 무덤, 바리새인 193
- 내려놓음, 더 내려놓음 196
- "예, 저는 개입니다" 197
- 마귀를 대적하는 무기 200

영을 분별해 하나님의 음성을 들어라
- 자기암시, 마인드 콘트롤, 그리고 기독교 영성 205
- 하나님의 음성을 듣는 사람들 210
- 하나님을 가리키는 나침반 214
- 초합리적인 기독교 신앙 221

제4부
나는 오늘도 의사 예수를 만나러 간다

마음의 우상을 불태워라
- 내가 미처 몰랐던 내 마음의 우상 228
- 하나님은 당신의 심부름꾼이 아니다 231
- 진정한 고백, 그리고 회개 233
- 하나님의 선물을 즐겨라 235

다시, 진정한 기독교 영성을 위하여
- 만물을 충만케 하시는 자의 충만   **238**
- '지금, 이곳'에서 만나는 기적   **240**
- 브레이크아웃과 스파크   **244**
- 필자가 경험한 브레이크아웃   **248**

하나님을 만나는 영성 수련법
- 하나님의 음성을 듣는 마음   **254**
- 가톨릭 영성과 개신교 영성   **256**
- 영적인 귀를 여는 말씀 묵상 수련법   **258**
- 마음이 뜨거워지고, 눈이 열리다   **261**
- 4주간의 영성 프로그램   **263**

사랑의 공명현상
- 환자를 위한 기도의 효과   **271**
- 자지 말고 깨어라   **276**
- 다양한 기도의 방법들   **278**
- 기적을 부르는 미, 용, 감, 사   **281**
- 현대 양자역학이 증명한 기도의 과학   **285**
- 전인건강 테스트 – 네 개의 바퀴   **292**

제1부
몸을 치유하는 의사 예수

예수님은 우리의 의사다

"온 갈릴리에 두루 다니사 그들의 회당에서 가르치시며 천국 복음을 전파하시며 백성 중의 모든 병과 모든 약한 것을 고치셨다"(마태 4:23)

생존 가능성 10%, 간암을 통해 거듭난 목사님

처음 심신의학 프로그램을 진행했을 때 잊을 수 없는 사람이 있다. 이웃에 있는 교회에서 지역전도를 위해 마련한 프로그램이었다. 초청된 30명의 환자 중에는 암 환자, 고혈압 환자, 뇌졸중 환자, 우울증 환자 등 다양한 질병을 앓고 있는 사람들이 있었다.

그런데 그중에 저절로 눈에 띄는 한 사람이 있었다. 희망적이어서가 아니라 꺼져가는 촛불같이 힘이 없어 보였기 때문이다. 머리가 다 빠져 모자를 깊이 쓰고 있었고, 얼굴은 마스크로 가리고 있어서 겨우 눈만 보였다. 강의는 대부분 누워서 듣고 따라 했다. 조심스럽게 앉았고, 걸을 때는 딸이 와서 부축해주었다. 그래도 3일간의 강의와 실습을 끝까지 따라 했다. 사실 그분은 이미 병원에서도 포기를 한 상태였다. 자궁내막암, 난소암, 직장암, 대장암, 간암…… 암이 여기저기 셀 수 없을 정도로 퍼져 손을 댈 수가 없었다. 병원에서는 치료가 불가능하고 길어야 2~3개월밖에 못 살 거라 말했다고 했다.

여러 차례 모임이 계속되면서 시간이 흘렀다. 그때마다 그분은 빠짐없이 참석했으며, 스스로 몸이 좋아지고 있음을 느끼고 있다고 했다. 프로그램에서 배운 모든 것들은 날마다 집 앞 공원에서 실천하고 있다고 했다. 하다가 궁금한 것이 있으면 모임에 다시 와서 배워 갔다.

그렇게 3년이라는 시간이 흘렀다. CBS TV 프로그램 〈새롭게 하소서〉에 출연할 당시, 이분이 와서 간증을 해주셨다. 오랜만에 보았는데 깜짝 놀랐다. 너무 건강해져 옛날 모습을 찾아볼 수 없을 정도였다. 얼굴에는 윤기가 흐르고, 머리는 파마를 하고, 걸음걸이와 목소리에는 건강미가 넘쳐 있었다. 너무나 기뻤다. 이날 이분의 간증은 TV를 통해 전국에 퍼져나갔다.

"그때 저는 다른 방법이 없었어요. 그런데 지금 이렇게 건강해졌잖아요. 100% 성공했어요. 참 감사하지요. 목사님을 통해서 하나님이 고쳐주셨음을 확신하고 있어요."

지금 이분은 그 교회 집사님으로 건강한 몸으로 신앙생활을 잘하고 계신다.

한번은 평소 잘 알고 지내던 목사님이 덜컥 간암에 걸리셨다고 했다. 이때는 심신의학 프로그램이 좀 알려진 터라 목사님은 병원에서 진단을 받은 후 곧바로 내게 상담을 하러 오셨다. 병원치료를 받아야 할지, 대체의학은 어떤 것인지, 어떻게 생활해야 하는지…… 갑자기 겪는 일이라 아는 것이 거의 없다고 하셨다.

그래서 나는 "병원치료를 받아야 한다. 의료과학도 하나님의 선물이다. 대체의학은 과학적 검증이 안된 부분이 많다. 여기에다 하나뿐인 생명을 맡길 수는 없다. 대신 현대의학에서 다루지 못해 보완해야 할 부분, 스트레스 문제, 병을 만들어온 생활습관 문제를 심신의학 프로그램에서 바꾸어보자"고 주문했다.

처음 병원에서 사진을 보았을 때는 좁쌀 크기의 수많은 암들이 마치 밤하늘의 별처럼 간 전체를 뒤덮고 있었다고 한다. 의사의 말에 의하면, 수술도 불가능하고 회복 가능성은 10~15%에 불과하다고 했다.

목사님은 며칠 후 심신의학 프로그램에 참가했고, 병원 치료도 두 차례 받았다. 2개월 후 사진을 찍어본 의사는 깜짝 놀랐다. 이렇게 깨끗하게 없어질 수가! 몸이 건강해져 있었다. 목사님 자신도 놀라셨다고 한다. 평소 그렇게 심했던 두통이 싹 달아났고, 불면증에 피로감이 없어졌고, 검었던 얼굴이 어린아이 혈색으로 돌아왔고, 모든 신체기능이 살아 다시 청춘이 되었기 때문이다. 목사님은 프로그램에서 배운 것을 날마다 실천하고 계신다고 한다. 오히려 암을 통해 삶이 거듭나게 되었다고 말씀하시며 지금은 심신의학 전도사로 복음을 전하고 계신다.

그간 프로그램에 참여해본 여러 분들의 간증을 들어보자.

"심신의학이란 생소한 단어가 예수님의 치유방법에 가장 가까운 방법이란 것이 놀랍다. 우리 몸에 자연치유력을 만들어놓으신 하나님께 감사하며, 빠른 치유를 기대한다."

"나 자신을 돌아보게 되었고 내가 이토록 귀중한 존재임을 깨닫게 되었다. 다시 한 번 태어나는 귀한 시간이었다. 건강한 사람도 예방 차원에서 참가하길 권한다."

"그간 신앙과 생활의 괴리감, 무미건조한 신앙생활로 영성을 가꿔나갈 줄 몰랐던 저에게 찾아온 암은 하나님이 내밀어주신 손이라는 걸 깨닫게 되었다. 앞으로 몸과 마음과 영성의 건강까지 잘 챙기며 살 것이다."

"세포가 나의 말에 귀를 기울여 듣고 있음을 경험했고, 생각과 마음을 움직여 나의 몸을 만난 것은 참으로 놀라운 경험이었다. 평생 잊을 수 없다."

"나는 간암 말기로 14Cm, 3Cm의 종괴가 있었고, 폐에 4군데나 전이되어 수술을 할 수 없다는 진단을 받았다. 이후 아무런 의학적인 치료를 받지 못하다가, 심신의학을 통해 큰 효과를 보고 있다. 이전에는 내 몸속 암덩이가 딱딱하게 손에 잡혔는데 지금은 없다. 통증도 사라졌다. 내가 지금까지 알고 있는 치료법 중에 최고의 치료법이라 확신한다. 하나님께 감사를 드린다."

"영성을 주제로 박사논문을 준비하는 사람으로 체계적이고 과학적인 심신의학 강의에 놀라운 유익을 얻었다. 과학적 영성같이 생소한 분야가 건강과 어떻게 연관되어 있는지를 정리해주었고, 실제적 체험으로 인도해주었다. 앞으로 도움을 주고받으며 함께 사역하고 싶다."

"스트레스 대응법, 자연치유와 면역력을 강화하는 법을 과학적이고 실제적으로 알게 되어 굉장히 기뻤다. 말씀으로 하나님을 만나는 법을 체험할 수 있었다. 다른 이들에게 꼭 권하고 싶고, 전도에 놀랄 만한 영향을 줄 것이라 확신한다."

예수님에게 치유는 '기적'이 아니라 '일상'이다

「요한복음」 5장 1-18절을 보면 예수님은 명절에 예루살렘에 올라가서 베데스다 못가 행각에 누워 있는 많은 환자를 찾아보았다. 이곳에 와 있는 많은 환자들은 하나의 믿음을 가지고 있었다. 가끔 이곳 물이 움직이는 때가 있는데 이 현상은 하늘의 천사가 내려와 휘젓는 것이고 이 기회에 가장 빨리 물속에 들어가는 자는 병이 낫는다는 것이었다. 그곳에 38년 된 앉은뱅이 병자가 있었다. 먼저 예수님이 그에게 찾아가서 하신 말씀이 무엇이었을까.

"네가 낫고자 하느냐?"

지극히 당연한 말씀을 왜 물으시는가? 환자가 가족과 집을 떠나 신음 소리가 가득한 이 낯선 곳에 무엇 때문에 와 있었겠는가?

대답이야 당연히 "예! 예수님. 제가 병이 낫기를 원합니다"라고 해야 한다. 그런데 그렇게 말하지 않았다. 대신 이 병자는 "주여 물이 움직일 때에 나를 못에 넣어줄 사람이 없습니다. 내가 기어가는 동안에 다른 사람이 먼저 내려가나이다"라며 사람들을 원망했다.

왜 이런 원망 섞인 말을 했을까? 입장을 바꿔 생각해보자. 말이 38년이지 그 긴 세월 동안 한 번도 걸어보지 못하고 앉은뱅이 생활을 했다고 생각해보라. 38년간 다리의 근육만 마비된 것이 아니라, 내가 지금 걸을 수 있다는 마음까지 마비된 것이 아니겠는가?

주님은 다리를 고치기 전 먼저 환자의 마음이 회복되기를 원하셨다. 주님은 다시 그에게 마음의 치유를 위해 명령을 했다.

"일어나 네 자리를 들고 일어나 걸어가라."

38년간 마비된 다리로 일어서는 것도 불가능한데, 그 다리로 일어서서 평생을 깔고 누웠던 그 무거운 거적때기를 들고 걸어가라 명령하시는 것이다. 예수님은 왜 힘든 명령을 내리시는가? 이는 불구가 된 다리가 문제가 아니라, 먼저 긴 세월 마비된 마음을 고쳐야 한다는 말씀이다.

마음을 고쳐야 몸이 낫는다. 마음을 고치지 않은 상태에서 몸을 고쳐봐야 다시 몸은 병의 자리로 되돌아간다. 병이 재발하고 전이되는

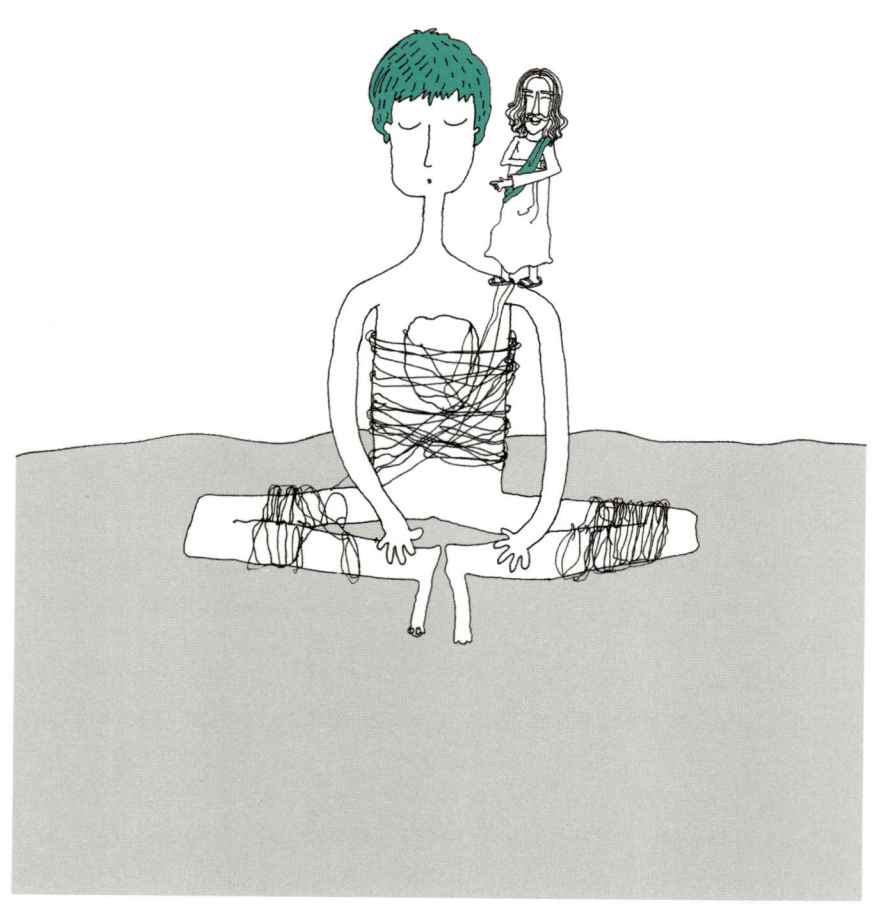

까닭은 무엇인가? 병의 원인이 되는 마음과 생활습관을 바로잡지 못해서 그러하다. 이것이 현대의학의 한계이다.

환자들은 병원에서 안 된다고 하면 그 다음으로는 산속에 용하다는 기도원으로 들어간다. 그곳에서 어쩌다 기적적으로 병이 낫기도 한다. 어떻게 낫게 되었는지 원리도 모른다. 하지만 대부분 환자는 얼마 후 다시 발병하고 심할 경우에는 결국 죽고 만다. 왜 그럴까? 병의 뿌리인 마음과 생활습관을 바꾸지 않았기 때문이다.

그래서 예수님은 각종 병을 고쳐주실 때 "네 죄가 사하여졌느니라", "흉한 것이 생기지 않도록 다시는 죄를 범치 말라"고 말씀하신 것이다. 병의 원인은 마음과 생활습관에 있고, 죄와 영적 문제라는 것이다. 이것이 예수께서 우리에게 보여주신 심신의학이다.

예수님이 세상에 오셔서 하신 일은 크게 세 가지였다.

「마태복음」 4장 23절에서는 "온 갈릴리에 두루 다니사 그들의 회당에서 가르치시며 천국 복음을 전파하시며 백성 중의 모든 병과 모든 약한 것을 고치셨다"라고 기록하고 있고, 9장 35절에 재차 강조하였다.

결국 치유하시고(테라피, healing), 가르치시고(디다케, teaching), 선포하시는(케리그마, preaching) 일을 하신 것이다. 즉 인간의 몸과 마음과 영혼을 통합적으로 '전인구원' 하신 것이다.

이후 2천 년간 이 세 가지는 각각 분리되어 진행되었다. 몸을 위해 병원이, 마음을 위해 학교가, 그리고 영혼을 위해 교회가 존재했다.

최근에는 이러한 세 가지가 다시 통합되는 모습을 보이기도 한다. 병원에서는 '심신 통합의학'을 시작했고 학교에서는 '전인교육'을 하고 있다. 그런데 안타깝게도 교회는 아직 '전인구원'에 접근조차 하지 못하는 상황이다.

세례요한이 자기 제자들을 보내어 예수님이 과연 메시야인지 아닌지 물어보게 했다. 이에 예수님은 자신의 사역 현장을 보이시며 이렇게 대답하셨다.

"너희가 보고 들은 것을 가서 말하라. 눈먼 사람이 다시 보고, 저는 사람이 걷고, 나병환자가 깨끗해지고, 귀먹은 사람이 듣고, 죽은 사람이 살아나고, 가난한 사람이 복음을 듣는다"(누가 7:22)

예수님은 자신이 메시야이심을 치유를 통해 증명하셨다. 특히 치유를 '기적(miracles)'이라 하지 않고, '일상(works)'이라고 말씀하신다. 메시야에게 치유는 지극히 당연한 일이라는 것이다.

동-서양의학에 전해지는 '하나님의 형상'

하나님은 사람을 흙으로 빚으시고 생기를 불어넣어 생명을 갖게 하셨다. 그렇게 사람 속에 하나님의 형상이 담기게 되었다. 그러나 인간의 범죄로 하나님의 형상을 잃고 말았다. 그래서 인간을 구원하시러 하나님의 형상으로 오신 분이 예수 그리스도이시다. 사람은 예수 그리스도를 믿고 본받아 살면서 잃어버린 하나님의 형상을 회복하게 되는 것이다. 이것이 기독교의 진리다.

  동양의학에서는 사람의 건강을 음양의 균형으로 보고 있다. 균형을 이루면 건강이고, 깨어지면 병이다. 과한 것을 실이라 하고, 부족한 것을 허라 한다. 과한 것도 병이고, 부족한 것도 병이다. 완벽하게 균형을 이룬 사람을 '평인(平人)'이라 하지만, 이론상에만 있고 이 땅에는 그런 사람은 없다.

  이제 사람은 음과 양이 균형을 이루지 못하고 한쪽으로 치우쳐 체질적 특이점이 생겼다. 양이 많아지면 양인, 음이 많아지면 음인이라 한다. 양인 중에서도 양이 매우 많으면 태양인(太陽人), 조금 많으면 소양인(少陽人)이라 하며, 음인 중에서 음이 매우 많으면 태음인(太陰人), 조금 많으면 소음인(少陰人)이라 하는 것이다. 이른바 사상 체질론이다.

  『성경』적으로 조명해보면, 가장 완벽한 '평인'은 타락하기 전 아담과 하와가 가지고 있었던 하나님의 형상이다. 그런데 범죄한 이후 인간은 그 형상을 잃어버리고 만 것이다.

  『성경』에서 말하는 하나님의 형상이란 '삼위일체 하나님'이시다. 성부, 성자, 성령 하나님으로 이 세 분은 같은 하나님이라는 말이다. 시대와 지역은 달랐지만 옛 동양 사람은 삼위일체 하나님을 어렴풋이 '천지인(天地人)'으로 이해한 것 같다. 성부 하나님은 천(天, ·), 성령 하나님은 지(地, ㅡ), 성자 예수는 인(人, ㅣ)으로 말이다. 성부께서는 하늘에 계시며 온 우주의 창조자시다. 성자는 인간을 구원하러 사람의 몸으로 오신 하나님이시다. 성령은 이 땅에서 우리와 늘 동행하고 이끄시는 하나님이시다. 이것을 동양에서는 다른 말로 천인상조(天人相照), 천인상응(天人相應)이라 하는 것이다.

삼위일체 하나님이 어떻게 동양에 와서 '천지인(天地人)' 사상으로 바뀌었는지, 역사적 근거나 한자(漢字)적 배경에 대해서 말하자면 또 다시 한 권의 책을 써야겠지만 여기서는 약술하려 한다. 단지 지금은 동양사상의 뿌리가 『성경』에 닿아 있다는 것만을 강조한다.

건강이란 무엇인가? 건강한 육체는 건강한 정신에서 나오고, 건강한 정신은 건강한 영혼에서 나온다. 즉 "네 영혼이 잘됨같이 범사에 잘되고 네 몸이 강건하게 되는"(요한삼 1: 2) 것이다. 건강은 영혼이 하나님과 바른 관계에 들어가는 것을 말한다. 예수님의 성품을 닮고, 하나님의 형상을 회복하는 것이다.

반대로 질병이란 무엇인가? 영적으로 하나님과 관계가 막히는 것이다. 죄로 인해서 하나님과 교통이 막히면 병이 된다. 기도가 막히고, 대화가 막히고, 혈액순환이 막히고, 내분비계가 막히고, 림프계가 막히고, 그래서 전인적으로 통하지 않게 되는 것이다. 치료는 간단하다. 그 막힌 것을 뚫어주면 된다. 통즉불통(通卽不痛)이다. 이처럼 동양의학의 뿌리는 『성경』에 닿아 있다.

서양의학은 어떠한가? 영국의 세계적인 과학 잡지『네이처』에 의미심장한 그림 한 장이 실렸다. 이 그림에서는 의사와 간호사가 바닥에 흘러나온 물을 걸레로 훔쳐 양동이에 담고 있다. 그런데 뒤쪽에서는 물이 계속 흘러나오고 있었다. 이 일에는 한계가 있다. 근본적인 원인인 수도꼭지의 고장을 해결하지 않고는 아무리 물을 닦아봐야 소용이 없기 때문이다. 이 그림의 제목은 '증상 치료(treating the symptoms)'로, 그간 행해져왔던 서양 정통 의학의 한계를 솔직히 인정하는 그림이었다. 서양의학은 눈에 보이는 증상은 치료하는데, 보이지 않는 병의 원인은 해결하지 못하고 있다. 그렇다면 고장 난 수도꼭지는 어떻게 수리를 해야 할 것인가?

또 다른 비유로 말하면, 눈에 거슬리는 잡초를 없애고자 낫으로 베고(수술), 불로 태우고(방사선치료), 제초제를 뿌려도(화학약물치료) 다음 해 잡초는 다시 올라온다. 눈에 안 보이는 뿌리(병의 원인)를 캐내지 못했기 때문이다. 잡초의 뿌리를 캐내는 의학은 과연 어떤 의학인가?
  그것이 바로 예수님의 의학이다. 그분은 인간을 창조하신 분이시고, 각각 사람의 설계도를 갖고 계신 분이시다. 그래서 고장 난 인간을 근본적으로 수리할 수 있고, 깨어진 하나님의 형상을 완벽하게 복원하실 수 있다. 이를 학문적으로 말하면 '전인적 통합의학'이라 할 수 있다.

최근 서양의학에서는 놀라운 사실을 발견했다. 1998년 8월 미국 과학 잡지 『네이처』지에 꼬여 있는 유전자를 풀어주는 '토포이소메라아제(topoisomerase)'의 존재와 그 기능을 알리는 기사가 실린 것이다. 이것이 왜 놀라운 사실일까?

사람의 세포를 생산해내는 공장이 유전자이다. 사람이 심한 스트레스를 받으면 유전자는 자신을 보호하는 결정체를 만들고, 이 과정에서 각종 호르몬, 효소, 신경전달물질 등의 균형이 깨져 항상성(homeostasis)을 잃게 되는데 이것이 바로 질병인 것이다. 그래서 질병에 따라 환자들의 유전자 코드는 꼬여 있거나 찌그러져 있다.

또 다른 놀라운 사실은 꼬인 유전자를 회복시키는 메커니즘이 우리 몸에 완비되어 있다는 것이다. 간단한 꼬임은 토포이소메라아제라는 수리공이 나와 풀어보고, 심한 꼬임은 2차로 일명 '사랑의 효소'라는 카스페이즈(caspase)가 나와 분해, 중합, 봉합 효소로 고장 부위의 유전자를 재생시킨다. 그런데도 이것이 불가능할 때는 3차로 'P53'이 나와 병든 세포에게 자살(apoptosis)을 명령한다는 것이다(Nature, vol. 394, 13 August, 1998). 최근에는 그래도 안 될 때는 최신예 비밀 병기 'P73'이라는 터미네이터가 가서 아예 병든 세포를 죽여 없앤다는 사실도 알게 되었다.

이는 병든 사람의 몸 안에 스스로 회복하려는 능력이 있다는 것을 과학적으로 발견한 놀라운 사건이다. 인체는 병에 노출되어도 회복하려는 신비한 힘, 곧 항상성이 있다. 이처럼 창조자 하나님은 우리 인간을 만드실 때 이미 몸속에 병든 유전자를 수리할 수 있는 장치를 완비해두신 것이다.

"하나님이 자기 형상 곧 하나님의 형상대로 사람을 창조하시되 남자와 여

자를 창조하시고…… 하나님이 지으신 그 모든 것을 보시니 보시기에 심히 좋았더라"(창세 1:27, 31)

인간은 하나님의 형상을 가진 완벽한 피조물이었다. 전능자 하나님 보시기에도 '심히' 좋았다고 했다. 하나님의 작품 중 최고의 걸작품이 인간이었다. 1953년 프랜시스 크릭(Francis Crick)과 제임스 왓슨(James Watson)이 이 '걸작품' 안에 있는 데오시리보핵산(DNA)이 이중나선으로 되어 있음을 발견하여 노벨 생리의학상을 받았다. 그것은 시작일 뿐이었다. 그 후 50년간 DNA 구조 연구는 40명의 노벨 생리의학상과 화학상 수상자를 배출하였다.

사실 과학자들이 발견한 것을 들어보면 너무 복잡해 머리가 지끈지끈하다. 하지만 간단하게나마 설명할 수는 있다. 우리 몸속에 60조 개 정도의 세포가 있고, 세포 안에 핵이 있고, 여기에 23쌍의 염색체가 있고, 염색체 하나의 길이가 180센티미터고, 염색체는 나선형의 DNA 구조로 단백질로 이루어져 있다. 이것은 컴퓨터보다 훨씬 복잡한 A, G, C, T(아데닌adenine, 구아닌guanine, 시토신cytosine, 티민thymine) 4 진부호의 '염기서열'로 배치되어 있고, 그 복잡성은 하늘의 별 정도라고 한다. 한마디로 인간의 몸 전체는 '하나님의 형상(정보 덩어리)'이라는 것이다.

가슴이 벅차지 않는가? 내 몸의 세포 하나하나에 엄청난 양의 정보가 새겨져 있다고 생각하면 저절로 미소가 떠오르지 않는가? 지금까지 과학자들이 밝혀낸 인체의 비밀이 이 정도인데, 이를 만드신 창조자의 솜씨는 가히 신묘막측할 뿐이다. 앞으로 얼마나 깊고 오묘한 생명 설계도가 밝혀질는지 아무도 예측할 수가 없다. 밤하늘 우주의 끝을 알지 못하듯, 소우주 인간의 몸도 끝이 없다.

동-서양의학이 통합의학으로 발전

그러면 동양의학과 서양의학의 차이점을 알아보자.

예일대학교의 심리학 교수인 리처드 니스벳(Richard Nisbett) 박사는 "서양은 분석적이고 동양은 종합적"이라 했다. 서양이 삼단논법적 사고를 한다면, 동양은 전체를 직관하는 도(道) 중심적으로 사고를 한다. 언어 면에서도 서양은 명사형이 발달한 반면, 동양은 동사형이 발달했다. 이로써 서양은 분석적 사고, 동양은 종합적 사고가 발달했음을 알 수 있다.

그러면 서양의학은 무엇인가?

서양인의 의식이 분석적이라 그런지 의학도 '해부학(anatomy)'에서 출발한다. 몸을 쪼개고 쪼개어 점점 원자에서 분자생물학 단계까지 나아간 것이 바로 서양의학이다. 대학병원에 가면 하나의 몸을 보는데 내과, 외과, 이비인후과 등 백여 개의 과로 나누어져 있다. 그러나 사람의 신비한 몸은 해부학과 분자생물학으로 다 밝혀낼 수는 없다. 물론 장점도 있다. 몸을 쪼개고 또 쪼개어 보는 해부학은 많은 장점을 지니고 있다. 작은 것 하나하나까지 다 쪼개어 보고 기록에 남길 수 있다는 점이 대표적이다. 이 지식들이 축적되면서 의학은 점점 발달해온 것이 사실이다.

하지만 단점도 있다. 해부학으로 몸을 쪼개는 순간 사람은 죽은 몸(시체)이 되는 것이다. 의술이란 살아 있는 사람을 더욱 건강하게 살리려는 치료 행위이다. 하지만 몸을 쪼개어 해부하는 순간 살아 있는 생명, 움직이는 피, 소화되는 음식물, 에너지의 흐름 등은 멈추게 된다. 해부하는 순간 죽은 것은 볼 수 있어도, 살아 움직이는 것은 볼 수 없다. 그래서 서양의학은 이미 부정에서 출발하는 학문이다. 이것이 서양의학의 한계이다.

그렇다면 동양의학은 어떤가?

서양의학이 분석적 해부학에서 출발했다면, 동양의학은 그 반대로 종합적 한의학으로 발달해왔다. 동양의학은 살아 있는 흐름을 본다. 사람의 몸에는 에너지가 흘러 다니는 길이 있다. 이것이 '경락'이고, 경락의 중간 중간에서 정거장 역할을 하는 곳이 바로 '경혈'이다. 한의학에서는 '건강한 사람은 소통이 잘 되지만[通卽不痛], 건강치 못한 사람은 소통이 막혀 병이 된다[不通卽痛]'고 본다. 이 에너지를 기(氣)라 한다. 기의 흐름이 막힌 것을 '기가 막힌다'고 하고, 뚫리면 '기가 통한다(기똥차다!)'고 했다. 이 막힌 기의 길을 뚫어주는 방법으로 침과 뜸 같은 것을 쓴다. 그리고 사람의 체질을 음과 양으로 보고, 몸을 오행의 소우주로 본다. 이처럼 살아 있는 전체로 보는 것이 동양의학의 장점이다.

하지만 동양의학에는 서양의학과 정반대되는 단점이 있다. 살아 있는 생명의 흐름을 글로 기록할 수 없다. 글로 지식을 축적할 수 없기에 후대에 전수할 수 없는 것이다. 서양의학은 해마다 수많은 논문이 나오지만, 한의학에서는 잘 나오지 않는 까닭이 여기에 있다. 한의학은 대체로 이론으로 전달하기보다는 감으로 전달한다.

여기 환자의 맥을 짚어보고 병을 알아내는 유명한 한의사가 있다고 가정해보자. 스승은 제자에게 손목을 쥐어주며 맥을 느껴보라고 한다. 하지만 맥이 '쿵쿵쿵' 뛰는 것을 어떻게 표현할 수 있을까? 그 미묘한 차이를 어떻게 말로 설명할 수 있겠는가? 목소리의 강약으로 나타내겠는가? 글자의 크기로 남길 수 있겠는가? 어떤 것이든 불가능하다. 단지 "맥이 가랑비처럼 약하지?", "맥이 폭포수같이 힘 있게 느껴지지?"처럼 감으로 가르칠 뿐이다. 이런 까닭에 동양의학은 학문이라기보다는 도(道)에 가깝다고 하겠다.

그러나 최근 컴퓨터의 발달로 동양의 한의학에서도 서양의 분석적 방법을 적용하고 있고, 서양의학에서도 동양의학을 수입해 과학화하고 있다. 이같이 동서양은 서로의 장점을 인정하면서 서서히 '통합의학(Integrative Medicine)'으로 발전해가고 있는 것이다.

동양의학에서 내려오는 재미있는 이론이 있다. 사람은 몸과 생명으로 이루어져 있다. 몸은 무게를 지닌 물질이라 중력의 법칙을 받아 아래로 내려가려는 성질이 있다. 서 있는 것보다 앉는 것이 더 편하고, 앉는 것보다 눕는 것이 편하다.

반대로 생명[氣]은 비물질적이라 연기처럼 떠오르려는 성질이 있다. 아이 때는 생명의 기운이 발바닥에 붙어 있어 다라락 다라락 뛰어다닌다. 그러다 사춘기가 되면 기가 점점 올라가 생식기 쪽에 붙어 공부하면서도 이성을 곁눈질하게 된다. 중년이 되면 기가 가슴으로 올라가 겁이 없고 뭔가 큰일을 해보고 싶어진다. 그러다가 기가 목 위로 올라가면 노년이 된다. 처음에는 그 기가 입에 붙는다. 했던 말 또 하고 또 하면서 잔소리가 많아진다. 입이 막히면 어느 날 귀가 밝아져 혹 며느리가 자신의 흉이나 보지 않는지 귀를 열고 엿듣는다. 다시 귀가 막히고 갑자기 눈이 밝아진 다음, 마지막으로 기가 머리 꼭대기의 정수리로 빠져나간다.

이렇게 기(에너지)가 발바닥에서 마지막 정수리로 잘 빠져나가면 이것을 '신(神)'이라 하고, 생의 중간에 '기가 막히게' 사고사나 자살로 죽으면 이를 '원귀(鬼)'라고 한다. 이처럼 동양에서는 '귀신(鬼神)'을 '사람이 죽은 생명'으로 보는데, 이것이 바로 동양적 세계관이다. 그러나 기독교적 세계관에서는 귀신을 사람의 영혼과는 다른 외적인 존재, 곧 사단이 부리는 영이라 말하고 있다.

어쨌든 동양과 서양은 철학적 사고나 의학적 접근 방법에서 처음부터 달랐다는 것을 알 수 있다. 하지만 동양의학과 서양의학이 서로 보완하면서 예수님이 보이신 '전인적 통합의학' 쪽으로 나아갈 때 의학은 더욱 발전하게 될 것이다.

스트레스가 병을 부른다

"분을 내어도 죄를 짓지 말며, 해가 지도록 분을 품지 말고, 마귀로 틈을 타지 못하게 하라" (에베소 4:26-27)

불을 품고 사는 현대인

인간은 하나님의 형상으로 창조되어 완벽한 유전자 구조에다 완벽한 치유 구조를 갖추고 있다. 그런데 왜 질병은 점점 늘어만 가는 것일까? 인류 역사상 수많은 의사들과 과학자들이 인간의 질병을 치유하기 위해 그토록 헌신했건만, 사람들은 왜 자꾸만 병들어가고 몸은 노쇠해가기만 하는 것일까?

「사사기」 15장에는 감정을 다스리지 못한 삼손이라는 사람이 등장한다. 부부 싸움으로 화를 내자 아내가 집을 나갔다. 화가 좀 풀려 선물을 들고 처갓집에 갔다. 그러나 장인은 삼손이 들어오지 못하게 막고, 딸을 삼손의 친구에게 재혼시키고 말았다. 화가 난 삼손은 여우 꼬리에 횃불을 붙여 곡식밭으로 내몰아 온 밭을 불살랐다. 불은 커져 온 동네를 불태웠고 사람들은 장인과 아내를 불태웠다. 복수가 복수를 불러온 것이다. 결국 삼손은 자기의 큰 힘을 엉뚱하게 블레셋 사람들을 죽이는 일에 썼다. 작은 마음의 불이 점점 커져 온 세상에 불을 지른 것이다.

대구에서도 가슴의 불을 처리하지 못한 한 남자가 지하철 전동차에 불을 질러 수백 명의 사상자를 낸 참사가 있었다. 이와 비슷하게 한 청년이 가슴속에 타오르는 불을 억누르지 못해 군대 내무반에다 총기를 난사하여 십여 명의 사상자를 낸 일이 있다. 이 사건이 있은 후 논산 훈련소에서 장병들을 대상으로 심리 검사를 해보았다. 그 결과 우리 사회 젊은이들 가운데 32%가 사이버 세계에 익숙해져 집단 생활을 힘들어했고, 3%는 실제 불을 지를 위험성이 있는 것으로 밝혀졌다.

문제는 우리 마음속에서 타오르는 내부의 불이다. 의학 교과서를 빌려 말하자면, '화병'이 바로 그것이다. 말 그대로 마음속의 불 때문에 생기는 병이다. 쓰레기를 비닐봉지에 담아 꽉 묶어서 뜨거운 햇볕에 두면, 내용물이 부패해 탱탱하게 부풀어 오르다가 결국은 펑하고 터지게 된다. 사람의 몸도 이와 똑같다. 위로 푹 터지면 우울증, 신경증, 공포, 불안, 불면증, 각종 중독, 주의력 결핍장애, 치매 등 '마음의 질병'이 된다. 반대로 아래로 툭 터지면 각종 암, 심장병, 뇌혈관 질환, 고혈압, 당뇨병 등 '신체적 질병'이 된다.

불덩어리를 처리하는 방법에 따라 질병의 이름이 크게 달라진다. 이 불덩이를 가슴속에 가만히 묻어두면 속이 다 타버리고 만다. 속이 타는 병이 바로 '암'이다. 암은 스트레스로 혼란된 세포이다. 그러나 그 불덩이를 밖으로 터뜨리는 사람은 다시 주변 사람들에게 불을 지르게 되고, 자기도 그 불속에서 함께 타버리게 된다. 이 병이 바로 순환기 계통의 뇌질환과 심장병이다.

그러면 우리 내부에서 활활 타오르는 분노의 불, 사회에 만연한 스트레스로 생긴 마음의 화는 어떻게 처리해야 할까? 속에 넣어두고 살자니 암에 걸릴 확률이 높고, 밖으로 터뜨리자니 온 집안과 사회에 불을 지를 수도 있으니 도대체 어떻게 하는 것이 잘하는 일일까?

"사람이 불을 품에 품고서야 어찌 그의 옷이 타지 아니하겠느냐"(잠언 6:27)

성격에 따라 걸리는 병도 다르다

성격과 질병의 함수관계를 연구한 미국 샌프란시스코의 의사이자 심신의학자인 마이어 프리드먼(Meyer Friedman)과 로이 로젠먼(Roy Rosenman) 박사에 따르면, 심장병과 관련 있는 사람들은 급하고, 화를 잘 내며, 경쟁적이고, 적개심이 강하다고 한다. 그들은 이런 성격을 'A형(Type A) 성격'으로 명명했다. 이 성격의 소유자는 다른 성격을 가진 사람들에 비해 순환기 질환에 걸릴 확률이 약 6배 정도 높았다.

화가 났을 때 옆 사람에게 막 화를 내거나 터뜨리면 속이 시원할까? 처음에는 화를 조금만 내야지 하다가, 나중에는 걷잡을 수 없을 정도로 화가 치미는 것을 느껴보았을 것이다. 실험 결과에 따르면, 처음에는 아드레날린이 조금 나오다가 화가 치밀수록 상승 작용을 하여 점점 더 많이 나왔다. 그러다가 '억' 하고 뒤로 쓰러지게 된다.

A형 성격과 달리, 분노의 불덩이를 마음속에 묻어두고 사는 사람도 있다. 이들은 암에 걸릴 확률이 5배 정도 높은 사람들이다. 캘리포니아대학교의 심리학자 리디아 테모쇼크(Lydia Temoshok) 박사는 이 성격을 'C형(Type C) 성격', 곧 '암 성격'이라 했다. 이 성격의 소유자들은 순종적이고 온화하며, 가슴에 맺힌 것을 풀지 못해 안팎으로 갈등을 겪는다. 겉보기에는 온화한 성격의 소유자로 보일지라도 속에서는 불이 탄다. 다만 그 불을 처리하는 방법을 모르고 있을 뿐이다.

「역대하」 21장 18-19절에 기록된 '여호람'은 창자가 2년간 빠져나와 심한 통증과 함께 죽었던 것으로 보아 직장암을 앓았던 것 같다. 그는 C형 성격이다.

「사무엘상」 25장 36-38절에서 술김에 다윗을 욕하다가 나중에 놀라 온몸이 마비를 일으킨 '나발'은 뇌혈관 질환에 걸려 색전이나 출혈로 죽은 것 같다. 그는 A형 성격이다.

  사람이 살다 보면 크든 작든 스트레스를 받게 된다. 여기서 생긴 감정의 쓰레기를 어떻게든 처리는 해야 하는데, 밖으로 터뜨리자니 심장병이나 뇌질환이 생기고, 안에 쌓아두자니 암이 생기니 과연 어떻게 처리해야 하는 것인가? 부부싸움을 할 때 화를 잘 내며 이기는 쪽은 뇌질환이나 심장병이 잘 걸리고, 참고 져주는 쪽은 암이 잘 걸린다. 살다 보면 안 싸울 수도 없는 일이니 난감할 뿐이다. 따라서 그 화를 푸는 법을 배워야 한다.

스트레스가 병이 되는 메커니즘

  마음속 불이 왜 질병의 원인이 되는 것인가? 우선 심신의학의 원리에 대해 알아보자.

  스트레스를 받으면 자율신경계인 교감신경에서 즉각적으로 여러 반응을 만들어낸다. 예를 들어 줄이 풀어진 큰 개 한 마리가 한적한 길에서 당신 앞에 떡 버티고 서 있다고 하자. 개를 보는 순간, 갑자기 심장은 마구 뛰기 시작하고, 두 눈이 휘둥그레지며, 진땀이 나고, 머리카락은 쭈뼛 서고, 온몸은 경직된다. 이는 뇌에서 위험신호로 아드레날린과 코르티솔 같은 신경전달물질을 순간 온몸에다 쫙 뿌려주기 때문에 나타나는 현상이다. 다시 말해 뇌의 시상하부에서 뇌하수체로, 다시 부신과 부신피질로 연결되면서 이 같은 스트레스 호르몬이 온몸에 방사되기 때문이다.

하지만 이런 종류의 호르몬이 몸에 무조건 나쁜 것만은 아니다. 아드레날린이 부족하면 우울증이 생긴다. 삶이 무의미해지고 손 하나 까닥하기도 싫어진다. 젊은 사람의 몸은 아드레날린을 필요로 하기에 스스로 번지점프에 몸을 던지고 청룡 열차를 타기도 하는 것이다.

우리 몸은 과거를 기억하고 있다. 옛날 우리 조상들이 산이나 들로 사냥을 나갔다가 갑자기 등 뒤에 큰 곰 한 마리가 있는 것을 느꼈다면 몸은 어떻게 반응할까? 먼저 이놈이 진짜 곰인지 아니면 바윗덩어리인지 정확히 보기 위해 동공이 확 열린다. 심장이 뛰는 것은 반사적으로 도망치기 위해 위밍업을 하는 것이고, 또 머리가 쭈뼛 서는 것은 방어신호이고, 진땀이 나는 것은 잡혔을 때 몸을 미끄럽게 해 쉽게 빠져나가기 위함이다. 그 당시 아드레날린은 몸의 생존에 필요한 기억장치였다. 그러나 지금은 아니다.

최초의 스트레스 연구자인 한스 셀리에(Hans Selye) 박사는 놀라운 사실을 알아냈다. 스트레스에 반응하는 호르몬이 쫙 올랐다가 약 5~7분 동안 경고, 저항, 소진의 3단계를 거쳐서 서서히 정상으로 돌아온다. 이렇게 정상으로 돌아오려는 신체적 균형을 '항상성(Homeostasis)'이라고 한다. 그런데 스트레스 사건이 반복되면, 아드레날린 같은 호르몬이 정상적으로 떨어지기도 전에 다시 방출되고 또 방출되어, 계속 저항단계로 나아간다. 그러면 우리 몸은 계속 심장이 두근거리고, 긴

장되고, 균형을 유지하지 못하다가 나가떨어지게 된다. 결국 반복되는 긴장이 질병으로, 질병이 항상성을 잃고 만성질병으로 이어져 회복하지 못하면 죽음에 이르게 되는 것이다.

우리 주변에는 스트레스 요인이 너무나 많다. 어떤 남편이 직장 상사에게 꾸지람과 욕을 먹었다. 속이 부글부글 끓어올라 퇴근길에 과속을 하다가 경찰에게 딱지를 뗐다. 집에 들어오니 아내는 무슨 일인지 화가 나 쳐다보지도 않고 톡 쏘아댄다. 이처럼 오늘날에는 곰(열받는 일)을 너무 많이 만난다. 통계적으로 현대인은 하루 동안 25번 곰을 만난다고 한다. 옛사람들은 어쩌다 일 년에 한두 번 만나던 곰을 현대인은 이처럼 자주 만나게 된다. 이런 스트레스가 반복되면 급성 질환에서 만성병으로 발전한다. 현대인이 앓고 있는 질병 중 약 80% 이상의 질병이 이런 스트레스성 질환이다.

스트레스와 질병의 상관관계에 대한 연구로는 워싱턴대학교의 정신의학자 토머스 홈스(Thomas Holmes)와 리처드 라헤(Richard Rahe) 박사의 연구가 유명하다. 이들은 스트레스 사건이 많을수록 건강이 나쁘고, 적을수록 건강하다는 사실을 입증했다. 이들은 배우자의 죽음, 가족의 질병, 실직, 이사, 법규 위반 등 스트레스 사건마다 평균 점수를 정해두고, 18개월 동안 일어난 스트레스 사건의 값을 합산해 개인의 미래 건강을 예측할 수 있었다. 연구 결과 역시 스트레스 사건이 많을수록 질병도 많았다. 둘러보면 안타깝게 가족을 잃은 사람, 평생 모은 재산을 한순간에 날려버린 사람, 이혼한 사람, 해고당한 사람, 병으로 누워 있는 사람, 교도소에 있는 사람 등 스트레스에 시달리는 사람들이 숱하게 많다.

이 가운데 가장 많은 스트레스를 유발하는 사건은 배우자의 죽음과 이혼 같은 것이었다. 그러나 후속 연구에서는 같은 사건이라도 개인마다 느끼는 정도가 다르게 나타났다. 가령 잉꼬부부 가운데 한쪽이 먼저 죽으면, 남은 배우자는 삶의 의미를 상실한 채 시름시름 앓다가 6개월 내에 따라 죽는 경우가 많았다. 하지만 평생 원수 같은 부부는 장례식 날 속으로 웃는다고 한다. 이는 사건 자체보다 사건의 해석이 건강에 더 많은 영향을 미친다는 것을 보여준다. 마음먹기에 따라 병을 물리칠 수도, 불러올 수도 있다는 이야기다.

우리는 '무엇 때문에', '누구 때문에' 스트레스를 받는다고 말한다. 하지만 스트레스는 '내가' 받는 것이다. 받는 주체는 나 자신일 뿐이다. 똑같은 스트레스 상황에서 웃어넘기는 사람이 있는가 하면, 죽을 때까지 분을 품는 사람도 있다. 문제는 바로 나 자신이다. 그래서 해결법도 내 속에 있다. 이 점을 분명히 깨달아야 방법을 찾을 수 있다.

지금 이 순간 마음의 소리를 들어보라. 조용히 귀를 기울여 들어보라.

"요즘 잠도 못 자고 식욕도 없어. 여기서 더 스트레스를 받다가는 돌아버릴 거야."

"난 스스로 조절할 수가 없어. 내가 어떻게 한다 해도 상황은 절대 변하지 않을 거야."

그렇다. 내가 어떻게 한다고 해서 상황은 절대 바뀌지 않는다. 까다로운 직장 상사, 뛰는 물가, 병환 중인 어머니……. 어느 하나 내가 주도적으로 바꿀 수 있는 것이 아니다. 환경은 조절할 수 없다. 하지만 자신을 스스로 조절할 수는 있다.

또 한 가지 명심해야 할 것은 스트레스는 원인이 아니라 증상이고, 닥칠 위험을 드러내 보이는 유익한 신호라는 사실이다. 스트레스라는 긴장과 시끄러운 소리에 막 휩쓸리기보다는, 조용히 그 신호에 귀를 기울여야 한다. 내면의 목소리, 몸의 소리에 귀를 기울이라는 말이다. 우리 몸은 마치 자명종과 같다. 때로는 불면으로, 또 때로는 일시적 복통, 짜증, 우울, 감기 등을 통해 인생에 자명종이 울린다.

"주인님, 너무 피곤해요. 좀 쉬었다가 하세요. 너무 욕심 부리지 마세요."

사실은 이전에도 수없이 자명종이 울렸지만, 그때마다 그 종을 꺼버렸다. 왜 그랬을까? 다른 소리가 더 크게 들렸기 때문이다. 더 많은 돈 돈, 성공 성공, 명예 명예…… 끝없는 잡다한 생각들, 시끄러운 소리가 들린다. 이제부터라도 내면의 목소리에 귀 기울여야 한다. 이 소리를 가려서 들을 수만 있어도 새롭게 건강한 삶을 누릴 수 있다.

"분을 내어도 죄를 짓지 말며, 해가 지도록 분을 품지 말고, 마귀로 틈을 타지 못하게 하라"(에베소 4:26-27)

마음의 힘, 스트레스를 푸는 열쇠

어떤 휴양지에 관광객이 구름 떼같이 모여들었다. 가이드 말에 의하면 이곳은 워낙 공기가 좋아 최근 10년간 죽은 자는 단 한 사람뿐이라고 했다. 관광객이 궁금해서 "그 한 사람이 누구요?" 물었다. 가이드의 대답은 이러했다. "이곳 의사였지요. 워낙 손님이 없어서 굶어 죽었지요." 이 정도라면 정말 좋은 도시구나 싶다. 이 의사에게는 스트레스가 없는 것이 스트레스였다.

필자가 지금 섬기고 있는 교회에도 자랑 거리가 하나 있다. 주일날 300명 정도 출석하는 교회로, 이곳에 부임한 지 13년이 되었는데 암환자나 심장, 뇌질환자가 한 명도 없었다는 것이다. 무병장수하는 교회! 이 정도면 자랑할 만한 교회가 아닐까. 우리 교회도 스트레스가 많기는 마찬가지다. 하지만 우리 교인들은 심신의학에 대한 지식이 좀 있다. 아마 주일마다 설교를 들으면서 스트레스 푸는 법을 저절로 배우게 된 것 같다.

인간의 몸을 입으신 예수님도 스트레스를 받으셨을까? 받으셨다면 과연 어떻게 대처를 하셨을까?

「마태복음」 26장 37-38절에 "고민하고 슬퍼하사 이에 말씀하시되 내

마음이 심히 고민하여 죽게 되었다……"라 하셨다. 분명 십자가를 앞에 두고 엄청난 스트레스를 받고 계셨던 것이다. 죽음을 예감한 정도가 아니라 정확히 죽음을 보셨던 분이다. 그 죽음의 방식은 가장 고통스럽고 끔찍한 처형이었다. 예수님의 생애에 이보다 나쁜 일은 일어날 수 없다. 제자들은 떠나 숨어버렸고, 아무도 자신을 변호해주지 않았다. 이 상황에서 예수님은 혼자 노래를 부르며 스트레스를 극복하셨다.

"내 하나님이여, 내 하나님이여, 어찌 나를 버리셨나이까 어찌 나를 멀리하여 돕지 아니하시오며 내 신음 소리를 듣지 아니하시나이까. 내 하나님이여 내가 낮에도 부르짖고 밤에도 잠잠하지 아니하오나 응답하지 아니하시나이다. 이스라엘의 찬송 중에 계시는 주여 주는 거룩하시니이다"(시편 22:1-3)

예수님이 십자가 위에서 인용한 「시편」 22편은 다윗의 노래다. 그 아픔과 절규, 어두운 구름 너머 빛과 찬송 중에 계신 거룩하신 하나님을 바라보고 계셨다. 십자가에서 「시편」을 노래하신 예수님, 인생의 칠흑 같은 밤에 희망을 노래하고 계신다.

심신의학에서 스트레스를 바라보자. 전(前) 미국 심리학회 회장인 마틴 셀리그먼(Martin Seligman) 박사가 참으로 놀라운 실험을 했다. 그는 쥐 300마리의 몸속에 암세포를 주입한 뒤, 100마리씩 A, B, C 세 그룹으로 나누었다.

먼저 A 그룹 100마리에게는 약간의 전기 충격으로 스트레스를 주고, 이에 놀란 쥐가 다른 방으로 도망가면 역시 같은 전기 충격을 주어, 쥐들이 '피할 수 없다, 속수무책이다'라고 느낄 수밖에 없는 스트레스 환경을 만들어주었다.

두 번째 B 그룹 100마리에게도 같은 전기 충격으로 스트레스를 주되, 놀란 쥐가 다른 방으로 도망갔을 때는 전기 충격을 주지 않아 스트레스를 피할 수 있게 했다.

세 번째 C 그룹 100마리에게는 다른 A, B 그룹의 쥐들에게처럼 암세포는 주입하였으나, 스트레스를 주지 않는 평안한 방에 두었다.

석 달 후, 모든 쥐의 배를 갈라 보았다. A, B, C 그룹 중 어떤 그룹에 암이 가장 많이 퍼졌을까? 예상대로 A 그룹에 가장 많이 퍼져 73%가 발병했다.

그 다음 B와 C 그룹 중에 어떤 그룹에 암이 더 퍼졌을까? 이 결과가 셀리그먼을 유명하게 만들었다. 실험 결과 B 그룹에서는 31%, C 그룹에서는 51%가 발병했다.

참으로 흥미로운 결과였다. B 그룹은 비록 암세포가 몸에 있고 스트레스 환경에 노출되었어도, '암은 나을 수 있다'고 믿는 쥐들이다. 여기에 비해 C 그룹의 쥐들은 "암에 걸렸으니 직장도 그만두라"며 주변 환경을 편안하게 해준 경우라 할 수 있다.

이 실험으로 얻은 소중한 교훈은 암 환자에게 편안한 환경을 만들어주는 것보다 비록 암에 걸렸을지라도 '고칠 수 있다'는 긍정적 신념을 불어넣는 것이 훨씬 효과가 크다는 사실이다.

또 한 가지 교훈은 A(발병률 73%)와 B(발병률 31%) 그룹을 비교했을 때, 두 그룹 간의 발병률 차이(42%)는 순전히 '암에 걸렸으니 이젠 죽었다'와 '암은 반드시 고칠 수 있다'는 신념의 차이요 마음의 힘의 결과라는 것이다.

최근 더 발전된 실험을 하였는데, B 그룹에 전기 자극을 주어 도망가도록 하지 않고, 충격이 올 때 방지 버튼을 스스로 누르도록 학습시켰더니, 발병률이 이전 31%에서 23%로 더 떨어지는 결과가 나타났다. 즉 '암을 피할 수 있다'(부정의 긍정)는 막연한 기대보다, '암을 이기는 방법이 내게 있다'(긍정의 긍정)는 강한 신념이 암을 이겨내는 데 훨씬 큰 힘이 되었던 것이다.

암 같은 질병도 좀 심한 독감처럼 왔다가 떠나갈 수 있다. 문제는 내 몸의 면역력, '항상성'이다. 병에 대한 두려움이나 부정적 마음을 극복해야 한다. 이제부터는 긍정적인 마음과 믿음을 가져라. 모든 병은 몸 안에 치유 시스템이 있다. 마음먹기에 따라 병에 질 수도 이길 수도 있다.

"사람의 심령은 그의 병을 능히 이기려니와 심령이 상하면 그것을 누가 일으키겠느냐"(잠언 18:14)

"아무 것도 염려하지 말고 다만 모든 일에 기도와 간구로, 너희 구할 것을 감사함으로 하나님께 아뢰라 그리하면 모든 지각에 뛰어난 하나님의 평강이 그리스도 예수 안에서 너희 마음과 생각을 지키시리라"(빌립보 4:6-7)

예수님이 주신 뇌와 심장의 힘

"너희에게 평강이 있을찌어다. 어찌하여 '두려워' 하며 어찌하여
마음에 '의심' 이 일어나느냐. 나를 만져보고 나인 줄 알라"(누가 24:36, 38-39)

나다나엘이여, 이보다 더 큰 것을 보리라

「요한복음」 1장을 보면, 예수께서 제자 나다나엘을 부르시는 장면이 나온다('바돌로메'는 '돌로메의 아들'이란 뜻으로, 본명은 '나다나엘'이다). 두 사람의 대화를 들어보자.

예수께서 "보라. 이는 참 이스라엘 사람이라. 그 속에 간사한 것이 없도다."

나다나엘이 "나를 어찌 안다고 그렇게 말씀하십니까?"

예수께서 "이미 네가 무화과나무 아래 앉아 있을 때 내가 보았

노라."

그러자 나다나엘이 "랍비여, 당신은 하나님의 아들이시오, 이스라엘의 임금이로소이다" 고백하고 예수님의 제자로 순순히 따라나서게 되었다.

처음 그는 "나사렛에서 무슨 선한 것이 날 수 있겠느냐?"는 편견을 가진 사람이었다. 그런데 어찌 이렇게 바뀔 수 있었을까? 예수님은 나다나엘에게서 어떤 마음을 보았을까?

예수님은 하나님의 아들로서 사람을 창조하신 분이시기에 나다나엘의 마음을 직접 꿰뚫어 보신 것이 틀림없다. 한편 나다나엘이 무화과나무 아래서 조국의 장래를 걱정하며 기도하는 모습도 분명히 보셨던 것이다.

눈빛이나 행동을 보면 사람의 마음도 읽을 수 있다. 가령 말을 할 때 손을 가만히 두지 못한다든지, 다리를 계속 덜덜 떠는 행동을 보이면 그 사람의 마음이 불안하다는 것을 알 수 있다. 또 사람의 눈 속을 들여다보면, 그 사람이 거짓말을 하는지, 걱정하는지, 불안해하는지, 낙심해 있는지 알 수가 있다.

특히 사람이 무언가를 생각할 때 그 사람의 눈동자가 향하는 방향을 보면, 그가 지금 무엇을 생각하는지를 알 수 있다는 이론인 NLP(신경언어프로그래밍) 이론이 최근 관심을 끌고 있다. 가령, 시각적 상상을 할 때는 눈이 오른쪽 위를 보게 되고, 과거의 시각적인 것을 생각하면 왼쪽 위를 바라본다. 이때 눈동자가 우측 뇌나 좌측 뇌의 것을 찾기 때문이다. 그리고 눈동자가 오른쪽 옆을 보면 새로운 소리를 상상하고, 왼쪽 옆을 바라볼 때는 과거의 소리를 기억할 때이다. 이것은 귀와 연결되어 있는 까닭이다. 다시 눈동자가 우편 아래쪽을 보면 오감 즉 체감각을 찾고 있고, 왼쪽 아래 심장 쪽을 코면 직관을 통해 자기대화를 할 때이다. 그 사람의 눈동자를 보면 마음을 읽을 수 있다는 것, '눈은 마음의 창'임을 과학적으로 증명한 것은 과연 놀라운 일이라고 할 수 있다.

이후 예수님은 나다나엘에게 이렇게 말했다.

"내가 너를 무화과나무 아래에서 보았다 하므로 믿느냐 이보다 더 큰 일을 보리라…… 하늘이 열리고 하나님의 사자들이 인자 위에 오르락 내리락 하는 것을 보리라"(요한 1:50-51)

몸은 참으로 신비하다. 의학이 눈부시게 발달하였다고는 하지만, 정직한 과학자들은 사람의 몸에 대해 여전히 20% 정도도 알지 못한다고 고백한다. 흔히 사람의 몸을 가리켜 '작은 우주'라 말한다. 지구가 '5대양 6대주'로 이루어져 있듯이 사람의 몸도 '5장 6부'로 이루어져 있다. 그만큼 사람의 몸이 신비하다는 말이다.

사람의 몸 가운데서 가장 신비하고 아직도 미개척 분야로 남아 있는 곳이 바로 '뇌'이다. 최근 분자생물학의 발달과 전자현미경의 개발로 뇌 과학 연구가 많이 진척되면서 마음과 몸을 중간에서 연결해주는 기관이 바로 뇌라는 사실이 밝혀졌다. 마음-뇌-몸의 신경 간 연결 관계를 밝히는 학문이 '심리신경면역학'이다.

캐나다의 뇌신경 학자 폴 매클린(Paul Maclean)은 위치상 전뇌, 중뇌, 후뇌로 나누던 종전의 뇌 분류를 중심핵, 변연계, 대뇌의 기능적 구조로 바꾸어 분류하였다.

중심핵(central core)은 생존에 필요한 연수, 교, 시상하부, 망상체가 있는 곳으로, 호흡과 생명을 관장하는 가장 중요한 부위이다. 흔히 중심핵을 뇌간 혹은 파충류 뇌로 부르기도 하는데, 대부분의 파충류에는 이 부위만 존재하기 때문이다.

다음으로 변연계는 구피질의 뇌이다. 이 부위에는 해마와 편도체가 있는데 대개 공포와 두려움 같은 정서를 관장한다. 흔히 이 부분을 포유류 뇌로 부르기도 하는데, 개나 말 같은 포유류에 존재하기 때문이다.

그러나 사람에게는 이들의 것과는 비교할 수 없을 만큼 큰(남자 1400g, 여자 1200g 정도) 신피질의 뇌가 있다. 여기서는 기억, 사고, 언어와 같은 고등한 지적 과정을 수행하는데, 이를 흔히 '인간 뇌'라 부른다.

뇌에는 강력한 힘이 숨겨져 있다. 흔히 아인슈타인은 10%의 뇌를 사용했고 우리같이 평범한 사람은 5%도 사용하지 못한다고 한다. 이 말은 사람들이 뇌의 중심핵 속에 숨겨진 강력한 힘을 제대로 발휘하지 못하고 있다는 말이기도 하다.

왜 이토록 엄청난 힘이 깨어나지 못하는 것일까? 이는 감정을 관장하는 구피질의 '두려움'과 신피질의 '의심'이라는 장애물이 이 엄청난 에너지가 깨어나는 것을 막고 있기 때문이다. 과거 원시시대에는 자기 몸을 보호하는 데 두려움과 의심이 도움이 되었지만, 오늘날에는 장애물이 되고 말았다. 두려움과 의심을 극복할 수 있다면 중심핵에 숨겨진 강력한 힘은 비로소 밖으로 드러나게 될 것이다.

온전한 사랑, 두려움과 의심을 극복하는 힘

2008년 3월 인도네시아 수마트라 섬에서 악어에게 물린 딸을 구하기 위해 맨손으로 악어의 입을 연 어머니가 있었다. 현지 언론과 해외 언론은 악어를 물리친 이 어머니에게 찬사를 보냈다. 어떻게 된 사연일까.

어머니 로히마는 25세 된 딸 토리스나와 함께 강가에 나갔다. 갑자기 딸의 비명 소리가 들려 돌아보니 암록색의 길이 3m짜리의 거대한 악어가 딸의 다리를 물고 흔들고 있었다. 순간적으로 어머니는 강에 뛰어들어 맨발로 악어의 옆구리를 걷어찼다. 하지만 악어는 딸의 다리를 놓지 않았다.

어머니는 할 수 없이 영화 〈킹콩〉의 한 장면처럼 손으로 악어의 위턱과 아래턱을 잡아 있는 힘껏 비틀어 열었다. 어머니의 괴력에 놀란 악어가 입을 벌리고 나서야 딸은 악어의 이빨에서 벗어날 수 있었다.

어머니는 끝까지 침착함을 잃지 않고 딸을 강기슭으로 끌어냈다. 딸은 허벅지를 50바늘 꿰매는 큰 부상을 입었지만 생명에는 지장이 없었다.

동물학자들의 실험에 의하면 모든 동물 중 악어가 턱의 힘이 가장 세다고 한다. 그 정도 크기의 악어라면 턱의 힘이 적어도 1톤 이상이었을 것이다. 연약한 여자의 몸으로 어떻게 그런 괴력을 발휘할 수 있었을까?

로히마는 "순간 공포가 확 날아갔다"고 회상했다. 또 "악어의 입이 얼마나 센지 생각도 못했고, 단지 어떻게 해서든 딸을 구하지 못하면 끝장이다"라는 생각뿐이었다고 말했다. 흔히 '여자는 약하지만, 어머니는 강하다'는 말이 있다. 바로 로히마가 그러했다. 그 순간 어머니에게는 딸만 보였지 악어의 크기나 무서운 눈은 보이지 않았다. '두려움'이나 '의심'은 손톱만큼도 없었던 것이다.

태초에 창조자 하나님이 사람을 지을 때 이런 엄청난 힘을 사람의 몸속에 이미 숨겨두었던 것이다. 의학적으로는 이 힘을 '항상성'이라 부른다. 이 항상성이 면역과 자생력으로 환자의 질병을 낫게 하는 강력한 힘인 것이다.

인간에게는 '두려움'과 '의심'이 강력하게 작용하고 있다. '두려움'에 대해 생각해보자. 땅바닥에 너비 30㎝, 길이 20m의 철골 구조물이 놓여 있다 하자. 바닥에 깔려 있는 철골 위로 걸어가지 못할 사람은 아무도 없다. 아마 술 취해 휘청대는 사람만 힘들 것이다. 그러면 다시 이 철골 구조물을 그대로 옮겨 높은 두 빌딩의 옥상 사이에 걸쳐놓았다고 생각해보자. 건너갈 사람이 과연 몇이나 되겠는가? 대부분이 어려워할 것이다. 단 한 사람, 술 취해 두려움 없는 사람만 빼고……. 똑같은 길인데 왜 이제는 건너갈 수 없게 되었나? 두려움 때문이다. 두려움이 작동하면 사람은 꼼짝할 수 없다.

'의심'이라는 것도 마찬가지다. 폴 마이어(Paul Meyer) 박사는 물고기를 대상으로 한 실험에서 어항 한가운데 유리 칸막이를 치고, 한쪽 칸에 붕어를, 다른 칸에는 붕어를 잡아먹는 메기를 두었다. 메기는 붕어를 보고 달려오다 유리에 부딪치고 또 부딪친다. 수없이 실패를 경험한다. 이제 어항의 유리 칸막이를 뺀다. 메기는 붕어를 보고 달려오다, 결국 싹~ 돌아서고 만다. 기회가 왔어도 못 잡아먹는 것이다. 반복적인 실패 경험 때문에 '나는 안 돼, 붕어를 잡을 수 없어'라는 부정적인 사고가 자리 잡은 것이다.

우리는 어려서부터 부모에게 부정적인 암시를 무수히 받았다.
"남자가 왜 울어, 가시내같이, 뚝!"
"여자가 공부해서 뭘 해! 그냥 시집이나 잘 가면 그만이지."
"넌 안 돼, 하지 마! 병신같이, 넌 어째 잘하는 게 없냐?"
너무도 많은 사람들이 이러한 말에 무의식적으로 암시를 받아 평생 최면 속에 지내왔다. 두려움과 의심이라는 부정적 힘이 창조적인 힘, 곧 항상성을 막고 있었던 것이다.

예수께서 십자가에 달려 죽으신 것을 본 제자들은 다락방에 숨어 문을 잠그고 두려움에 떨고 있었다. 이때 부활하신 주님이 제자들에게 나타나셨다. 그러고는 이렇게 말씀하셨다.

"너희에게 평강이 있을찌어다. 어찌하여 '두려워'하며 어찌하여 마음에 '의심'이 일어나느냐. 나를 만져보고 나인 줄 알라"(누가 24:36, 38)

두려움과 의심이라는 어둠에 갇히면 한 발짝 앞을 나오지 못한다. 꽁꽁 닫아두었던 문을 활짝 열어젖히고 나오게 된 것은 부활의 주님을 만났기 때문이다. 살아 계신 주님을 만나면 마음속의 두려움과 의심을 극복할 수 있다.

"하나님은 사랑이시라…… 사랑 안에 두려움이 없고 온전한 사랑이 두려움을 내쫓나니"(요일 4:16, 18)

방황하는 마음을 붙잡는 법

그러면 어떻게 마음을 다스릴 수 있을까? 어떻게 마음을 훈련시켜 잠자는 에너지를 깨울 수 있을까? 그러나 생각은 내 마음대로 움직이지 않는다. 마치 줄이 풀린 미친개와 같이 제멋대로 떠돌아다니는 것이 생각이다. 저절로 움직이는 자동항법장치처럼 생각도 멋대로 방황한다.

마음을 한곳에 1분 30초 동안 붙잡아둘 수 있다면 이 사람은 기도에 집중을 잘하는 사람이라 한다. 그만큼 마음잡기가 어렵다는 말이다. 마음을 붙잡아봐야 금방 딴생각에 빠져든다. 새벽에 하나님을 부르며 기도하는 사람이 갑자기 '아 참! 오늘까지 밀린 세금을 내야 하는데……'라는 엉뚱한 생각이 떠올라 '아이구, 주님 죄송합니다. 엉뚱한 생각에 빠졌네요' 자책하다가, '등이 왜 이리 가렵지? 내가 목욕을 언제 했더라?'라며 또다시 잡생각에 빠진다.

여러분도 지금 당장, 마음이 얼마나 제멋대로 움직이고 있는지 직접 체험해볼 수 있다.

> 자, 조용히 눈을 감습니다. 그리고 텔레비전에 자주 나오는 화면, 곧 갓 바다에서 올라온 백곰 한 마리가 북극의 빙산 위에서 빈둥거리며 놀고 있는 모습을 상상할 수 있을 것입니다. 그런데 지금 그 장면을 상상하지 마십시오! 한 30초 정도 시간을 갖고, 그 장면을 머릿속에 떠올리지 마십시오.

버지니아대학교의 대니얼 웨그너(Daniel Wegner) 교수의 저서 『백곰과 원치 않는 생각들(White Bears and Other Unwanted Thoughts)』에 나오는 실험이다. 어떤가? 과연 머릿속에 그 그림이 떠오르지 않았는가? 오히려 그 모습이 더욱 선명하게 떠오르지는 않았는가? 그렇다. 이것이 마음의 원리이다. 사람의 마음은 스스로 통제하기 어렵다. 그러면 어떻게 해야 자신의 마음을 붙잡아 흔들리지 않게 할 수 있을까?

또 다른 실험을 해보자.

　이번에는 반대로 머릿속에 떠오르는 생각을 똑바로 지켜보시기 바랍니다. 마치 쥐가 들락날락하는 쥐구멍 앞에서 고양이가 노려보듯, 머릿속 어느 구석에서 생각이 떠오르는지 집중적으로 지켜보십시오. 30초 정도 그 자세를 유지합니다.

　어떤가? 똑바로 노려보고 있으면 어떤 망상이 떠오르지 않는다. 이것이 바로 사람의 마음이다. 불면증이나 여러 불안 장애를 치료하기 위해서는 자신의 마음을 똑바로 경험하는 것이 무엇보다 중요하다. 흔히 사람들은 쥐처럼 들락거리는 잡념, 망상이 '나'인 줄 오해한다. 실제로 '나'는 떠다니는 망상이 아니라, 쥐를 노려보고 있던 '고양이 눈'이다. 바로 데이비드 호킨스(David Hawkins)가 말했던 '나의 눈(the EYE of the I)'인 것이다. 지금 이 실험에 참가한 사람이라면 잠시나마 '내 안에 있는 참나'를 만나본 셈이다.

　「요한복음」 9장을 보면, 예수님이 안식일에 소경을 고치셨다. 다음 날 바리새인들은 이 사람을 붙들고 "안식일에 네 병 고치는 일을 한 사람이 누구냐?"고 시비를 걸었다. 소경이었던 사람이 "이상하다. 나야 소경이었으니 못 봤지만, 당신은 보고서도 왜 못 봤느냐?"라 말했다. 바리새인이 "그러면 우리가 소경이란 말인가?"라고 되물으니, 곁에 계신 예수께서 "너희가 소경이었으면 죄가 없지만, 본다하니 죄가 그저 있느니라"(요한 9:41) "의원아 너부터 고치라"(누가 4:23)고 말씀하셨다.

바리새인들이 영적 소경이었던 것이다.

앙드레 지드(Andre Gide)의 단편소설 「전원교향악」을 보면, 소경이 되었다가 주변의 도움으로 개안수술을 받은 후 세상을 보게 된 소녀가 등장한다. 그녀가 처음 세상을 본 것은 상상했던 것 이상으로 아름다운 자연이었다. 그러나 또한 상상했던 것 이상으로 근심어린 사람들의 표정이었다. 질투와 미움으로 가득 찬 어두운 사람들의 얼굴을 보면서 자신이 개안수술한 것을 후회하며 절망에 빠지게 된다. 우리도 자칫 망상에 잡히고 편견에 빠지면 영적 소경이 된다는 점을 기억해야만 할 것이다.

심장은 사랑의 장기

하와이대학교 의과대학의 폴 피어설(Paul Pearsall) 박사 팀은 더욱 놀라운 연구를 했다. 그는 인간의 영혼이 뇌뿐만 아니라 심장과도 깊이 연결되어 있다는 것을 처음으로 알아냈다.

미국 ABC 방송 토크쇼에서 이런 일이 있었다. 심장을 이식받은 12살이 된 어린아이와 이 수술을 성공시킨 의료진이 토크쇼 프로그램에 출연하였다. 수술을 받은 아이는 얼마 전 교통사고로 뇌사 상태에 빠진 8살 아이의 심장을 이식받았던 것이다. 이 수술은 처음부터 논란이 많았다. 8살이라는 너무 어린 아이의 심장을 이식했기 때문에 사회적인 이슈까지 되었다. 어쨌든 수술은 성공적으로 이루어졌다.

생방송 토크쇼가 한창 진행되고 있는 도중에 갑자기 아이가 무대

중앙으로 걸어 나왔다. 그러곤 순간적으로 "맘(엄마)!"이라 외치는 것이 아니겠는가! 그곳 방청석에는 아이의 엄마가 없었다. 대신 심장을 제공한 죽은 아이의 엄마가 앉아 있었다. 그녀는 수술을 받은 아이와 접촉한 적이 전혀 없었다. 현장에 있던 사람들에게는 너무나 큰 충격이었다. 생방송을 보던 시청자들 모두 놀랄 수밖에 없었다.

이 아이가 어떻게 죽은 아이의 엄마를 알아보았을까? 이후 연구 팀의 연구 결과, 심장에도 뇌와 같이 기억하는 뉴런이 있는데 이 기억세포는 뇌세포들보다 숫자는 적지만 약 50배 이상 강력하다는 사실을 알게 되었다.

피어설 박사 팀은 이후 심장이식을 받은 여러 사람과 가족·친척들을 연구실로 초청했다. 가족이나 친구들에게 물어보니 대부분이 심장수술 후에 성격이 변했다고 말했다. 예를 들어 수술 전에는 조용하고 차분했는데, 수술 후에는 적극적이고 큰 소리로 말한다는 것이다. 알아보니 변한 성격은 심장을 기부하고 죽은 사람의 성격과 흡사했다. 이후 많은 실험과 연구를 통해서 심장에도 기억 장치가 있고, 심장이야말로 '직관적 기억창고'라는 것을 알게 되었다.

분석심리학의 창시자인 카를 융(Karl Yung)과 제자들은 사람의 성격을 외향과 내향, 오감과 직관, 논리와 감성, 계획적과 즉흥적 등 8가지로 구분하였고, 이것을 다시 섞어 MBTI(The Myers-Briggs Type Indicator)라는 성격 측정 도구를 만들었다. 이후 학자들은 융의 이론

을 과학적으로 증명하기 시작했다. 시각, 청각, 미각, 후각, 촉각의 오감(五感)은 뇌와 관련이 있고, 위의 사건처럼 "엄마!" 하며 직관(直觀)적으로 아는 것은 심장과 관련이 있음을 밝혀냈다.

한 여인을 10년 넘게 짝사랑한 한 남자에게 기적 같은 일이 일어났다. 여인이 드디어 남자의 프러포즈를 받아들인 것이다. 하지만 이때부터 여인은 남자의 사랑을 확인하고 싶다면서 이것저것 요구하기 시작했다.

"당신이 정말로 나를 사랑한다면 하늘의 별을 따다 주세요."

남자는 여인을 사랑하기에 그 어려운 길도 마다 않고 천신만고 끝에 별을 따다 주었다. 그러나 여인은 그것으로 만족하지 않았다.

"정말 나를 사랑한다면 이번에는 하늘의 달을 따다 주세요."

남자는 더 어려운 길임에도 죽을힘을 다해서 달을 따다 주었다. 하지만 이번에도 여인은 만족하지 않았다.

"나를 진정 사랑한다면, 마지막으로 당신 어머니의 마음인 심장을 따다 주세요."

남자는 많은 고민과 갈등을 하기 시작했다. 드디어 남자는 결단을 내리고 어머니에게 가서 심장을 꺼내 들고 여인을 향해 달렸다. 여인과의 희망찬 미래를 꿈꾸며 달리고 또 달렸다. 그러다 남자는 돌부리에 걸려 넘어지게 되었다. 어머니의 심장이 언덕 아래로 떼굴떼굴 굴러가자, 아들은 뛰어 내려가서 황급히 어머니의 심장을 주워들었다. 이때 흙투성이가 된 어머니의 심장이 아들에게 이렇게 말했다.

"아들아, 많이 다치지 않았니?"

세상의 수많은 아름다운 말들 가운데서도 가장 소중한 단어가 바로 '어머니'이다. 이 이야기를 읽고 있는 지금, 당신의 심장에 어떤 울림을 느끼지 못했는가? '어머니'라는 단어만 떠올려도 가슴이 뭉클해지는 이유는 무엇인가? 어머니의 사랑 때문 아니겠는가. 비록 이 '어머니의 심장' 이야기가 오래전부터 내려온 이야기라고 할지라도, 사랑의 중심은 심장이란 사실은 예나 지금이나 변함이 없어 보인다.

신문에 불가사의한 사건이 특집기사로 전해진 적이 있다. 태어난 지 며칠 된 쌍둥이가 있었다. 그런데 쌍둥이 중 한 아기가 심장에 큰 결함을 안고 태어났다. 의사들은 하나같이 이 아기가 죽을 것으로 보았다. 아기를 살리려고 온갖 노력을 했지만 며칠 후 예상대로 거의 심장이 멎어갔다.

이때 나이 든 간호사가 "엄마의 자궁처럼 두 아기를 한 인큐베이터에 같이 넣어보자"는 제안을 했다. 의사들은 그것이 병원 방침에 어긋나 고민했지만 최종적으로 쌍둥이를 한 인큐베이터에 넣기로 결정했다.

그런데 놀라운 일이 벌어졌다. 건강한 아기가 팔을 뻗어 아픈 동생을 끌어안았다. 그러자 서서히 동생의 심장이 안정을 되찾기 시작했다. 혈압이 정상이 되고, 체온이 제자리로 돌아왔다. 시간이 지나면서 동생은 점점 나아져서 지금 두 아이는 완전히 정상적으로 무럭무럭 자라나고 있다. 특집기사의 제목이 "생명을 구한 포옹"이다. 사랑은 심장을 뛰게 한다.

심장에 관해서는 또 하나의 신비로움이 있다. 그러나 의학계에서 아직 결론을 내리지 못한 사실이다. 암세포는 어떤 부위에든 자리를 잡을 수 있는데, 유독 심장에는 암세포가 자리 잡지 못한다는 것이다.(최근 정말 희박하게 심장암이 발생하기는 했다.) 위암, 간암, 폐암, 대장암, 난소암, 전립선암, 유방암, 피부암, 골수암, 혈액암(백혈병), 뇌종양, 설암, 안암 등등 암의 종류는 숱하게 많다. 그런데 신기하게도 '심장암'이란 말은 거의 듣지 못했다. 그 이유가 무엇일까?

여러 학설이 있다. 학설이 많다는 것은 정확히 모른다는 뜻이기도 하다. 그러나 가장 인정받는 학설은 심장이 가장 중요한 장기라서 최후의 보루로 남겨진다는 이론이다. 심장이 멈춰 서면 모든 것이 끝이다. 그래서 다른 장기들이 "내가 대신 희생할 테니 너만은 끝까지 살아남아줘"라 말한다는 것이다. 심장(心腸)은 '사랑'의 장기이다. 그래서 사랑을 받고 베풀며 살 때 몸에 기적이 일어나는 것이다.

"나를 훈계하신 여호와를 송축할지라 밤마다 내 심장이 나를 교훈하도다"
(시편 16:7)

최근 의학은 심장에 '심장박동 조율세포(Pace Maker Cell)'가 움직여 사람의 생명을 지키고 있음을 발견했다. 의학은 바로 이 비밀스런 장소가 생명의 하나님이 머무르시는 성소라 말한다. 심장은 영혼의 장기이다.

"창세로부터 그의 보이지 아니하는 것들 곧 그의 영원하신 능력과 신성이 그가 만드신 만물에 분명히 보여 알려졌나니 그러므로 그들이 핑계하지 못할지니라" (로마 1:20)

예수님의 심장은 왜 파열됐을까?

「요한복음」 19장 34절을 보면, 십자가에 달려 이미 운명하신 예수님의 신체에 "한 군병이 창으로 옆구리를 찌르니 곧 피와 물이 나오더라"고 적혀 있다. 이어서 사도요한이 이를 가까이서 자세히 본 것을 기록하면서, "이를 본 자가 증거하였으니 그 증거가 참이라…… 너희로 믿게 하려 함이니라"(35절)고 그 이유를 말하고 있다.

그런데 의학적으로 보면 죽은 사람의 옆구리를 찌른다고 피와 물이 나오지는 않는다. 하지만 요한은 피와 물이 나온 것이 참이라고 할 뿐 아니라 직접 보았다고 증언하고 있다.

의료 전문가들의 견해에 따르면 이는 매우 희귀한 경우지만, 만약 그것이 사실이라면 단 한 가지 가능성밖에 없다그 한다. 그것은 바로 주님께서 십자가 위에서 심장이 파열되는 고통을 당했는데, 실제로 심장이 내부로 찢어졌다는 것이다.

우리가 이미 알듯이 심장의 내부는 오른쪽과 왼쪽의 두 개의 방으로 나누어져 있고, 양쪽은 다시 두 개의 심실로 나누어져 있다. 사람이 숨지는 순간 심실에는 액체가 거의 없다. 그런데 주님의 몸에서는 피와 물이 나왔다. 따라서 그와 같은 일이 일어날 수 있는 것은 심장이 파열되었을 때뿐이라는 것이다.

결국 설명은 이렇다. 주님의 심장이 파열되어 피가 심실에 고여 있었다. 그릇에 피를 담아두면 핏덩이와 액체인 혈청이 분리되듯, 심실에 고여 있는 피 역시 분리된다. 마침 군인이 창으로 옆구리(심장)를 찔렀을 때, 아래쪽 핏덩어리가 먼저 나오고, 다음 위에 고여 있던 혈청(물)이 나왔다는 것이다. 주님의 죽으심의 직접 원인이 '심장파열'이라는 증거인 셈이다.

그분의 심장이 파열된 원인은 무엇인가? 무엇이 그분의 심장을 찢어지게 했단 말인가? 의학적으로 볼 때 육체의 고통만으로 심장이 파열된다는 것은 거의 불가능하다. 따라서 오직 마음의 고뇌가 너무나 강렬할 때 심장이 터질 수 있다고 설명할 수밖에 없다. 그분이 "나의 하나님 나의 하나님 어찌하여 나를 버리시나이까" 하고 절규한 것과 겟세마네 동산에서 너무나 고뇌하신 나머지 '땀방울이 핏방울'이 된 것과 일맥상통한다.

누가 그분의 심장을 이토록 찢어지게 했단 말인가? 바로 나와 당신임을 알아야 한다. 당신을 살리기 위해 그분이 어떤 고난을 당하셨는지, 당신의 죄를 용서하시기 위해 어떤 값을 치르셨는지 기억해야 한다.

우리 몸 안에 의사가 있다

"눈은 몸의 등불이니 그러므로 네 눈이 성하면 온 몸이 밝을 것이요
눈이 나쁘면 온 몸이 어두울 것이라"(마태 6:22-23)

과학으로 증명되는 예수님의 말씀

예수님은 자신의 생각이 가진 영향력을 늘 조심하라 하셨다.

「누가복음」 11장 41절에 "그 안에 있는 것들을 깨끗이 하라 그리하면 모든 것이 너희에게 깨끗하리라"고 말씀하셨다. 「마태복음」 6장 22-23절에 "눈은 몸의 등불이니 그러므로 네 눈이 성하면 온 몸이 밝을 것이요 눈이 나쁘면 온 몸이 어두울 것"이라 했다.

삶에서 무엇을 보느냐가 중요하다. 흡연자 주변에는 간접흡연자가 생기듯이, 영적으로도 알게 모르게 주변 사람에게 '감정의 연기'

(mood-smoke)를 내뿜거나 그들이 피우는 연기를 마시게 된다. 최근 심신의학은 주님의 이러한 말씀이 과학적 사실임을 증명했다. 우리가 사용하는 말과 그에 따르는 감정은 면역체계에 직접 영향을 미친다. 심리적인 영향이 비록 5~10% 정도라 할지라도, 그 작은 영향이 면역기능과 자가 치료 능력을 일깨워 사람의 생사까지 결정하게 되는 것이다.

잠시 상상해보자.

눈을 감고, 발갛게 익어 떡 벌어진 석류 한 개를 벌린다. 탱글탱글하게 윤이 나는 석류 알 20개 정도를 끄집어내서 손바닥 위에 올려놓는다. 그 석류 알들을 한입에 다 털어 넣고 천천히 혀로 알맹이들을 느껴본다. 그리고 어금니로 알맹이들을 한꺼번에 와작 씹어보라.

지금 입 안에 어떤 현상이 일어났는가?

우리는 아무것도 먹은 것이 없다. 그러나 입 안에는 침이 핑 돌게 된다. 석류를 상상만 해도 몸은 마치 실제로 석류가 입 안에 들어온 것처럼 생리반응을 한다. 이와 마찬가지로 심리적으로 스트레스를 받을 때 몸은 중추신경계(CNS), 자율신경계(ANS), 내분비계(endocrine system), 면역체계(immune system)에 직접적으로 생리적 반응을 나타낸다.

몸은 정직하고 단순하다. 몸이 배라면 마음은 그 배를 움직이는 선장이다. 선장이 술에 취해 잠자고 있다면 그 배는 산으로 올라간다. 몸이 병들었다면 마음이 무언가에 취해 무리하게 운행했기 때문일 것이다. 그래서 몸을 고치기 위해서는 먼저 마음을 깨워야 하는 것이다.

내 몸을 가장 잘 아는 사람은 주변 사람도 담당 주치의도 아니다. 의사는 통계적 수치를 살필 뿐이고, 그 수치는 아침저녁의 기분에 따라 달라진다. 몸을 잘 아는 것은 바로 나 자신이다. 더 나아가 내 몸에는 어떤 폭풍우도 뚫고 나가는 첨단장비 '항상성'이 장착되어 있다. 선장의 잠을 깨우고, 첨단장비 항상성을 작동시켜야 한다. 이것이 심신의학인 것이다.

그동안 정통의학은 몸에 대해서만 가르쳤다. 심신상관의학에 대해서는 모르고 있었다. 알아도 심신의학이 병원 경영에 큰 유익을 주지 못한다는 것을 알고 있다. 하지만 정직한 의사들은 오래도록 임상을 해본 결과, 환자의 마음과 습관까지 고쳐야 병이 낫는다는 사실을 알게 되었다. 이렇게 해서 등장한 학문이 심리신경면역학(Psychoneuroimmunology : PNI)이고, 임상에 적용한 것이 심신의학(Mind-Body Medicine)이다.

면역체계를 좌우하는 마음의 힘

현미경으로 혈액을 보면 적혈구, 혈소판, 백혈구라는 고체 성분이

혈장이라는 액체 속을 떠다닌다. 이들은 각자의 역할을 한다. 헤모글로빈이라는 혈색소 때문에 붉게 보이는 적혈구는 온몸 구석구석에 산소를 실어 나른다. 혈소판은 모양이 불규칙하게 생겼지만 여러 단계를 거쳐 혈액을 응고시켜 지혈시키는 역할을 한다. 백혈구는 세균을 처리하고 면역체계를 담당한다. 그러면 백혈구 안으로 들어가서 이들이 어떻게 질병으로부터 우리 몸을 지켜주는지 알아보자.

백혈구 면역체계를 들여다보면 우리 사회조직과 흡사함을 알 수 있다. 나라에는 국경이 있고 경찰과 군인이 불철주야로 나라를 지키듯, 우리 몸에도 피부라는 국경 안에 우리 몸을 지켜 보호하는 감시체계가 있다. 이것이 바로 면역이다.

사람마다 얼굴은 다르지만 대한민국 국민 모두는 주민등록증을 가지고 있다. 내 몸도 세포 모양은 다 다르지만 신분증(MHC)이 있어 동질 세포를 만나면 "아, 내 친구로구나, 안녕" 하고, 이질 세포를 만나면 "어, 쟤 누구야? 불법체류자잖아. 가만두면 안 되지!" 하며 경찰에 신고한다. 평소에는 관할지역에서 경찰이 치안을 담당하듯, '매크로파지(macrophage, 대식세포)'가 세균이나 바이러스를 잡아 림프계(경찰서)에 모아 처리한다.

그러나 경찰 범위를 벗어나 범국가적 전시 상태가 되면 가만히 있던 국군이 움직이기 시작한다. 먼저 사령부(헬퍼 T세포)에 보고되면, 전국에 비상사태(사이토카인)가 떨어지고, 해군과 공군(B세포)이 출동하고,

육군(킬러 T세포), 그리고 특공대(NK세포)가 전투를 시작하게 된다.

하지만 적도 교활하다. 처음에는 표나지 않게 국내로 잠입해 선량한 국민에게 유언비어를 퍼뜨리면서, 서서히 게릴라 작전을 벌여 나간다. 이에 사령부도 무작정 대포를 쏘아대지는 않는다. 잘못하면 선량한 국민들이 다칠 수 있기 때문이다. 따라서 적을 소탕하기 위해서 면밀한 전략과 전술을 펼치게 된다. 하지만 선량한 국민들은 유언비어에 잘 속고, 정부에서도 전술을 잘못 펼쳐 과잉 대응하기 쉽다.

이러한 과잉 대응은 상황을 악화시킬 수 있는데 대표적인 세 가지는 다음과 같다.

첫째, 알레르기다. 조금만 이상해도 적이 아닌가 의심한다. 마치 '외국인 관광객'을 간첩인 줄 착각하고 과잉 대응하는 것과 같다. 평소엔 늘 눌려 있다가도 약간의 변화에 깜짝 놀라 콧물로 또는 피부 두드러기로 과잉 반응을 보인다.

둘째, 자가면역이다. 마치 선량한 국민을 간첩으로 오인하고 마구 때리는 것과 같다. 한때 우리나라에도 이런 아픈 시절이 있었다. 나와 다르다고 틀린 것은 아니지 않는가. 유전자 순서가 조금 다르다고 자기 세포를 향해 총을 쏘아대는 것이다. 신체적 완벽주의와 강박 장애로 류머티즘, 루푸스, 혈관염 등이 있다.

셋째, 암이다. 마치 자기 백성을 완벽하게 억압하는 공포정치와 같다. 암은 흔히 '출구 없는(no exit)' 병이라 부른다. 공포정치로 성공은 했지만 백성들은 숨도 못 쉰다. 백성이 없으면 정부도 있으나

마나다. 참다못해 결국 백성들이 집단 쿠데타를 일으킨다. 세포가 폭발하는 것이 암이다.

이 상황에서 당신이 국가 지도자라면 어떤 행동을 취할 것인가? 유언비어를 퍼뜨리고 게릴라전을 벌이는 적군은 찾아 죽여야 하지만, 자국의 백성들은 보호하고 건강을 지킬 수 있도록 해야 한다. 그러나 병이 깊어가고 적군이 강할 때는, 적군이 점령하고 있는 고지를 정복하기 위해 부득이 전면전을 벌여야 한다. 이때는 교묘한 작전이 필요하다. 먼저 먼바다의 해군이 함포나 미사일을 발사하고, 다음으로 해병대가 들어간 뒤, 마지막으로 육군이 물밀듯 밀고 들어가 고지를 정복해야 한다.

몸속에 있는 국군의 위력을 확인해보자. 전쟁이 시작되면 우선 해군과 공군(B세포)은 표적 미사일(항체)을 발사해, 일단 적군(병균, 바이러스)을 초토화시킨다. 하지만 우리 국민도 피해를 입는다(면역이 떨어질 수 있다). 동시에 킬러 T세포(국군)는 유언비어에 감염된 자국민 세포를 치료한다. 그런데 치료할 수 없을 경우에는 살해(아폽토시스)를 지시한다.

'킬러 T세포(육군)'는 사관학교(흉선)에서 무시무시한 교관(너스)에게 훈련을 받고, 겨우 3%에게만 열려 있는 졸업 관문을 뚫은 정예 특공대원들이다. 평소에는 가만히 잠을 자지만 일단 깨어나면 그 힘은 대단하다. '헬퍼 T세포(사령관)'의 명령(사이토카인)을 받고 움직이기 시작하면, 그들을 감당해낼 자가 없는 것이다.

사람의 면역계 중에 'NK세포(자연살상세포)'가 지닌 항체 미사일의 화력은 대단하다. 이 미사일에는 Y 모양을 한 탐지 안테나가 있다. 이 안테나는 참으로 변화무쌍해서 어떤 이물질이나 바이러스도 이 추적 미사일을 당해낼 수 없다. 적군의 몸 안에 구멍을 뚫고 화학폭탄을 집어넣어 산산조각 폭파시키는 것이다.

그러면 우리 몸에 이처럼 막강한 경찰과 군대가 있는데, 왜 병이 생기고 몸은 무너질 수도 있는 것일까?

병든 세포는 분명히 자기 세포지만 나쁜 유언비어에 변질된 세포이다. 따라서 계속 주변의 세포에게 유언비어를 퍼뜨리기에, T세포는 마땅히 즉각 출동해 이를 처리해야 한다. 하지만 유언비어에 감염된 세포는 좀 이상한 옷을 입고, 신분증(MHC)을 교묘히 위조해서 다닌다. 이를 본 T세포는 "어~, 좀 이상하긴 한데? 하지만 단서가 없으니 그냥 가" 하며 도무지 힘을 쓰지 못한다.

어떻게 건강한 세포가 적군의 유언비어에 속아 넘어갔는지 현대의학도 아직 정확히 알지 못하고 있다. 단지 우리 몸에는 면역 담당 사령관(헬퍼 T세포)이 하나가 아니고 둘이어서 이런 일이 발생하는 것이 아닐까 하고 예측할 뿐이다. 하나는 매크로파지와 킬러 T세포의 상관인 '1형 헬퍼 T세포'이고, 다른 하나는 B세포의 상관인 '2형 헬퍼 T세포'이다. 이 둘은 서로 미묘한 세력 다툼을 한다. 이러니 아래에 있는 여러 부하들은 같은 편인데도 누구의 명령에 따라야 할지 헷갈릴 수밖에 없다.

"지금은 몸조심하는 게 상책이다"라고 생각하면 각종 '알레르기'가 되고, "헷갈리기는 하지만 무조건 때려잡고 보자" 하면 '자가면역 장애', "아이쿠 방법이 없다, 될 대로 돼라" 하면 '암'이 되는 것이다.

그러면 왜 사령부에서부터 혼선이 일어나고, 나라가 무정부 상태가 되는 것인가? 원인을 추적해보면 결국 통치자에게까지 올라간다. 외부의 적은 늘 침입해 온다. 하지만 통치자의 지도력이 튼튼하면 하부체계에 문제가 없다. 그러나 통치자가 흔들리면 아래 참모들은 혼선을 빚고 우왕좌왕하게 되는 것이다.

정리해보면, 면역계는 내분비계, 자율신경계와 함께 중추신경계에 연결되어 있다. 그리고 최종적으로 이 중추신경계를 총괄하는 국가 통치자는 '뇌(마음과 영혼)'이다. 몸은 정직하다. 몸을 움직이는 것은 결국 마음이다. 몸의 면역은 마음의 지배를 받는다는 것이 최신 의학의 결론이다.

'마음을 다스려야, 병을 다스릴 수 있다.'

"소망이 더디 이루어지면 그것이 마음을 상하게 하거니와 소원이 이루어지는 것은 곧 생명 나무니라"(잠언 13:12)

기도와 명상으로 듣는 마음의 소리

몸은 단순하고 정직해서 마음이 시키는 대로 움직인다. 몸에 나타나는 '증상(symptom)'은 마음의 '상징(symbol)'이라는 말에서 유래했다. 어원학적으로 몸의 '증상'은 수동태이고, 마음의 '상징'은 능동태이다. 그러므로 우리는 수동적 몸의 증상을 제거하기에 앞서, 능동적 마음의 상징을 읽을 수 있어야 한다. 동시에 마음의 상징을 읽기 위해서는 왜 내 몸에 이런 증상이 나타났는지 몸의 소리를 들을 수 있어야 한다.

노먼 브라운(Norman Brown)은 저서 『사랑의 몸(Love's Body)』에서 "몸은 언제나 조용히 말하고 있다"고 했다. 몸의 소리는 과연 어떻게 들어야 하는가? 몸에서 올라오는 조용한 소리는, 청진기나 CAT-스캔 같은 기구로 듣는 것이 아니다. 이 소리를 듣는 것은 어떤 기구보다도 감지력이 예민한 것으로, 우리 속에 있는 '기도와 명상의 마음'이 바로 그것이다. 고요해야 한다. 밖의 시끄러운 소리를 잠재우면 서서히 속에서 올라오는 소리를 들을 수 있다. 마음을 고요하고 깨끗이 하면 그간 더러워서 안 보였던 것이 점점 환하게 보이기 시작한다.

사람은 자신의 내면이 참으로 허약하다는 것을 무의식적으로 알고 있다. 그래서 자기의 약점을 '방어기제(defense mechanism)'라는 것으로 본능적으로 가린다. 그래서 남들은 내 약점을 다 알고 있음에도 정작 본인만 모르고 아닌 척하며 살아간다. 대표적인 방어기제로 '삼척동자(?)'가 있다. '있는 척', '배운 척', '잘난 척'이 바로 그것이다.

방어기제는 최초의 인간 아담이 죄를 지은 뒤 나뭇잎으로 자신의 '부끄러운 곳'을 가리는 것과 같다. 겉사람은 그럴듯해도, 속사람은 참으로 약하고 부끄럽기 짝이 없다. 자신의 약점과 부끄러움을 가리기 위해서 자연스럽게 겉모습에 치중하게 되고, 속을 억눌러 에너지를 고갈시킨다. 자신의 약점을 가리는 것은 굉장한 스트레스가 된다.

할아버지와 할머니가 나들이를 갔다. 할머니가 다리가 아파서, "영감, 나 좀 업어줄 수 없수?" 하고 물었다. 할아버지는 할 수 없이 업어주었다.

할머니가 좀 미안해서 "영감, 나 무겁지?" 했다. 할아버지가 "그럼 무겁지 뭐" 퉁명스레 대답했다.

할머니가 "왜 무거운데?" 하고 물으니, 할아버지가 "머리는 돌대가리지, 얼굴은 철판 깔았지, 간은 부었지, 그래서 무겁지!"라 했다.

돌아오는 길에 할아버지가 다리를 다쳤다. 이제는 할머니가 업고 가게 되었다. 할아버지는 자신이 했던 말이 마음에 걸렸다. 이제 "나 무겁지!" 하면 욕먹을 것 같아, "나 가볍지?"라 했다. 할머니는 화가 나서 "그럼, 가볍지!" 대답하니 할아버지가 "왜 가벼운데?" 하고 물었다. 할머니는 "머리는 비었지, 입은 싸지, 허파엔 바람만 잔뜩 들어갔지, 그래서 가볍지!"라 대답했다.

우스운 이야기지만, 평생을 사는 부부도 서로 속을 숨기고 방어하며 살기 쉬운 것이다.

속을 숨기고 억누를 때, 병을 일으키는 마음의 독소가 두 가지 있다. 하나는 '분노'이고, 다른 하나는 '두려움'이다. '분노'는 참을성이 없고, 좌절하고, 적개심을 보이게 만들고, '두려움'은 긴장하고, 걱정하고, 자신이 가치가 없다고 느끼게 한다. 분노는 과거에 묶여 있고, 두려움은 미래에 묶여 있다. 과거는 이미 지나가 돌이킬 수 없는 것이고, 미래는 아직 오지도 않은 비현실적인 것이다. 그러므로 과거와 미래에 묶여 산다는 것은 참으로 어리석은 일이다. 불행하게도 많은 사람이 여기에 묶여 산다. 그러나 우리가 사는 것은 바로 '지금, 여기'라는 현실이다.

"너희는 이전 일을 기억하지 말며 옛날 일을 생각하지 말라. 보라 내가 새 일을 행하리니 이제 나타낼 것이라"(이사야 43:18-19)

마음의 독소는 몸의 질병을 만든다. 질병이라는 '증상'은 과거의 잘못된 습관과 마음의 상처가 몸 밖으로 드러난 것이다. 이제 무거운 짐을 내려놓고 긴장을 풀어야 한다. 그러나 쉽지 않다. 과거의 습관에 익숙해져 있기 때문이다. 하지만 작은 것부터 하나둘씩 몸의 소리를 들어보라. 그리고 몸에서 올라오는 소리와 대화를 시도해보라.

"너 어쩌다 이렇게까지 되었니?"

"주인님, 미안해요. 갈 데가 없어서 이렇게 되었어요."

「마가복음」 2장에는 예수님께서 가버나움에 있는 어떤 집에 계실 때의 상황이 펼쳐진다. 집 밖이 인산인해가 되어 할 수 없이 친구들이 지붕을 뚫고 중풍병자를 예수님 앞으로 달아 내린 적이 있었다. 예수님은 이들의 믿음을 보시고, "소자야, 네 죄 사함을 받았느니라"고 말씀하였다. 그런데 이 말을 들은 한 서기관이 "참람하다. 오직 하나님 한 분 외에 누가 죄를 사할 수 있느냐"고 중얼거렸다. 예수께서 그의 마음을 읽으시고 이렇게 물었다. "죄 사함을 받았느니라 하는 말과 일어나 걸어가라는 말 중에 어느 것이 쉽겠느냐?" 서기관은 묵묵부답이었다. 이에 예수께서 "내가 죄 사하는 권세가 있는 줄을 알게 하노라" 하고, 다시 중풍병자에게 "일어나 네 상을 들고 일어나 걸어가라" 명하니 그가 걷게 되었다.

"죄 사함을 받았느니라 하는 말과 일어나 걸어가라는 말 중에 어느 것이 쉽겠느냐?"는 물음에, 독자 여러분들의 생각에는 솔직히 어느 것이 더 쉽다고 생각되는가?
'죄 사함을 받았느니라' 말하는 것이 사람들 앞에 증거를 안 보여도 되니 더 쉬워 보이는가? 아니지. 차라리 '일어나라'고 몸에다 명령하는 일이니 더 쉬워 보이는 것 같은데? 그것도 아닌가? 에라 모르겠다. 묵묵부답이다. 예수께서는 바로 이러한 마음(?)을 노출시키고 있다.

다시 독자 여러분께 아주 엉뚱한 질문을 해보자. "개구리 배꼽이 배에 붙어 있는가, 아니면 등 쪽에 붙어 있는가?" 당연히 앞쪽 배에 붙어 있겠지? 틀렸다. 개구리는 배꼽이 없다.

마찬가지로 예수님의 질문은 말도 안 되는 질문이다. 처음부터 답이 없는 질문이었다. "죄 사함을 받았느니라" 말과 "일어나 걸어가라"는 말은 둘 다 사람으로는 하기 어려운 말이다. 그런데 하나님에게는 둘 다 너무나도 쉬운 말이다. 이 말씀은 예수님께서 하나님의 신분으로서 병자를 치유한다는 뜻이다. 이제 주께서 이 질문을 던지신 이유를 알겠는가?

서기관이나 우리들은 주님이 하신 질문의 뜻을 쉽게 알아차리지 못한다. 왜냐하면 '내 생각'이라는 편견과 우상에 너무 깊이 빠져 있기 때문이다. 심리학적 용어로 '방어기제' 때문이다. 우리는 알게 모르게 '에이~ 나사렛에서 무슨 선한 것이 나겠어'라는 편견에 사로잡혀 색안경을 끼고 바라본다. 그래서 나타나는 증상만 보다가 본질을 놓쳐버리기 쉽다.

병의 원인을 알면 치료할 수 있다

몸은 증상이라는 신호를 보내고 있다. 수준 낮은 연극을 보았다 하자. 화가 난다고 무대장치, 소품을 갈아치우고 배우를 바꾼다고 해결되는 것은 아니다. 해결법은 연극의 수준을 떨어뜨리는 근본 원인인 극본을 수정하는 것이다.

자동차에 이상이 생겨 계기판에 빨간 경고등이 들어왔다 하자. 신경이 거슬리고 화가 난다고 계기판을 망치로 부수거나 정비소에 가서 표시등의 전구를 빼버리는 것은 어리석은 조치다.(현대의학은 증상을 치유하는 것이 중심을 이룬다.) 지혜로운 정비공은 근본 원인을 추적하고 찾아내 수리를 할 것이다.

몸에 나타나는 증상은 자동차 경고등과 같은 역할을 하는 것으로 결코 나쁜 것이 아니다. 오히려 건강을 지키는데 꼭 필요한 것이다. 경고등이 깜박일 때 빨리 그 원인을 찾아 문제를 해결하면 저절로 꺼지기 때문이다.

우리는 미몽에서 깨어나서 이제부터 몸을 잘 돌봐야 한다. 잃어버린 세월을 돌아보고 몸의 신호와 감정의 신호, 그리고 영적 신호에 귀를 기울여야 한다. 당신이 무의식적으로 억누르고 덮어버린 곳, 더 깊은 곳에 당신이 알지 못했던 엄청난 보물이 숨겨져 있다. 바로 당신의 몸 안에 최고의 명의가 숨어 있다.

당신은 어떤 성격의 사람인가? 몸과 마음, 그리고 영성은 거의 무의식적으로 항상 서로 의사소통을 하고 있다. 의사가 환자에게 물어보아도 참된 말은 들을 수 없다. 의식적인 말은 자신을 위장하는 말일 뿐이고, 진짜는 무의식 속에 숨겨져 있다.

한 남자가 자기 집 앞 가로등 아래서 웅크리고 열쇠를 찾고 있었다. 길을 가다가 도와주려는 사람이 물었다. "열쇠를 대충 어디쯤에 떨어뜨렸습니까?"

남자는 대답했다. "집 안에요."

도와주려던 사람이 의아해 물었다. "그러면 왜 밖에서 찾고 있는 거요?"

남자가 말했다. "집 안은 어두우니까요."

사람은 의식적으로 밝은 곳을 찾지만, 열쇠는 무의식의 어두운 곳에 있다. 내면의 어두운 곳에 밝은 빛을 비춰보아야 한다. 이 영성의 불빛이 어두운 내면을 환히 비춰준다. 치료할 수 없는 병은 없다. 단지 내면이 어두워 병의 원인을 발견하지 못했을 뿐이다.

평생 병 없이 사는 비결

"이 말씀을 하시고 저희를 향하사 숨을 내쉬며 이르시되 성령을 받으라"
(요한 20:22)

마음을 풀면 꼬인 유전자가 풀린다

2005년 한 해에 47만 8천여 명의 암 환자가 병원을 찾았으며 그 다음 해부터 계속 50만 명을 훌쩍 넘었다. 4인 한 가족으로 생각한다면 한국에 200만 명이 암 환자 가족이다. 물론 사망원인 1위의 질병도 바로 암이다. 진단기기, 의료장비, 제약과 수술기술에서 한국이 세계 최고를 자랑한다. 그러면 당연히 환자가 줄어야 할 텐데 어째서 '한 집 건너 암 환자'라는 말처럼 점점 더 늘어만 가는가? 암의 정체는 무엇이며 왜 생기는 것인가?

암을 일으키는 원인으로는 음주와 흡연, 불규칙한 생활습관, 탄 음식, 방사선, 유전적 요인 등 여러 가지가 있지만 최근 스트레스와 이로 인한 잘못된 생활습관 역시 암의 중요한 원인임이 밝혀졌다. 조사에 의하면 암 환자의 대부분은 발병 몇 년 전에 충격적인 스트레스 사건을 겪는다고 한다. 암은 몸 밖에서 병균이 침투해 들어와 생긴 병이 아니라, 몸속의 정상 세포가 잘못된 신호를 받아들여 암세포로 변질돼 생긴 것이다. 특히 몸에 신호를 보내는 중추신경, 곧 마음의 스트레스가 암 발생에 결정적 영향을 미친다. 암 환자의 세포는 혼란에 빠지고, 면역세포도 제 기능을 다하지 못한다.

재미있는 통계가 있다. 자폐증 환자나 지능이 낮은 사람들은 좀처럼 암에 걸리지 않는다는 것이다. 이들 가족들에겐 힘든 삶이겠지만 정작 본인은 또 다른 세계에서 살아간다. 이들에게 암이 적게 발생한다는 것은 이들이 우리가 느끼는 방식의 스트레스를 받지 않는다는 뜻일 수 있다.

암 발생의 가장 큰 원인은 마음의 스트레스이다. 스트레스는 심리적 쓰레기다. 이 쓰레기를 잘 만드는 사람이 있는가 하면, 잘 만들지 않은 사람이 있다. 또 쓰레기를 잘 처리하는 사람이 있는가 하면 제대로 처리하지 못해 꾹꾹 쌓아두는 사람도 있다. 기억해야 할 것은 스트레스 사건 자체가 문제라기보다 그 사건을 해석하는 마음이 문제라는 사실이다. 마음먹기에 따라 병을 물리칠 수도, 불러올 수도 있다.

암 환자는 'C형(Type C)'이라는 특징적 성격을 가지고 있다. 이 성격의 소유자들은 마음속 분노를 밖으로 잘 표현하지 않는다. 이들은 무표정한 얼굴로 불평불만을 계속 마음에 담아둔다. 화도 잘 내지 않고 자기 감정을 죽이고 억압한다. 그러나 겉으로는 느긋하나 실제로 속에서는 분노가 부글부글 끓고 있다. 단지 억누를 뿐이다. 속에 불을 감추고 있으니 속이 다 탄다. 다 탄 세포가 바로 암세포이다. 이 성격을 가진 사람은 암에 걸릴 확률이 약 5배 정도 더 높은 것으로 나타났다.

인간관계가 순조로운 것처럼 보이지만, 내심의 절망감을 감추고 있을 뿐이다. 이 같은 무력감과 절망감은 암이 발생하기 좋은 토양이 된다. 여기에다 충격적인 스트레스 사건이 발생하면 삶의 의미마저 잃게 된다. 여기에 무력감, 절망감, 체념 같은 마음이 더해지면 암을 발생시키는 최적의 환경이 된다.

하지만 여기에서 상황을 더 악화시키는 것이 있다. 호스피스 운동의 선구자인 엘리자베스 퀴블러 로스(Elisabeth Kübler-Ross)의 연구에서 보듯, 암이란 진단을 받으면서부터 부정, 분노, 타협, 우울, 순응 같은 복잡한 감정들이 하루에도 여러 번씩 기복이 심하게 일어나 가장 열악한 마음 환경을 만들어버리는 것이다. 다시 말해 최고의 명령 시스템인 뇌(마음)에서 '내가 암이라니 이젠 죽었구나!' 라는 부정적인 생각을 갖게 되면, 몸에 있는 60조 개의 세포들은 '사령관이 죽으란다'는 명령으로 알아듣고, 기가 꺾이고 반쯤 죽은 상태가 된다. 스트레스로 암이 발생했는데 암 진단을 받고부터 더 심한 스트레스에 시달리는 것이다.

암의 원인인 마음의 스트레스를 풀지 않고서 수술을 받거나 방사선을 쬐고 항암제를 쓴다고 해도 한계가 있다. 눈에 보이는 잡초를 제거하는 것보다 뿌리를 캐내야 한다. 암은 마음을 풀어야 근본적으로 낫는 병이다. 마음이 풀리면 꼬인 유전자가 풀린다. 유전자가 풀리면 세포도 서서히 정상적으로 되살아난다.

대부분의 환자는 지금까지 살아온 습관을 바꾸기 힘들어한다. 암을 치료하는 과정이 너무나 힘들고 귀찮기 때문에 대신 한방에 꽝~ 하고 날릴 수 있는 그 무엇을 찾으려 돌아다닌다. 그런 것이 있다면 얼마나 좋겠는가! 하지만 아직까지 그런 것은 없다. 암은 귀찮은 손님처럼 사람을 힘들게 한다. 사실 암은 당뇨나 고혈압 같은 만성질환이기에 장기적으로 몸을 돌보면 어느 날 자신도 모르게 영원히 떠나가는 질병이다. 심신의학적 암 치유법을 소개한 필자의 책 『암~ 마음을 풀어야 낫지』를 꼭 참고하길 바란다.

부정적 사고의 악순환

이와 달리 A형(Type A) 성격을 가진 사람들에게 잘 발생하는 질병이 있다. 대부분 순환기질환으로 고혈압, 뇌졸중, 심장병 같은 것들이다. 이 성격의 소유자들은 화를 잘 내고, 경쟁적이고, 조급하고, 적개심을 풀지 못하는 특징이 있다. 가령 이 성격을 가진 사람이 낚시를 가면 고기가 물리지 않는다고 이곳저곳으로 옮겨 다니다 끝난다. 도로에서 운전을 할 때 앞에 알랑거리는 차를 추월해야 직성이 풀리는 사람이다.

그러다가 화를 내면 아드레날린, 코르티솔 같은 스트레스 호르몬이 튀어나오고, 자율신경 중 교감신경이 흥분한다. 그러면 몸은 긴장되어 목이 뻣뻣해지고, 두통이 생기며, 소화가 잘 안 된다. 이러한 스트레스는 흡연, 음주, 불균형적인 식사, 수면 부족, 과로의 5대 악습관에 빠져들게 한다. 이러한 잘못된 습관은 다시 스트레스로 바뀌면서 악순환이 계속되는 것이다.

프리드먼 박사는 관상동맥 심장질환자를 대상으로 인터뷰와 응혈 검사, 콜레스테롤 검사를 실시했다. 그 결과, A형 성격을 가진 사람들이 다른 이들보다 약 6배나 발병률이 높다는 사실을 알아냈다. 이들은 대체적으로 투쟁적인 성격을 가지고 있다. 처음에는 지위에 대한 불안감이 성급병으로, 다시 절박감으로, 분로로 이어져 결국 자기 파괴적 충동이라는 틀에 빠지게 된다. 이 틀을 깨야 모든 것을 회복할 수 있다.

이들은 자동적으로 인지 왜곡을 한다. 처음에는 단순한 생각으로 시작한다. '버스가 늦는군.' 그러나 생각이 걷잡을 수 없이 발전한다.

'지각하겠는걸. 사장이 화낼 거야. 잘리면 어떡하지?' '모 아니면 도'라는 생각에 사로잡힌다. 그래서 '완벽하지 못하면 실패다'라는 생각을 하게 된다.

이러한 생각은 '병원에 가봐야 뻔하지'라는 예언적 사고로 비약한다. 그리고 '나는 바보야!'라며 스스로를 부정적으로 규정한다. 이런 부정적 사고의 악순환을 끊어야 한다. 심신의학에서 사용하는 여러 방법 중 참으로 간편하면서 효과적인 방법 한 가지를 소개한다.

간편하고 효과적인 프리즈 프레임

'프리즈 프레임(freeze frame)'이라는 것이 있다. 이 용어는 원래 방송국에서 촬영을 하면서 사용했던 말이다. 이것을 스트레스를 받는 순간 사용하면 평생 병 없이 살 수 있는 멋진 도구가 될 것이다.

첫째, 스트레스를 받는 순간 마음속으로 '컷!'을 외쳐라. 촬영 도중 갑자기 NG가 났을 때 PD는 '컷!(cut)'이라고 외치는 것이다. 이처럼 스트레스를 받을 때 '컷!'을 외치는 것이다. 그리고 자신의 몸을 바라보라. 분명 숨이 거칠어져 있고, 목이 뻣뻣해져 있고, 가슴이 답답할 것이다. 이것을 '알아차려야' 한다. 대부분 화가 날 때 그냥 생각 없이 화를 내버린다. 그러면 우리 몸은 나도 모르는 가운데 점점 더 나빠진다. 가장 중요한 것이 바로 이 순간 '컷!'하고 알아차리는 것이다.

둘째, 깊은 호흡을 3번하라. 호흡은 몸에 놀라운 이완효과를 준다. 복식호흡이 건강에 미치는 효과는 이미 의학적으로 검증이 되었다. 몸이 긴장하면 저절로 한숨이나 하품이 나온다. 호흡 '식(息)' 자는 내 몸[自]과 마음[心]을 연결한다는 의미다. 화가 나면 호흡은 식식~ 거칠어진다. 놀라면 '억!' 하고 숨이 멈춘다. 갓난아기가 엄마의 젖을 배불리 먹고 무릎에 누워 있을 때가 가장 스트레스가 없는 상태이다. 이때 호흡을 보라. 가장 평안한 호흡인 복식호흡을 한다. 깊게, 고르게, 천천히 깊은 호흡을 3번 하면 화는 벌써 절반으로 줄어들 것이다.

셋째, 호흡 속에 들어오시는 성령님께 물어보라. '성령'을 히브리어로 '루하(ruach)'라 하고, 헬라어로 '프뉴마(pneuma)'라 한다. 모두 '호흡, 바람'이란 뜻이다. 깊은 호흡으로 내 속에 충만히 계시는 하나님께 조용히 물어보라. 기독교인이 아니라면 영혼의 성소인 자기 심장에게 물어봐도 좋다.

"저 사람이 내게 왜 화를 내고 있지요?" "지금 나의 화난 마음이 왜곡된 비약은 아닌가요?" "이 상황에서 다른 각도로 볼 수 없을까요?" 분명히 마음속 성령님의 음성을 듣게 될 것이다. 꼭 실천해보라. 평생 당신의 건강에 놀라운 효과를 얻게 될 것을 약속한다.

제2부
마음을 치유하는 의사 예수

마음의 집짓기와 치유의 첫 단계

"예수는 지혜와 키가 자라가며
하나님과 사람에게 더욱 사랑스러워 가시더라"(누가 2:52)

모래 위와 반석 위에 지은 집

하나님의 아들이지만 완전한 인간의 몸을 입으신 예수님은 과연 어떤 인격을 가지신 분이었을까? 어린 시절은 어떠했으며, 인격 형성에 어떠한 영향을 미쳤을까? 예수님의 어린 시절에 대한 『성경』의 기록은 아주 적다. 그는 다윗 가문의 목수 요셉과 정혼한 동정녀 마리아의 큰아들이다. 이후에 남녀 동생들이 여럿 태어났고(마태 13:55-56), 아버지는 일찍 돌아가신 것으로 보인다.

「누가복음」 2장 52절에 "예수는 지혜와 키가 자라가며 하나님과 사람에게 더욱 사랑스러워 가시더라"는 기록이 있다. 매우 짧지만 참으로 중요한 기록이다.

1984년부터 세계보건기구(WHO)에서 '건강'을 정의하길, "The condition of being sound in body, mind, social position or spirit(건강은 신체적, 정신적, 사회적 그리고 영적으로 온전한 상태)"라고 했다. WHO의 이 정의는 예수님의 어린 시절을 설명한 것과 같다. '키가 자라가며'는 몸(body)의 건강이고, '지혜가 자람'은 마음(mind)의 건강, '사람에게 사랑스러워 감'은 사회적(social position) 건강, 그리고 '하나님에게 사랑스러워 감'은 영적(spirit) 건강을 말해주기 때문이다.

예수님은 비록 가난하고 불우한 어린 시절을 보냈지만, 그의 인격은 깨어지지 않고 완전한 하나님의 형상으로 건강하게 자랐음을 말해주고 있다. 예수님은 어린 시절 몸은 '튼튼'하고, 정신은 '똑똑'하고, 인간관계는 '당당'하고, 영적으로는 '떳떳'했다. 자라나는 우리 아이들에게도 예수님처럼 건강하고 아름다운 집을 짓도록 해주어야 할 것이다.

인격 형성에 대해 심리적으로 분석한 지그문트 프로이트(Sigmund Freud)는 인격이라는 집이 이미 5세 이전에 다 지어진다고 했다. 그가 너무 단정적으로 말해서 반대자도 많았지만 수긍이 가는 부분도 많다. 그가 말하는 집은 지하 1층에다 지상 2층 집이다. 집을 짓는 순서를 보면 먼저 1년 반 만에 지하실(무의식, Id)을 짓고, 다시 1년 반 동안 1층 집(자아, Ego)을 세우고, 마지막 2년 동안 2층 집(초자아, Superego)을 세운다는 것이다.

그런데 지하방에 세 든 사람은 술꾼이다. 기분이 내키는 대로 시도 때도 없이 올라와 힘들게 한다. 반면에 2층 방에 세 든 사람은 목사님이다. 날마다 도덕적인 설교만 외치고 있을 뿐이다. 가운데 주인은 아래위가 시끄러워 미칠 지경이다.

이 세 집이 서로 잘 지내려면 1층에 사는 주인(자아)이 아래위를 잘 조정해야 한다. 그러나 교통정리가 안 되면 아래위 사람이 주인행세를 하여 결국 주인이 쫓겨나야 할 판이 된다. 쫓겨나면 밖은 추워 개집에라도 들든지 아니면 뭔가를 덮어써야 하는데 이것을 '방어기제'라 말한다. 사람은 누구든지 이렇게 '자아'라는 집을 짓고 그 안에서 살아간다.

집을 다 지었으면 다시 타인과 적절한 거리를 두기 위해 울타리를 치게 된다. 그래서 주인은 다시 6년(잠복기, 초등학교) 동안 울타리를 치고, 다시 3년(사춘기, 중학교)간 대문을 달면서 인격이라는 집과 울타리가 완성된다. 프로이트의 어려운 정신분석을 이해하기 쉽게 '집과 울타리'로 비유해보았다.

인간관계에서도 자기를 보호할 울타리가 필요하다. '울타리'란 자신과 타인의 경계를 의미하는 것으로서, 그 안에서 인격이 안전하게 보호를 받는다. 문제는 어떤 사람이 함부로 자기의 울타리를 넘어 들어와 뜰을 짓밟고, 허락도 없이 물건을 만져 자신의 인격에 상처를 준다는 점이다. 정중한 제안이 아니라 "야, 이것 좀 해", 또는 "시장 갔다 올 테니, 우리 아기 좀 봐줘"라는 식으로 무례하게 명령한다. 이렇듯 버릇없이 내 울타리를 넘나드는 사람은 바로 주변의 가까운 사람, 곧 남편, 친구, 부모, 이웃, 친척이 될 수도 있다.

어떤 사람은 상처가 많아 아예 울타리가 허물어져 거의 없는 사람도 있다. 이런 사람은 "안 돼요, 내 뜰 안으로 함부로 들어오지 마세요" 혹은 "나는 지금 시간이 없어요. 당신의 부탁을 들어드릴 수 없어요"라고 정중하게 거절할 줄 모른다. 이런 사람들은 이제 자기 목소리 내는 법을 배워야 한다.

헨리 클라우드(Henry Cloud)와 존 타운센드(John Townsend)의 책 『울타리(*Boundaries*)』의 부제는 "예라고 해야 할 때 예, 아니라고 해야 할 때 아니라는 말로 당신의 삶을 주장하라(When to Say YES, When to Say NO, To Take Control of Your Life)"이다.

'남 기쁘게 해주기 병'이란 것이 있다. 남을 기쁘게 해주는 만큼 자신이 병들게 되는 것이 울타리가 약한 사람의 특성이다. 울타리가 허술하면 타인의 요구와 침범으로 고통과 질병이 찾아온다. 그러면 아픈 상처 때문에, 이제는 반대로 다시는 들어오지 못하게 담장(울타리)을 높이 더 높이 쌓아 올린다. 아예 담장 꼭대기에 철조망까지 치고 산다. 바깥의 사람을 경계하고 혼자서 마음의 문을 닫고 산다. 그러나 이것은 건강한 자아가 아니다. 대부분의 환자는 이러한 상처를 가지고 있다.

그렇다면 건강한 울타리는 어떤 것일까? 담장의 높이가 눈높이보다 조금 낮아서 바깥에 있는 사람과 안에 있는 내가 언제든지 대화할 수 있는 울타리이다. 그러나 집 안으로 들어오려면 반드시 내 허락이 있어야 하고, 들어올 때도 대문을 통해서만 들어오게 한다. 울타리는 스스로 주인의식을 가지고 옳고 그름을 결정할 때 건강해진다.

이러한 성격은 어린 시절의 경험과 관련이 깊다. 어린아이는 좋은 것인지 나쁜 것인지 판단하는 능력이 없다. 가령 부모가 격렬히 싸울 때 아이는 "엄마 아빠 싸우지 마, 내가 잘못했어"라고 말하며 운다. 이렇게 말하는 이유는 '엄마 아빠의 싸움은 나 때문이다. 내가 할 수 있는 일은 항상 착한 아이로, 감정을 드러내지 않는 것이다' 라 단정하기 때문이다. 어릴 때는 부모 의존적이기 때문에 부모를 전지전능한 신으로 보는 경향이 있다.(대상관계이론)

부모에게 "아이야, 울지 마. 너 때문에 싸우는 게 아니야"라는 말을 듣지 못한 아이는 잘못된 신념이 무럭무럭 자라나 평생 마음에 무력감이라는 그늘을 덮고 살게 된다. 어릴 때 받은 상처는 고스란히 각인되어 남을 수밖에 없다. 아이가 성인이 되어 다른 스트레스를 받을 때도 어린 시절 뿌리내린 사고방식이 다시 재현되어 나타난다. 비난, 비웃음, 학대, 성폭행 같은 부정적인 기억이 스트레스 반응으로 자동적으로 나타난다. 당연히 신체에 바로 영향을 주면서 질병이 생긴다. 이런 잘못된 신념을 교정해주어야 신체가 건강해질 수 있는 것이다.

이제 내면의 평화 전략을 짜기 위해서는 무엇보다 마음(mind)과 신체(body)와 영성(spirit)의 전체론적인 접근이 필요하다. 스트레스를 받을 때 내면의 소리에 귀 기울이는 법, 몸의 감각에 집중하기, 자기를 인정하고 돌보기, 그리고 무엇보다 '나는 하나님의 자녀로 사랑받을 충분한 가치가 있다'는 믿음이 필요하다. 하나님의 말씀대로 건강하고 튼튼한 집을 지어야 한다.

"누구든지 나의 말을 듣고 행하는 자는, 그 집을 반석 위에 지은 지혜로운 자 같으니, 비가 내리고 창수가 나고 바람이 불어도 무너지지 아니하나, 나의 말을 듣고 행치 않는 자는 그 집을 모래 위에 지은 어리석은 자 같으니, 비가 내리고 바람이 불어 그 집에 부딪치매 무너짐이 심하리라" (마태 7:24-27)

예수님의 분노와 유머

예수께서는 감정에 참으로 솔직하셨다. 기쁠 때 마음껏 기뻐하셨고, 슬픈 일에는 안타까워 우셨고, 사랑할 때 목숨 바쳐 사랑하셨고, 즐길 때 마음껏 즐길 줄 아셨다.

예수님은 역사상 최고의 유머를 가지신 분이었다. 2천 년의 역사와 문화적인 차이를 조금만 이해한다면 정말 예수님은 웃기셨다.

"부자가 천국 가기가 낙타가 바늘구멍에 지나가기보다 어렵다"(마태 19:24)고 했다. 개구멍도 아니고 쥐구멍도 아니란다. 상상 밖의 해학이다. "형제의 눈 속에 있는 티는 보고, 자기 눈 속에 있는 들보는 깨닫지 못한다"(마태 7:4)고 말씀하기도 하셨다. 들보라니? 눈꼽 정도가 아니다. 집 지을 때 천장에 얹는 용마루를 말씀하신다. 상상해보라. 눈에 전봇대 같은 용마루가 꽂혀 있는 모습을. 당시 듣던 사람들은 폭소를 터뜨렸을 것이다.

예수님이 화를 내신 적이 있었는가? 당연히 있었다. 겉과 속이 다른 바리새인들을 향해 "독사의 자식들아! 회칠한 무덤 같은 자여"(마태 12:34)라며 분노하셨다. 심지어 무능한 제자들에게 "믿음이 없고 패역한 세대여, 내가 얼마나 너희와 함께 있으며 너희를 참으리요?"(누가 9:41)라며 단단히 화내시는 모습도 볼 수 있다. 그러나 바로 이어 "예수께서 성령으로 기뻐하시며"(누가 10:21) 제자들의 한 일에 기뻐하셨다. 어린아이들이 오는 것을 기뻐하셨고, 사람을 사랑하시되(마태 18:1-4) 끝까지 사랑하셨다.

한번은 제자를 얻기 위해 세관에 앉아 있는 '레위'를 불렀다. 이스라엘 역사에 '레위'란 어떤 사람인가? 가장 성스런 제사장들의 아버지이다. 과거 레위는 형제가 어려울 때 목숨 걸고 앞장섰던 분이었다. 그런데 지금 레위는 어떠한가? 로마정부 관리로 조국 백성을 배신하고 혈세를 강탈하는 매국노다. 아무도 자기를 인간 취급하지 않는다. 그러나 예수님은 그를 제자로 맞으시고, 이름을 바꾸어주신다. "마태! 하나님의 보물!" '예수님이 농담하시나 봐, 매국노를 보물이라니' 라는 생각이 들 만큼 기막힌 이름을 붙여주신다.

또 한 사람이 있다. 갈릴리 바다의 어부 '시몬'이다. '시몬'의 뜻은 갈대다. '흔들리는 갈대'이며 속칭 '촐랑이'라고 할 수 있다. 과연 말실수가 많았고, 계집종 앞에서 주님을 세 번씩 부인했다. 그런데 주님은 그에게 새 이름을 주신다. "베드로(반석이란 뜻)!" 도무지 어울리지 않는 이름이다. 이처럼 예수님은 대단한 유머 감각을 지니신 분이다. 그들은 모두 예수님의 신뢰와 사랑으로 결국 위대한 사도가 되었다.

아니 잠깐! 다 웃는데 한쪽에서는 웃지 않는다. 바리새인들이다. 차가운 눈으로 흠잡을 데만 찾는다. 예수께서 이들에게 "이 세대를 무엇으로 비유할꼬 장터에 앉은 아이들과 같으니, 피리를 불어도 울지를 않고, 노래를 하여도 춤추지 않는도다"(마태 11:17)라 했다. 심신의학자 요한 데놀레트(Johan Denollet)는 1996년 이러한 사람들은 비꼬기, 비웃음, 음모 꾸미기를 잘하는 'D형(Type D) 성격'으로 따로 분류했다. 이들은 사회적 소외감이 높고 심장병이 걸리기 쉬운 가장 심각한 위험군이다.

주님은 여러 번 눈물을 흘리셨다. 나사로 가정을 보실 때 눈물을 흘렸고(요한 11:35), 예루살렘 멸망을 내다보시며 눈물을 흘리셨다. 슬픈 일이 있는가? 눈물을 흘릴 때 속으로 눈물을 삼키지 말고, 주님처럼 큰 소리로 울어라.

요시노 신이치 교수는 "우는 것은 웃는 것과 같은 효과가 있다"고 말한다. 중증 류머티즘 환자가 눈물을 흘릴 때 면역기능을 관찰했더니 코르티솔과 인터류킨-6이 저하되고, NK세포가 월등히 활성화되었다. 눈물은 참을수록 스트레스가 쌓인다. 가능한 한 큰 소리로 격렬하게 우는 편이 몸을 정화하는 데 좋은 것이다.

마음을 치유하기 위한 여러 방법들

어떤 목사님이 장례 예배를 마치고 "오늘 설교할 때 눈물을 참느라 혼났다"고 말하는 것을 들었다. 사실 이날 설교는 유가족들에게 위로를 주지 못했다. 차라리 가족이 보는 앞에서 함께 울어주었더라면 훨씬 좋은 설교가 될 수 있었으리라. 억제는 슬픔을 묶어놓지만, 눈물은 그만큼 감정을 풀어주고 정화시킨다.

우리는 어릴 때부터 "남자가 여자같이 울고 있어, 뚝!"이라는 말을 듣고 자랐다. 사실 알고 보면 눈물주머니는 여자보다 남자가 더 크다. 단지 우리는 그러한 편견을 주입받았을 뿐이다. 내면은 울고 있고, 외부 환경은 억압하고 있으니 남자들이 얼마나 힘들겠는가!

웃을 때는 마음껏 웃어라. '행복불안'이라는 것이 있다. 자신이 느끼는 행복감을 과분하게 생각하고 이것에 죄책감을 느끼는 것이다. 혹시나 이 행복이 달아나지 않을까 불안해한다. 하지만 그것은 그저 '불안'에 불과하다. 긴장을 풀어라. 웃을 때 입을 감추며 속으로 '피식~' 웃지 말고, 가슴을 확 펼치고 '으하하하~' 하고 하늘을 향해 큰 소리로 마음껏 웃어재껴라.

웃음의 치료 효과는 실로 엄청나다. 엔도르핀, NK세포가 스트레스를 받을 때보다 20배 이상 활성화되었다. 느먼 커즌스(Noman Cousins)는 "웃음은 체내 조깅"이라 했다. 크게 웃으면 몸속 근육 250개에 영향을 주고, 심장박동은 60회에서 90회로 증가하고, 9분 동안 조깅 효과를 보였다.

남의 이목이 부끄러운가? 한 가지 좋은 방법이 있다. 길거리에서 큰 소리로 웃는다면 지나가는 사람들 모두가 정신이 나간 사람이라 생각해 피해서 지나갈 것이다. 그러나 핸드폰을 귀에 대고 크게 웃어 보라. 아무도 이상하게 보지 않는다. 통화 중인 줄 알고.

사람의 생각은 마치 미친 개와 같아서 주인의 말을 듣지 않고 자기 멋대로 돌아다닌다. 생각하지 않으려 해도 자꾸 생각이 떠오른다. 마음속 불안감, 죽음에 대한 두려움 같은 생각을 지우려 해도 이런 부정적인 생각은 머릿속에 똬리를 틀고 떠나지 않는다.

남편이 교통사고로 죽은 경우와 자살로 죽은 경우에, 남아 있는 부인의 심리가 어떠한지 통계를 내보았다. 누가 더 건강이 나빴을까? 처음에는 자살자의 가족이 충격이 심하고 건강이 나쁠 것이라 추측했는데, 예측과는 달리 교통사고로 죽은 사람의 가족이 더욱 충격이 심하고 오래가는 것으로 나타났다.

그 이유는 자살자는 죽기 전에 가족들과 많은 대화를 나누지만, 갑작스런 사고로 죽은 사람들의 가족들은 말 한마디도 나누지 못한 아픔이 크기 때문이다. 서로 정리되지 못한 이별은 강박감이 되어 반복적으로 많은 생각을 떠오르게 한다. 강박적인 생각들은 육체 건강을 나쁘게 한다. 억제, 강박, 건강 악화 이 세 요소는 서로 손을 잡고 악순환의 방향으로 돌아간다.

어떻게 하면 어두운 생각을 떨쳐버리고, 밝고 아름다운 생각으로 채울 수 있을까? 해답은 간단하다. 똑바로 쳐다보는 것이다. 현실을 피하지 말고 '직면하는' 것이다. 사람은 본능적으로 두려운 것은 피하려 한다. 그러나 피한다고 해결되는 것은 아니다. 오히려 더욱 끈질기게 따라다니며 괴롭힐 뿐이다. 해결책은 정면으로 공격하는 것이다. 똑바로 쳐다보면 문제는 슬금슬금 당신을 피해 간다.

길을 가다가 큰 개를 만나면 일단 두려운 마음이 든다. 이때 무서운 마음에 등을 보이고 도망가면 개가 따라온다. 반대로 개의 눈을 똑바로 쳐다보고 당당하게 걸어가면 개가 움찔하면서 길을 비켜주게 된다. 『성경』은 "네 원수 마귀를 대적하라. 그리하면 너희를 피하리라"(야고보 4:7)고 말한다.

그간 많은 사람의 임종을 지켜보았다. 얼굴이 햇살같이 밝은 사람, 어두운 사람, 모든 것을 내려놓고 편안히 숨을 거두는 사람, 두려움에 안절부절못하는 사람 등 그 표정은 매우 다양했다. 정말 보기가 무서운 사람도 있었다. 이런 날 장례를 마치고 집에 오면 그 무서운 얼굴이 며칠 동안 떠나지 않고 계속 남아 있었다. 그렇지만 이후 무서운 얼굴일수록 더 가까이서 똑바로 쳐다보면 두렵지 않다는 사실을 알게 되었다. 정면에서 똑바로 보면 어두운 생각이 물러가게 된다.

하지만 아무리 똑바로 쳐다봐도 해결되지 않는 경우가 있다. 이는 기억 속에 아직 해결되지 않은 상처(트라우마)가 있기 때문이다. 이럴 때는 '털어놓기'를 해야 한다. 슬픈 일을 나누면 반이 되고, 기쁜 일을 나누면 배가 된다. 통계에 의하면 배우자의 슬픈 죽음에 대한 이야기를 많이 하면 할수록 죽음에 대해서 덜 생각하게 된다고 한다. 슬픈 이야기도 털어내고 나면 참된 평안이 온다.

프로이트는 "털어놓기는 마치 끓는 주전자의 뚜껑을 열어주는 것처럼 정화 효과가 있다"고 했다. 칼 로저스(Carl Rogers)도 "심리치료사에게 말을 하면 마음을 거울에 비추는 것과 같은 통찰을 얻게 된다"고 말했다.

텍사스주립대 심리학 교수인 제임스 페네베이커(James Pennebaker)는 대학 직원 40명을 두 집단으로 나누어 하루 20분씩 4일간 그들이 경험한 '충격적 사건'에 대해 글을 쓰게 했다. 전과 후를 비교해본 결과 백혈구, T임파구 같은 면역기능에 상당한 효과가 있어 환자의 건강 회복에 큰 도움이 됨을 증명했다. 억제는 건강을 악화시키지만, 털어놓기는 건강을 회복시킨다.

  노인들은 대체로 했던 말을 하고 또 한다. 필자가 "할머니, 한 번 더 들으면 백 번이에요"라며 듣기 힘들어하면, 할머니는 "내가 글재주가 없어서 그렇지, 지나온 세월 소설을 쓰면 백 권도 넘을 게야"라며 탄식한다. 노인들이 말이 많은 이유는 지나온 세월 동안 가슴 아팠던 일들을 말로써 털어내려 하기 때문이다. 미해결의 문제를 무의식적으로 정화하려는 욕구 때문이다.

  그래서 노년기를 '회고록을 쓰는 시기'라 한다. 외국에서는 노인 부부가 지금까지 걸어온 길을 회상하며 손잡고 여행하는 모습을 흔히 볼 수 있다. 이렇게 하면 회고록이 잘 써지고 즐겁고 건강하게 노년을 보낼 수 있다. 그러나 정리가 잘 되지 않으면 자식에게 잔소리가 늘고, 애꿎은 며느리만 못살게 군다.

  그러면 누구에게, 어떻게 털어놓는 것인가?

  신부님에게 '고해성사'를 하는 것보다는 자기 얼굴을 알지 못하는 술집 여자나 택시 기사, 또는 미용사에게 털어놓는 것이 훨씬 쉽다고 한다. 이것은 차후에 자신에게 돌아올지도 모르는 비난에서 자유롭기 때문이다. '전화 상담'의 장점이 바로 이것이다. 최근 '전화방' '채팅'이 유행하는 이유도 모르는 사람에게 털어놓고 싶은 욕구가 작용하기 때문이라고 할 수 있다. 세상에서 가장 행복한 사람은 어떤 비밀이나 약점이라도 털어놓을 수 있는 친구가 있는 사람이다. 털어놓기가 안전하다고 생각할수록 더 정직한 고백이 가능하다. 그 가운데서도 가장 안전하게 털어놓을 수 있는 분은 당신을 창조하신 하나님이다.

맹구가 한문 시험을 봤다. '친구'를 사자성어로 적어보라는 문제였다. 많은 학생들이 '관포지교', '막역지우', '죽마고우'라고 적었다. 그런데 맹구 시험지를 채점하던 선생님이 배꼽을 잡고 웃었다. 답안에는 '불알친구'라 적혀 있었다. 불알친구! 그렇다. 어려서 벌거벗을 때부터 잘 알고 있는 친구라는 뜻이다.

우리를 창조하신 하나님도 인간에게 "너희는 나의 친구라"(요한 15:14)고 불러주셨다. 내가 모태 때부터에서 지금까지, 내 상한 마음의 중심까지 잘 아시는 분이다. 그분에게 털어놓으면 놀라운 효과를 얻을 수 있다. 털어놓는 기도를 흔히 '토하는 기도'라 말한다. 기독교인은 '털어놓은 글'을 가지고 기도 시간에 하나님께 솔직하게 읽으면서 기도를 해보라. 놀라운 결과를 얻을 수 있을 것이다.

예수님의 별명과 희망의 메시지

예수님은 당시 사람들 눈에 어떤 사람으로 비쳤을까? 혹시 예수님에게 붙은 별명이 있다면 어떤 것이었을까? 바리새인들과 서기관들이 붙인 별명이 있다. "먹기를 탐하고 포도주를 즐기는 사람, 세리와 죄인의 친구"(누가 7:34)였다. 이 별명을 들은 예수님은 "옳다, 내게 딱 어울리는 별명이다"(35절)며 무릎을 치셨다.

예수님은 금욕주의자가 아니라, 잘 잡수시고 어떤 사람과도 어울리는 분이셨다. 금식 기간 중에 "남들은 다 금식하는데 당신과 제자들은 왜 금식하지 않느냐"는 질문을 받고, "혼인집 신랑과 함께 있을 때 금식할 수 있겠느냐? 신랑을 뺏기면 금식할 것이니라"고 분명한 태도를 보여주었다.

예수님의 비유 이야기 속에는 먹는 이야기가 유독 많다. 잃었던 동전 하나, 양 한 마리 찾고 나서 온 동네 사람과 잔치를 한다. 방탕한 아들이 돌아왔다고 살찐 송아지를 잡는다. 예수님은 참 잘 잡숫는 분이셨다. 가나의 혼인 잔칫집에 계셨다. 부자 세리 시몬의 집 잔치에 식사를 하셨다. 나사로의 집에는 단골손님이셨다. 어느 날 몇시, 어느 마을 누구네 집에 잔치가 있다면 으레 그곳에 나타나셨다.

그런데 예수님은 잔치에 참여하더라도 유독 말 많은 세리와 죄인의 집 잔치에 잘 가시고 그들과 친구가 되어주셨다. 바리새인이 붙여준 별명, "세리와 죄인의 친구"라는 말은 낮춰 비난하는 말이었다. 예수님은 존경받던 바리새인과 서기관들의 친구가 되지 않고, 천한 문둥병자, 장애인, 이방인, 사마리아인, 천한 여자, 매국노 세리 같은 사람과 어울렸다. 그리고 "내가 진실로 너희에게 이르노니 세리들과 창기들이 너희보다 먼저 하나님의 나라에 들어가리라"(마태 21:31)고 말씀하셨다.

우리는 예수님에 대한 고정관념이 있는 것 같다. 백옥같이 깨끗하고 근엄한 얼굴, 하늘에 울리는 청아한 음성, 때 하나 묻지 않은 흰옷을 입은 경건한 예수상이다. 그러나 「복음서」에서 역사적 실재 모습을 재조명해본다면 잘못된 고정관념과 얼마나 다른지 알 수가 있다.

제자들에게 "너희는 여행을 위해 주머니나 두벌 옷, 지팡이와 신을 갖지 말라"(마태 10:10)고 하셨다. 이 말씀은 예수님이 모범적으로 그렇게 사셨다는 뜻이다. 예수님은 단벌 신사였다. "새도 깃들일 곳이 있고, 여우도 집이 있지만, 인자는 머리 둘 곳도 없다"(마태 8:20)고 하신 것을 보면 따뜻한 집도 없이, 먼지 많은 곳에, 산에 엎드려 기도하신 예수님의 옷이 얼마나 더럽고 몰골이 초라했을지 상상이 간다.

병 잘 고친다는 소문에 몰려든 사람이 병자들이다. 문둥병자, 앉은뱅이, 소경, 귀신 들린 자…… 더럽고, 땀내 나고, 시끄럽고, 가난한 사람들이다. 예수님은 하나님의 아들이시지만 가장 낮은 자리의 인간이 되어주셨다. 예수님은 병든 인간을 구원하시려고 병든 자리에 오셔서 슬픔과 눈물, 사랑과 기쁨, 상실과 죽음을 함께하셨던 분이다.

예수님은 "먹기를 탐하고 포도주를 즐기는 사람이요 세리와 죄인의 친구"라는 별명처럼 비천한 이들의 아픔과 신음 소리, 후회와 탄식 소리, 마음의 온갖 쓰레기들을 다 들어주시는 분이시다. 그래서 죄와 병중에 있는 우리에게 최고의 위로와 희망을 주신다.

마음의 쓰레기를
어떻게 처리할 것인가

"내가 소리 내어 여호와께 부르짖으며 소리 내어 여호와께 간구하는도다.
내가 내 원통함을 그의 앞에 토로하며
내 우환을 그의 앞에 진술하는도다"(시편 142:1-2)

다윗의 토설하는 기도

『성경』에 등장하는 이들 중에 가장 억울하고 답답한 일을 당한 사람은 누구일까? 가장 대표적 인물은 요셉과 다윗이라 할 수 있다.

우선 다윗은 억울하고 답답한 일을 어떻게 풀어냈을까? 다윗은 성실한 사람이었다. 골리앗을 죽이고 일약 국민적 영웅이 되었다. 한번은 여자들과 아이들이 "사울은 천천, 다윗은 만만"이라는 유행가를 지어 불렀다. 이것이 화근이 되어 사울의 마음속에 질투심이 불붙기 시작했다. 그를 죽이려고 창을 던지고 군대를 보냈다. 이때부터 다윗은 10년간을 거칠고 위험하고 사람이 살기 힘든 광야로 도망을 다녔다. 십 광야, 마온 광야, 엔게디 광야, 바란 광야, 네겝 광야, 대머리수리 광야…….

그가 잘못한 것은 없었지만 사울은 다윗 주변 사람들을 모두 제거해갔다. 도망 다니다 굶주리고 있던 다윗을 불쌍히 여겨 먹을 진설병을 주었다는 죄목으로 놉 지방 제사장 85명을 모조리 죽이기까지 했다. 자기 때문에 죄 없는 제사장이 수없이 죽었다.

마온 지방 나발이라는 사람은 다윗을 실컷 이용해먹고, "주인을 배신하고 뛰쳐나간 놈"이라 억울한 소리를 해댄다. 오히려 다윗이 사울을 죽일 기회가 있었으나 여러 번 살려주었는데 말이다.

다윗의 가족들도 고향 집에 평안히 살지 못하고 도망가야 하는 신세가 되었다. 마침내 다윗은 머리 둘 곳이 없어서 마지막 원수 골리앗의 땅 블레셋 아기스 왕 앞에 몸을 의탁하려고 침을 흘리며 미친 척한다. 다윗은 이 억울하고 답답한 문제를 어떻게 풀어나갔는가?

하나님께 토설하는 기도다. 「시편」 102편에는 "곤고한 자가 마음이 상하여 그 근심을 여호와 앞에 토하는 기도"란 제목이 붙어 있다. 드디어 「시편」 109편에는 다윗의 대표적 토설기도가 나온다.

나는 사랑하나 그들은 도리어 나를 대적하니 나는 기도할 뿐이라
그들이 악으로 나의 선을 갚으며 미워함으로 나의 사랑을 갚았사오니

악인이 그를 다스리게 하시며 사탄이 그의 오른쪽에 서게 하소서

그의 연수를 짧게 하시며 그의 직분을 타인이 빼앗게 하시며

그의 자녀는 고아가 되고 그의 아내는 과부가 되며

그 자녀들은 유리 구걸하고 그 황폐한 집을 떠나 빌어먹게 하소서

고리대금하는 자가 그의 소유를 다 빼앗게 하시며 그가 수고한 것을 낯선 사람이 탈취하게 하시며

그에게 인애를 베풀 자가 없게 하시며 그의 고아에게 은혜를 베풀 자도 없게 하시며

그의 자손이 끊어지게 하시며 후대에 그들의 이름이 지워지게 하소서……(시편 109:4-13)

미운 원수를 향해 가감 없이 욕하는 기도가 나온다. 그런데 어찌 다윗의 입에서 "그의 마누라가 과부가 되고, 그 아들이 고아가 되어 빌어먹게 하시고, 그 집안의 씨가 말리게 해달라"는 험악한 기도가 나올 수 있단 말인가? 이 기도문은 신학적으로 도무지 해석이 되지 않는다. 대신 심리학으로 접근해야 이해할 수 있다. 이 기도는 인간의 마음을 지으신 하나님과 상한 심령의 구조를 알아야 바르게 해석할 수 있다.

이처럼 상한 마음을 털어내는 기도를 '토설기도'라 한다. 하나님은 우리에게 마음이 상했을 때 토설하는 기도를 하라고 말씀하신다. "내가 소리 내어 여호와께 부르짖으며 소리 내어 여호와께 간구하는도다.

내가 내 원통함을 그의 앞에 토로하며 내 우환을 그의 앞에 진술하는도다"
(시편 142:1-2)

토할 때 어떻게 하는가? 저녁에 삼겹살을 먹은 것이 체해 가슴이 답답하다면 삼겹살만 토하고 상추는 남겨두지 않는다. "웨~에~엑!" 속에 있는 것을 모조리 다 토해낸다. 마찬가지로 억울하고 답답한 일이 있어 마음이 괴로울 때는 하나님께 모든 것을 토하듯 울부짖어야 한다.

눈물로 신앙생활을 하시는 어떤 여집사님이 있었다. 남편이란 사람은 밖에 나가 돈은 벌어 오지 못하고 날마다 술만 퍼마시고 들어와서 온 집 안 가재도구를 부수니 아이들이 불안에 떨어 날마다 지옥 같은 삶을 살았다. 여집사님이 너무나 억울하고 답답해서 눈물로 하소연을 했다.

"목사님, 저 인간 때려 죽이고 싶습니다. 어떤 때는 쥐약을 몰래 조금씩 타 먹여 죽이고 싶고요, 술 처먹고 들어와 술 냄새에 절어 드르렁 코 골고 잠잘 때는요, 순간 얼굴을 베게로 꽉 눌러 죽이고 싶어요, 엉엉~"

"집사님, 정말 힘드시군요. 그런데 제게 말해봐야 큰 도움이 안 됩니다. 그 말을 하나님께 가지고 가셔서 그대로 말하십시오. 하나님께 마음껏 울면서 '저 인간 쥐약 먹여 죽이고 싶습니다. 베게로 눌러 죽이고 싶습니다. 때려 죽여주십시요오~'라고 말입니다. 그렇게 토하고 또 토해내십시오. 속이 시원할 때까지 하십시오. 저는 한 다섯 번 정도 하고 나면 좀 시원해지는 것 같습니다."

그 후 여집사님은 아무도 없는 골방에 들어가 실컷 울면서 하나님께 답답한 것을 토해내고 또 토해냈다. 몇 주 후 집사님이 찾아와 이렇게 말했다.

"목사님, 정말 속이 시원해졌습니다. 그런데 더 놀라운 것은요, 제 속이 시원해지고 나니까요, 저희 남편도 참 불쌍한 사람이구나, 어린 시절 부모 잘못 만나 저 마음고생 하는구나~, 라고 이해가 되더라구요."

"집사님. 옳은 말씀입니다. 이제는 남편을 용서하는 기도를 올리세요. 내 답답한 감정이 해결되지 않고서, 이성적인 용서는 이루어질 수 없습니다. 토하는 기도를 몇 번 해야 하는 줄 아십니까? 일흔 번씩 일곱 번까지라도 하십시오. 상한 마음, 미운 감정이 없어져야 '용서의 기도'를 할 수 있습니다."

이것이 바로 토설하는 기도이다. 털어놓는 기도가 이루어져야 비로소 용서하는 기도가 된다. 먼저 감정적 문제가 풀려야 이성적 문제를 해결할 수 있기 때문이다.

어떤 사람은 "그런 기도를 드리면 하나님을 모독하는 것이 아닌가? 하나님을 믿는 사람이 어찌 그런 기도를 드릴 수 있는가? 하나님께 야단이나 책망을 듣게 되는 것 아닌가?"라고 묻는다. 그런데 다윗은 토설하는 기도를 드렸고, 또 원통한 사람에게 토하는 기도로 하나

님께 진술하라고 명했다.

더 놀라운 것은 하나님이 다윗의 더러운 토설기도를 가룟 유다의 최후를 예언하는 말씀으로 사용하셨다는 것이다.

"형제들아 성령이 다윗의 입을 통하여 예수 잡는 자들의 길잡이가 된 유다를 가리켜 미리 말씀하신 성경이 응하였으니 마땅하도다…… 시편에 기록하였으되 그의 거처를 황폐하게 하시며 거기 거하는 자가 없게 하소서 하였고 또 일렀으되 그의 직분을 타인이 취하게 하소서 하였도다"(사도 1:16, 20)

하나님은 인간의 연약함을 드러내어 강한 자를 부끄럽게 하신다. 그리고 토설하는 다윗을 향해 하나님은 "내 마음에 합한 자라"고 칭찬하신다.

세상에서 가장 더러운 것은 무엇일까?

독자 여러분께 재미난 퀴즈를 내보겠다.

"이 세상에서 가장 더러운 것 한 가지가 있는데 이것이 무엇일까?"

정답을 알아맞히기가 쉽지 않을 것이다. 죄? 미움? 탐욕? 사람의 마음?…… 다 틀렸다. 이보다 수천 수만 배 더 더럽고 추하다. 정답은 조금 있다 알려드리겠다.

어떤 사람은 토설하는 기도를 심리적으로 해석하는 것이 아닌가 하며, 의심스러운 눈으로 보기도 한다. 사실 심리학이란 사람의 마음을 잘 진단해내지만, 치유하기에는 참으로 부족하다.

심리치료 방법 중 한 가지로 '빈 의자 기법'이라는 것이 있다. 가령 어린 시절 당했던 상처를 풀지 못하면 어른이 되어서도 반복적으로 나타나 정신적인 문제가 되는 것이다. 상처를 준 사람이 때로 아버지가 될 수도, 삼촌, 오빠, 아니면 또 다른 성폭행범이 될 수도 있다. 환자는 어린 시절 상처를 준 그 사람을 빈 의자에 앉혀놓았다고 상상하고 이제 당당하게 욕도 하고 베개나 심지어 몽둥이로 속이 시원할 때까지 때리면서 감정을 폭발해서 마음을 치료하는 방법이다.

하지만 이러한 심리기법은 그다지 효과가 없는 것으로 드러났다. 이러한 치료를 받은 환자들은 많은 사람 앞에서 자신의 치부를 드러냈다는 수치감과 상대에 대한 죄책감이 더 생기게 되었다. 뿐만 아니라 의학적으로 화를 내는 순간 몸속에서 아드레날린 같은 호르몬이 더 올라와 몸을 더 상하게 한다는 사실도 알게 되었다.

그러나 하나님께 토설하는 기도는 이런 심리적 치료와 근본적으로 다르다. 사람에게는 아무리 심리상담을 하고 아픈 상처를 고백한다 해도 시원치 않다. 오히려 사람에게 고백하고 상담했다가 문제만 더 크게 만들기도 한다. 사람이 사람을 치유하기는 그토록 어려운 일이다. "소경이 소경을 인도하다가 둘 다 구덩이에 빠질 수 있기 때문이다"(마태

15:14). 주님은 "의원아 너나 잘 고치라"(누가 4:23)고 말씀하신다.

하지만 토설하는 기도는 하나님을 대상으로 하는 것이다. 하나님만이 우리의 상한 마음을 치료하실 분이고 그에게 토설할 때 문제를 근본적으로 해결할 수 있다. 심리와 영성은 근본적으로 다르다.

조금 전 독자께 드린 퀴즈의 답을 생각해보았는가?

"이 세상에서 가장 더러운 것이 무엇일까?"

예수님이 마지막 날 밤 겟세마네 동산에서 땀방울이 핏방울이 되도록 기도하신 내용을 기억하는가?

"아버지여 할 수만 있으면 '이 잔'을 내게서 지나게 하십시오, 하지만 나의 원대로 마시고 아버지의 뜻대로 행하시옵소서"(마태 26:39)

예수님이 받아 마신 '이 잔'은 과연 어떤 잔이었을까? 최초의 인간 아담이 선악과를 따 먹고 지은 죄부터 인류의 마지막 인간이 지을 모든 죄가 그 잔 안에 다 담겨져 있다. 나 한 사람이 아기 때부터 죽을 때까지 지은 모든 죄도 엄청난데, 그 모든 인류의 죄가 주님이 마신 '그 잔' 안에 다 담겨 있으니 그 잔은 얼마나 지독한 죄 덩어리겠는가?

주님은 이 더러운 죄를 차마 마시기 힘들어하시다가 마침내 십자가를 지면서 다 마셨다. 그러니 하늘에 계신 아버지께서 차마 아들을 볼 수가 없어서 얼굴을 외면하셨다. 순간 온 하늘이 칠흑같이 캄캄해졌다. 이것을 보신 주님은 하늘을 향하여 이렇게 외치셨다.

"엘리 엘리 사마 사박다니" — "나의 하나님, 나의 하나님, 어찌하여 나를 버리시나이까?"(마태 27:46)

이 세상에서 가장 더러운 것, 그것은 바로 겟세마네 동산에서 예수님이 마셨던 바로 '그 잔'이다. 우리의 어떤 상처도 '주님'께 가지고 나가면 다 깨끗하게 씻음을 받을 수 있다. 어떤 사람도 '사람'으로는 온전하게 해결해줄 수 없다. 오직 하나님만이 내가 가진 모든 문제를 다 해결하실 수 있다. 하나님께만 토하라. 토하는 기도를 배워라.

"우리는 다 양 같아서 그릇 행하여 각기 제 길로 갔거늘 여호와께서는 우리 모두의 죄악을 그에게 담당시키셨도다"(이사야 53:6)
"하나님이 죄를 알지도 못하신 이를 우리를 대신하여 죄로 삼으셨도다"(고후 5:21)
"그러므로 형제들아 우리가 예수의 피를 힘입어 성소에 들어갈 담력을 얻었나니, 그 길은 우리를 위하여 휘장 가운데로 열어 놓으신 새로운 살 길이요 휘장은 곧 그의 육체니라"(히브리 10:19-20)

우리의 연약함을 아시는 주님

또 어떤 분은 "목사님, 속이 상해 저 인간 죽여달라고 기도할 때, 하나님이 응답하셔서 진짜로 죽이시면 어떡합니까?"라고 묻는다. 그러나 예수님은 우리의 부족한 기도를 들으시고 다시 수정해 올리시는 분이기에 걱정할 필요는 없다.

가령, 어린 아들 녀석이 학교에서 친구와 싸우다 얻어맞고 들어와 "아빠, 나 내일부터 학교 안 갈래" 그러는데, "야 이 녀석아, 학교를 안 가다니 나중에 바보 멍청이가 될래!"라고 야단치는 아버지는 자격 미달이다. 훌륭한 아버지는 아들의 상한 마음을 읽는다.

"아들아, 오늘 학교에서 무슨 일이 있었구나."

"응, 아빠도 알지? 맹구 그 녀석이 말이야, 날 괴롭혀 힘들어죽겠어."

"그래, 걱정 마. 내일 아빠가 학교에 가서 그놈 반 죽여줄게."

"와~ 우리 아빠 최고다."

그렇지만 다음 날 아빠가 "아들아, 학교에 같이 가자. 그놈 혼내줄게" 하면, 아들이 "아빠, 안 가도 돼. 이제 괜찮아"라고 대답한다.

뭐가 해결되었다는 말인가? 아들의 상한 마음이 다 풀렸다는 말이다. 아빠가 자기의 마음을 알아만 줘도 문제는 다 풀리는 것이다. 그날 저녁 아들 녀석은 맹구와 화해의 악수를 하고, 잘 놀다가 돌아오게 마련이다. 상한 마음이 풀린 후에야 화해와 용서가 되는 것이다. 마찬가지로, 인간을 지으신 하나님 아버지만이 우리의 연약한 마음을 풀어줄 수 있는 것이다.

토설기도를 할 때는 진짜 통성으로 기도하라. 눈물이 콧물이 되게 기도하라. 아니 일부러 그렇게 할 필요는 없다. 저절로 땅을 치며 고함을 질러댈 것이다. 통성기도는 바로 이때 하는 것이다.

한국 교회에 '주여~ 3창' 통성기도가 있다. "주여~, 주여~, 주여~". 이 기도가 때로 그리스도인의 영성을 약간 혼란스럽게 하는 것 같다. 마치 저 하늘 멀리 계신 하나님, 생고함을 질러야 겨우 들으시는 고집쟁이 하나님같이 느껴진다.

그러나 진짜 통성기도를 해야 할 때가 있다. '토설기도' 때 하는 것이다. "소리 내어 여호와께 부르짖으며, 소리 내어 네 원통함을 토하라"고 하신다. 이때 소리내어 기도하는 것이다. 골방이나 사람이 없는 산속에서 목청이 찢어지도록 기도하라. 토설하는 기도는 '주여 3창'을 부르짖지 않아도 저절로 '주여~'가 터져나오는 기도다.

'주여 3창 기도'에 좋은 점도 많다. 한적한 곳을 찾아갈 수 없는 바쁜 현대인이 복잡한 도심에서 어찌 토설기도를 마음놓고 할 수 있겠는가. 그래서 교회에서 배경음악이 흐르는 가운데 마음껏 울며 기도할 수 있는 이 기도는 참으로 좋은 기도이다.

또 한 가지, '강청하는 기도'도 큰 소리로 기도해야 하지 않느냐고? 그러나 이것은 성숙한 태도가 아니다. 가령 백화점 앞에서 어린 아이가 엄마에게 장난감을 사달라고 떼를 쓰다 안 되자 길가에 드러누워 운다고 하자. 이때 떼쓰고 운다고 막 사주는 엄마는 무자격 엄마이다. 지혜로운 엄마는 아이를 놔두고 그냥 가버린다(진짜 가버리지는 않겠지만). 이처럼 떼쓰는 기도는 성숙한 기도가 아니다. 어린아이일 때는 그럴 수 있지만 어느 정도 성숙하면 오히려 아버지의 마음을 헤아릴 수 있어야 한다.

「누가복음」 18장에서 예수님은 과부와 재판장의 비유를 들어 항상 기도하고 낙심하지 말라고 말씀하신다. 여기서 번거로울 정도로 재판관에게 찾아가 원한을 풀어달라는 한 과부의 청은 '강청기도'가 아니라, '항상 기도하고 낙망치 않는 기도'이고 나의 원한을 풀어달라는 '토설기도'라 볼 수 있다. 오직 큰 소리로 통성하는 기도는 '토설기도' 밖에 없다.

기도란 합리적인 대화이며, 하나님의 마음을 헤아릴 줄 아는 자라야 성숙한 기도를 할 수 있다. 그러나 토설하는 기도는 어리든 성숙하든 상관없다. 토할 때는 인격이 필요 없다. 목사, 장로라고 거룩한 척 고상하게 토하지 않는다. 이 기도는 하나님께 토로하는 솔직한 기도이다. 포장하지 않고 거룩한 체 폼 잡지 않고 상한 심령을 정직하게 고하는 기도이다.

우리의 일상적 기도는 너무나 사람들 귀에 듣기 좋은 미사여구로 꾸며져 있다. 하나님께 기도한다면서 실제로는 사람들 귀에 대고 기도하고 있다. 이제 위장을 해제하고 솔직하게 하나님께 기도하라.

답답한 것을 토해내지 않고 아픈 상처를 용서로 풀지 못하면 몸 안에서 독이 된다. 이 독이 점점 더 커져 온갖 질병을 만든다. 참으로 안타까운 점은 한국 교회에 너무 많은 성도가 이런 질병을 앓고 있다는 것이다. 억울하고 원통함을 풀지 못한 독, 미움에 용서할 수 없음으로 퍼진 독에서 헤어나지 못하고 있는 것이다. 한국 교회는 '주여 3창'을 하면서, 진정 가슴을 찢는 회개를 하고 상한 마음을 토해내야 할 것이다. 주님은 우리의 연약함을 잘 알고 계신다.

다윗은 토하는 기도로 그의 원통함을 풀고 나서, 원수를 용서하는 다음 단계로 나아갈 수 있었다.

용서가 만드는 기적

"내가 그들의 죄악을 사하고 다시는 그 죄를 기억지 아니하리라"

(예레미야 31:34)

용서는 누구를 위한 것일까?

놀이터 모래판에서 놀고 있는 두 아이가 있었다. 한 아이가 장난감 트럭으로 다른 아이를 공격했다. 그러자 다른 아이가 근처에 있는 그네로 뛰어가며 이렇게 소리를 질렀다.

"미워. 미-워. 다신 너하고 말도 안 할 거야."

10분쯤 지났을 때 두 아이는 서로에게 공을 던지며 즐겁게 놀고 있었다. 이 광경을 지켜보던 한 아이의 아버지가 감탄과 놀라움이 섞인 표정으로 다른 아이의 아버지에게 말했다.

"어떻게 저럴 수 있죠? 심하게 싸우던 아이들이 금방 저렇게 친해질 수가 있죠?"

"그거야 당연하죠."

다른 아이의 아버지가 대답했다. "아이들은 정의보다 행복을 선택했기 때문이지요."

어린아이들은 하찮은 다툼보다 인생에서 무엇이 더 중요한지를 직감적으로 알고 있다. 인간은 서로를 필요로 하는 존재다. 서로 미워하며 긴장하기보다는 화해하여 평화를 선호한다. 하지만 차츰 어른이 되어가면서 용서하기가 점점 힘들어지는 것 같다.

용서한다는 것은 그동안 내게 상처를 준 사람에게 의식적으로 내렸던 죄의 선고를 풀어주는 것이다. 내가 용서하는 순간 죄수는 감옥에서 해방되는 것이다. 그런데 알고 보니 내가 분노하는 그 순간 어둡고 지옥 같은 감옥에 묶여 있었던 자는 상대방이 아니라 바로 내 자신이었던 것이다. 이제 내가 분노의 감옥에서 자유로워지기 위해서는 상대방을 용서해야 하는 것이다.

미워하는 것은 쉬울 것 같지만 과거에 집착하고, 상처를 반복적으로 되살리게 한다. 마치 고장 난 레코드판처럼, 반복적으로 고통스런 장면을 떠올리게 한다. 뇌는 고통스런 장면을 현실로 인식하여 스트레스적 생리 현상을 발산하고 그로 인해 몸은 계속 상하게 되는 것이다. 결국 우리가 용서를 하지 못한다면 스스로 분노의 감옥에 갇히게 되는 것이다.

그러나 용서하고 묶인 것을 풀면, 몸속의 모든 유전자들도 풀려난다. 병약한 몸이 건강한 몸으로 회복되어간다.

그렇다고 용서하기가 쉬운 것도 아니다. 용서가 힘든 것은 마음의 이런 소리 때문이다.

"내가 용서해주면, 상대방의 잘못을 면죄해주는 것이 아닌가. 그러면 그가 나에게 얼마나 상처를 주었는지 모르게 된다. 그는 결코 변하지 않을 것이고 또 다른 사람에게도 계속 나쁜 짓을 해댈 것이다. 또 내가 용서해주면 약해서 어쩔 수 없이 용서해주는 것처럼 보일 것이다. 복수를 해야 비로소 내 마음의 평화를 얻게 될 것이다."

그러나 이런 생각은 잘못이다. 이런 생각이 당신의 마음을 어둡고 우울한 감옥으로 만들고 있다.

우선 자기 감정을 돌보는 일이 필요하다. 이 과정이 '털어놓기'와 '토하는 기도'이다. 음식을 잘못 먹어 속이 답답할 때 토하고 나면 시원해지는 것과 같다. 상한 마음을 글이나 기도를 통해 털어놓고 나면 사물이 정상적으로 보이기 시작한다.

그 다음에는 나를 그렇게 괴롭혔던 상대에 대해서도 조금씩 이해하게 된다. 그래서 용서가 되면 다음 단계로 상대방이 부족한 인간으로 보이는 것이다. 그들은 실수투성이고, 부서지기 쉽고, 외롭고, 궁핍하고, 정서적으로 불안하다. 다시 말해 그들도 나 자신과 꼭 같다. 그들 역시 오르막과 내리막으로 가득한 인생길을 걷고 있는 영혼들이다. 이렇게 인간을 이해하게 될 때 비로소 완전한 용서가 이루어지는 것이다.

〈최후의 만찬〉을 그린 화가 레오나르도 다빈치가 예수님과 열두 제자를 그릴 때 있었던 일이다. 예수님을 팔아먹은 가룟 유다의 얼굴을 그릴 때, 일평생 자기를 질투하고 괴롭힌 원수 같은 친구의 얼굴을 그렸단다. 생각만 해도 마귀 같은 얼굴을 몸서리치며 그렸단다. 그런데 다음으로 예수님 얼굴을 그리려니 이미지가 떠오르지 않았다. 화가로서 붓을 들지 못하고 몇 달을 고민하다가 결국 수도사에게 가서 이 사실을 털어놓았다. 수도사는 "자네를 괴롭히는 그 친구를 용서하지 않으면 예수님의 얼굴을 바로 그릴 수 없네"라고 말했다. 다빈치는 눈물로 회개하고 회개하였다. 털어놓는 기도, 토하는 기도, 회개의 기도를 올리고 올렸더니, 비로소 마음의 평화가 찾아와 예수님의 평화로운 얼굴을 그릴 수 있었다.

'원수까지 사랑하라'는 이유

용서하는 마음이 건강과 밀접한 관계가 있다는 것이 최근 의학 실험을 통해서 밝혀졌다. 화를 잘 내고, 급하고, 경쟁적이고, 적개심이 많은 A형 성격의 소유자들이 심장병에 걸릴 확률이 높다는 것은 이미 알고 있다. 그런데 최근 레드포드 윌리엄(Redford William) 교수가 네 가지 특징 중 '어디 한번 두고 보자'라는 적개심과 분노심이 치명

적임을 밝혔다. 달리 말하면 '용서할 수 없는 마음'이 건강에 가장 치명적인 위험 요인이라는 것이다.

실험에 의하면, 화나는 일을 단 5분만 생각하고 있어도 심장이 금세 압력을 받아 '박동 빈도 변수(HFV)'가 달라졌다고 한다. HFV란 순환계 신경조직의 유연성을 측정하는 수치로 최근 병원에서 중요하게 보고 있는 것이다. 다시 말해 용서하지 못하고 화를 내면, 혈관이 경직되고 좁아져 심장 발작 위험이 그만큼 높아진다는 것이다. 이뿐 아니라, 화난 상태가 5분 동안 지속되면 면역체계까지 약화되는 것으로 나타났다. 보통 면역 측정법으로 사람의 침 속에 있는 '면역 글로불린 항체(IgA)'를 잰다. 그 결과 용서하지 않고 화를 내고 나면, 그 이후 4~6시간 동안 IgA가 눈에 띄게 줄어드는 것으로 나타났다. 용서하지 못하고 미운 마음을 품고 있는 것은 병을 몸속에 키우는 것과 같다.

그러나 참으로 용서하기 어려운 경우도 있다.
남편이란 작자가 돈은 벌어 오지 않고, 하루가 멀다 하고 술만 퍼마시는 데다, 집에 들어오기만 하면 온 집 안을 부수고 식구를 못살게 굴었다. 아내에게 폭력을 휘드르는 것은 물론이고, 어떤 때는 칼로 위협하기까지 했다. 아내는 수도 없이 이혼을 결심했지만 자식이 눈에 걸리고 이혼하면 죽이겠다는 위협이 두려웠다. 게다가 독실한 신앙인인 까닭에 '원수까지 용서하라'는 말씀이 발목을 잡았다. 억지로 참고 살다 보니, 결국 유방암이라는 병이 덜컥 찾아왔다. 이 여인은 한 두 번 용서한 것이 아니라, 평생을 수도 없이 '용서' 해왔는데, 그래도 원수는 여전히 집 안에 앉아 있는 것이다. 이 여인은 어떻게 해야 남편을 용서할 수 있겠는가?

이럴 때는 무엇보다 자신의 감정을 먼저 돌보아야 한다. 그리고 문제를 분석해 해결해나갈 수 있는 합리적인 방법과 과정을 찾아야 한다. 그 다음에야 비로소 참된 용서를 할 수 있는 것이다.

영화 〈밀양〉에서 유괴 살해된 아이의 엄마는 범인을 찾아가 신앙적으로 용서하려고 했다. 그러나 범인이 먼저 "당신도 하나님을 만났군요. 나도 감옥에서 하나님을 만났어요. 하나님이 저를 용서했어요. 평안이 찾아왔지요. 지금은 자나 깨나 기도하며 행복하게 지내고 있답니다"라고 말하자 아이의 엄마는 처절하게 절망한다. 그 장면을 기억하는가?

"하나님이 미워요, 난 아직 용서되지 않았는데 어찌 그를 용서해줄 수가 있어요? 싫어요. 난 용서해줄 수 없어요."

사실 우리들이 용서하기 힘들어하는 것도 이와 비슷한 경우가 많다. 이러할 때 어떻게 용서를 할 수 있겠는가?

예일대학교 심리학과 교수 재니스 스프링(Janis Spring)은 저서 『용서의 기술(How can I forgive you?)』에서 종교적 강요에 의해 성급하게 용서의 말을 내뱉기 전에, 상처받은 자신의 감정을 먼저 들여다보라고 충고한다. 뉘우치지도 않는 가해자를 용서하려고 애쓰지 말라는 것이다. 용서하지 말고 그대로 놔두라는 것이다. 상당한 기술을 가지고 반드시 어떤 과정을 거쳐야만 온전한 용서가 가능하다는 것이다.

우리는 자주 "너 이번이 두 번째야, 삼세번이라고 한 번만 더 하면 가만 안 둬"라고 말한다. 우리는 세 번 정도는 참아준다. 베드로는 예수님에게 "일곱 번까지 용서해줄까요?"라 물었다. 베드로는 우리보다 넓은 마음을 가진 것 같다. 그러나 예수께서는 "일곱 번을 일흔 번이라도 용서하라"고 하셨다. 어떻게 이같이 참을 수가 있는가? 아무리 성자 같은 사람이라도 이처럼 끝없이 용서하는 사람은 보지 못했다. 예수님은 왜 불가능한 것을 우리에게 하라 했을까?

이때 놓쳐버리기 쉬운 주님의 말씀이 있다.

"만일 네 형제가 죄를 범하거든 경계하고, 회개하거든 용서하라. 만일 하루 일곱 번이라도 네게 죄를 짓고, 일곱 번 네게 돌아와 내가 회개하노라 하거든 너는 용서하라"(누가 17:3-4)

죄를 범하면 우선 경계해야 한다. 죄를 회개하지도 않는데 용서하면 그의 죄를 묵인하는 것이 된다. 계속 죄를 더 지으라고 장려하는 셈이다. 예수님은 "회개하지 않는 자를 용서하라"고 말씀하신 것이 아니라, "회개하면 용서하라"고 했다. 하나님의 사랑은 무조건적이지만, 용서는 조건적이다. 이것이 『성경』 전체에 흐르는 하나님의 태도요, 인류 구속사이다.

"죄를 범하면 경계하라"고 했는데 경계는 어떻게 하는 것일까?

필자에게는 아들 범석이가 있다. 아들이 중2 때 학교 성적이 뚝 떨어진 적이 있었다. 한동안 아들과 거리를 두었다. 성적 때문이 아니다. 알아보니 엄마 아빠 몰래 동네 PC방에 출입하면서 게임에 빠진 것이다. 그래서 이런 이야기를 들려주었다.

"옛날에 한 아이가 이웃집에 놀러 갔다가 탐스런 오이가 있는 것을 보고 따 왔단다. 엄마는 혼내지 않고, '이 녀석 앞으로 부자 되겠네'라고 말했지. 다음에는 아이가 이웃집 동화책을 가져왔단다. 엄마는 이번에도 '이 녀석 공부도 잘하겠네'라고 말했단다. 아이는 이것이 나쁜 일인 줄 모르고, 점점 남의 금고를 열고, 나중에는 남의 생명까지 훔치게 되었단다. 결국 청년이 되어서는 사형수가 되었지. 그가 노모에게 남긴 마지막 말은 '엄마가 나를 이렇게 죽게 했다'며 원망하는 말뿐이었단다. 바늘 도둑이 소도둑 되듯이, 작은 거짓말이 큰 거짓말이 되는 것이란다."

그 다음 날 범석이는 무슨 결심을 했는지 머리를 빡빡 밀고 책상을 지키고 있었다. 머리를 민 것을 보니 참회개가 이루어진 것 같았다.

아들과 거리를 둔 것은 회개를 시키기 위함이었다. 미워서가 아니라 오히려 사랑했기 때문이다. 자식을 향한 사랑의 마음이라야 일곱을 일흔 번이라도 용서할 수 있다. '원수를 사랑하라'는 말은 '원수로 생각 말고, 자식처럼 생각하라. 죄는 밉지만 자식은 사랑할 수 있다'는 말이다. 그렇다고 자녀가 잘못을 저질렀을 때 무조건 받아주고 용서해줄 수는 없다. 물론 '눈은 눈으로, 이는 이로'라는 생각으로 벌을 내릴 수는 더욱 없다.

자식을 위해 기도하고 끝까지 기다려주는 것이 부모의 심정이다. 세상에 부모만이 일곱 번을 일흔 번까지 용서한다. 사랑하기에 아파하고 기다리고 용서한다. 흔히 "자식을 낳아봐야 부모 심정을 안다"고 말한다. 이처럼 용서해본 사람만이 하나님의 심정을 조금이나마 알 수 있다. 용서는 성숙한 자가 하는 것이다.

"우리가 우리에게 죄 지은 자를 사하여 준 것 같이 우리 죄를 사하여 주시옵고"(마태 6:12)

절망에 빠졌던 요셉의 용서법

『성경』에 억울하고 답답한 일로 마음이 상한 사람이 또 있다. 바로 요셉이다. 요셉은 항상 하나님을 가까이한 정직한 소년이었다. 특별히 그에게만 채색옷을 입힐 정도로 아버지의 많은 사랑을 받았다. 망나니 형들은 그런 그를 시기하고 미워했다. 급기야 형들은 요셉을 애굽의 종으로 팔아버렸다. 17살 나이에 종으로 팔려 간 이후 22년간 집을 떠나 그토록 사랑해주신 아버지를 한 번도 볼 수가 없었다. 그동안 험한 세상에서 온갖 수모와 오해와 배신을 다 당했다. 요셉이 무슨 잘못을 했던가? 오직 형들의 질투심 때문에 슬픈 비극을 당한 것이다. 22년간 험한 세상에서 겪은 온갖 수모와 오해와 배신 — 그는 그 아픈 마음을 어떻게 극복했을까?

그는 '거시적 안목'으로 사건을 다시 바라보는 것으로 극복했다. 거시적 안목이란 '하나님의 눈' '하나님의 섭리'를 말한다. 나의 눈으로 보지 않고, 위에 계신 하나님의 눈으로 사건을 바라보는 것이다.

"당신들이 나를 이 곳에 팔았다고 해서 근심하지 마소서 한탄하지 마소서 하나님이 생명을 구원하시려고 나를 당신들보다 먼저 보내셨나이다"(창세 45:5)

요셉은 두려워하는 형님들을 오히려 위로했다. 요셉은 지나온 세월 동안 사람의 눈에 보이지 않는 하나님의 거대한 손길에 잡혀 움직였음을 알게 되었다. 사람의 눈으로는 형님들의 소행을 용서할 수가 없지만, 하나님의 눈으로 보니 이해가 되는 것이다.

하나님의 눈길로 바라본 요셉은 자기를 애굽의 종으로 팔았던 형들, 종이 되었을 때 누명을 씌웠던 보디발의 아내, 감옥에서 은혜를 까맣게 잊어 먹어버린 술 맡은 관원장…… 그 모든 이들이 가슴에 응어리로 남겨둘 '원수'가 아니라, 오히려 애굽의 총리가 되기까지 자기를 훈련시킨 '훈련 조교'였음을 새삼 깨닫게 된다.

도단성 어느 시골 구석에서 평생 양 치고 살았을 게 뻔할 촌놈이었는데, 형님들이 요셉을 애굽에 팔아먹어주었으니 후에 총리가 될 수 있었지 않는가. 보디발의 아내가 누명을 씌우고, 그 남편이 정치범 감옥에 보냈기에 미래를 통치할 애굽의 언어와 정치를 실감나게 공부할 수 있었다. 또 술 관원장이 요셉을 까맣게 잊어먹었기에 바로 왕이 꿈꾸고 요셉을 찾았을 때 감옥에서 쉽게 찾을 수 있었던 것이다. 하나님의 기막힌 타이밍이다. 돌이켜보면 하나하나가 하나님의 섭리의 손길이었다. 크신 하나님의 눈으로 보면 인간의 작은 일들이 아무것도 아님을 알고 쉽게 용서할 수 있다.

"두려워하지 마소서 내가 하나님을 대신하리이까 당신들은 나를 해하려 하였으나 하나님은 그것을 선으로 바꾸사 오늘과 같이 많은 백성의 생명을 구원하게 하시려 하셨나니 당신들은 두려워하지 마소서 내가 당신들과 당신들의 자녀를 기르리이다"(창세 50:19-21)

그렇다고 요셉이 형님들을 무조건 용서한 것은 아니었다. 「창세기」 42~44장에서 양식을 사러 온 형님들을 지루하리만치 확인하고 또 확인해보았다. 요셉이 22년 전 형님들이 자기를 구덩이에 빠뜨려 놓고 '죽이자', '팔자' 말했던 장면들을 다 잊어먹었을까? 아니다. 아픈 기억들은 평생을 두고두고 생생하게 기억하고 있었다. 『성경』에 자세하게 기록된 것을 보면, 요셉은 그때 누가 무슨 말을 했는지 전부 기억하고 있었다.

그래서 요셉은 확인하고 또 확인해보았다. 그리고 처음 만났을 때 울고, 베냐민을 만났을 때 울고, 재상봉했을 때 울고, 아버지 야곱을 만났을 때 울고, 야곱이 죽었을 때 울고, 형님들이 다시 찾아왔을 때 울었다. 이렇게 일곱 번이나 통곡하면서 형들에 대한 감정을 풀고 모두 용서한 것이다.

이제 그는 하나님의 거시적인 눈으로 바라볼 수 있었다. 이처럼 용서의 과정에는 영적이면서도 우주적인 조망이 필요하다. 이는 나의 눈으로 사건을 보는 것이 아니라 하나님의 눈으로 사건을 해석하는 확장된 시각을 가져야 한다는 뜻이다.

900명 이상을 대상으로 조사한 결과, 83%의 응답자가 용서를 위해서 하나님의 도움이 필요하다고 응답했다. 병에 걸렸다고 하더라도 길고 넓은 안목으로 보라. 지나고 보면 나와 같은 질병으로 고통당하는 또 다른 사람을 치유하기 위해 나를 먼저 '상처 입은 치유자'로 세우셨음을 알게 된다. 내가 이렇게 고생하는 것도, 하나님의 눈으로 보면 감사해야 할 일이다.

베드로를 구원하신 예수님의 용서법

베드로는 예수께서 바리새인의 모함으로 잡혀가실 때 예수의 제자임을 부인했다. 사흘 후 예수께서 죽음에서 다시 살아나셨다는 여인들의 목격담을 듣게 되었다. 하지만 그는 고향 갈릴리로 내려가 과거의 고기잡이 생활로 돌아가려 했다. 베드로는 그날 계집아이 앞에서 "난 예수란 사람을 모른다"고 순간적으로 비겁한 행동을 하고 말았다. 이미 일은 저질러졌고, 그 부끄러운 죄책감을 평생 가슴에 안고 살아갈 수밖에 없었다.

용서만큼이나 힘든 것이 회개인 것 같다. 잘못된 행동을 숨기고 싶은 방어 본능이 있기 때문이다.

자신의 잘못을 알고도 반성하지 않고 회개하지 않으면 거짓 자아(false ego)라는 우상에 사로잡히게 된다. 마음에 들리는 우상의 소리를 들어보라.

"내가 먼저 잘못했다고 말하면, 그것으로 계속 물고 늘어지는 것은 아닐까. 나만 죄인인가, 나도 피해자야. 그냥 대충 지내면 되지, 뭐! 구태여 찾아가서 말할 필요까지 있을까?"

거짓 우상에서 빨리 벗어나지 않으면 심각한 지경에 빠진다는 것을 기억하라. 회개치 않으면 악이 쌓이고 악의 소굴에서는 사단이 왕 노릇 한다.

「요한복음」 21장을 보면, 며칠 후 부활하신 예수께서는 갈릴리 바닷가로 고기 잡는 베드로를 만나러 가셨다. 예수님은 "베드로. 너 정말 어찌 그럴 수 있니? 어떻게 어린아이 앞에서 나를 모른다고 말할 수 있니?"라고 꾸짖지 않았다.

단지 베드로에게 조용히 찾아가 용서와 사랑의 장면을 연출해주었다. 저주하며 부인했던 장면과 똑같은 장면을 연출했다. 똑같이 이른 새벽 시간이었다. 베드로가 예수님의 제자임을 부인했던 대제사장 집 뜰에 숯불이 피워져 있었던 것처럼, 바닷가에 숯불을 환히 피워두셨다. 그리고 베드로에게 줄 고기를 굽고 계셨다. "요한의 아들 시몬아.

네가 나를 사랑하느냐?"(요한 21:15-17)라며 세 번을 물으셨다. 베드로가 계집종 아이 앞에서 세 번 부인한 것처럼, 다시 세 번 사랑을 확인받은 것이다.

같은 환경을 만드신 것은 네가 내게로 돌아오라는 뜻이다. 대신 지난 시간의 잘잘못을 따져 묻지 않고, 대신 '너 정말 날 사랑하니?'라고 사랑을 확인만 할 뿐이었다. 사람의 변화는 그 잘못을 정죄할 때 일어나는 것이 아니라 그의 가능성을 믿어주고 사랑해줄 때 일어난다.

"주여, 모든 것을 아시오매 내가 주를 사랑하는 줄을 주께서 아시나이다."

"내 양을 먹이라." 이것이 주님의 용서법이다.

하나님은 "내가 그들의 죄악을 사하고 다시는 그 죄를 기억지 아니하리라"(예레미야 31:34)고 말씀하셨다. 이 말은 하나님이 건망증이 있어 잊어버리신다는 뜻이 아니다. 회개하고 돌아오면, 과거를 지우고 다시 사랑하는 아들로 품으시겠다는 뜻이다.

나를 푸른 초장에 누이시고

"말세에 내가 내 영을 모든 육체에 부어 주리니……
너희의 젊은이들은 환상을 보고 너희의 늙은이들은 꿈을 꾸리라"(사도 2:17)

깊은 잠에 빠질 수 있었던 베드로

「사도행전」 12장을 보면 참으로 흥미로운 사건이 나온다. 아마 「사도행전」을 쓴 의사 누가는 많은 사건들 중에 특히 이 사건의 중요성을 잘 알고 기록한 것 같다.

당시 성도들은 엄청난 핍박과 박해를 받고 있었다. 평신도 중에서 스데반 집사가 순교했고, 교역자 중 야고보 사도가 순교했다. 유대왕 헤롯으로서는 마지막으로 교회의 최고 지도자 베드로만 죽이면 되는 상황이었다. 드디어 베드로도 잡혔다. 이제 유월절 절기만 끝나면,

즉심에서 사형을 시킬 작정이었다.

베드로는 이미 전과가 있는 몸이었다. 소위 별이 3개나 있었다. 5천 명 앞에서 설교하다 잡혔는데 따르는 백성이 워낙 많아 위협을 느껴 풀어주었다(사도 4장). 전과 1범. 그 다음에는 다른 사도들과 함께 옥에 가뒀는데 밤중에 천사들 손에 풀려났다(사도 5장). 전과 2범. 그래서 당국자들이 이번에는 잡아놓고 사방에서 4교대 근무로 철통같이 지키게 했다. 전과 3범.

이제 날이 밝으면 베드로는 사형장에서 죽을 몸이었다. 특이한 것은 이렇게 심각한 상황에 그가 깊이 잠들어 있었다는 것이다. 베드로에게 이 밤은 생의 마지막 밤이다. 이 밤이 지나면 저들이 자신을 죽이려 한다는 것을 잘 알고 있다. 그런데 어찌 깊은 잠에 빠질 수가 있었을까?

얼마나 깊이 잠들었으면, 불러봐도 안 깨고, 흔들어도 안 깨고, 옆구리를 차서 겨우 깨웠다. 결국 천사의 손에 끌려 나오는데, 큰길가에까지 비몽사몽간에 끌려 나왔다고 한다.

한때 베드로는 계집아이 앞에서 자기 신분을 숨겼을 정도로 심약한 사람이 아니었던가? 그에게 어떤 일이 있었기에 이토록 갑자기 사람이 바뀔 수 있었는가?

내일이면 죽는다는 것을 뻔히 알면서도 어찌 두려움 없이 깊은 잠에 빠질 수 있는가? 우리가 다 알듯이 베드로는 이토록 강심장이 아

마음을 치유하는 의사 예수

니지 않는가? '시몬'이란 이름 그대로 '갈대' 같은 사람이 아닌가? 계집종 앞에서 예수를 모른다 했던 사람이 아닌가?

이날 베드로가 보인 모습은 마치 갈릴리 바다를 작은 배로 건너가실 때 예수님의 모습과 같다. 갑자기 일어나는 돌풍에 제자들은 죽게 되었다고 야단법석인데, 예수님은 배 뒤편에서 깊은 잠에 빠져 있었다. 베드로도 지금 예수님이 보여주신 평안함에 빠진 듯하다. 베드로의 깊은 잠, 평안함의 비결은 무엇일까?

얼마 전 예수님이 베드로에게 하신 말씀 덕분이었다. 「요한복음」의 마지막 장인 21장을 보면 예수님은 베드로를 용서하신 후 이런 말씀을 하셨다.

"네가 젊어서는 스스로 띠 띠고 원하는 곳으로 다녔거니와 늙어서는 네 팔을 벌리리니 남이 네게 띠 띠우고 원하지 아니하는 곳으로 데려가리라"(요한 21:18)

베드로가 이 말씀을 들은 후 크게 깨달은 것이 있었다.

"아! 나는 젊어서는 절대 안 죽는구나! 늙어서는 십자가에 팔 벌려 죽을지라도~"

이 말씀을 들은 이후 베드로는 죽음에 대한 두려움에서 해방되었다. 속으로 아마 이렇게 말했을 것이다. '이 자식들아, 너희들 아무리 내일 나를 죽인다고 난리를 쳐봐라. 난 안 죽게 되어 있어. 예수님이 내게 늙어서 죽는다고 말씀하셨어.'

이것이 바로 말씀을 들은 자의 평안함이다. 하나님 말씀을 확신한 자의 평안함이다. 베드로는 이 평안함으로 충만해 있었다. 그러니 그 날 밤 그토록 깊은 잠에 빠질 수 있었던 것이다.

심신의학에서 최고의 약은 절대자와 접촉하는 것이다. 하나님의 음성을 듣는 것이다. 하나님의 말씀을 직접 들을 수 있는 영적 귀를 열어야 한다.

"귀 있는 자는 성령이 교회들에게 하시는 말씀을 들을지어다" 계시록 2:7)

잠과 꿈의 과학적 원리

그러면 잠과 꿈에 대해 이야기해보자. 사람은 잠을 잘 때 왜 꿈을 꾸는가? 꿈을 꾸고 난 후 왜 잘 기억을 하지 못하는가? 개나 고양이 같은 동물들도 꿈을 꾸는가? 갓난 어린아이도 꿈을 꾸는가? 꿈을 꾼다면 어떤 꿈을 꾸는가? 꿈에 대한 궁금한 질문은 참으로 많다. 이는 우리가 아직도 꿈에 대해 잘 모른다는 뜻이기도 하다.

하지만 심리실험을 통해 알게 된 몇 가지 답은 이렇다.

잠이 드는 순간 감각신경이 차단된다. 어느 순간, 1천분의 1초 후, 뇌 스스로가 스위치를 내려 갑자기 완전한 맹인이 된다. 이때 뇌 속의 송과선(pineal gland)은 멜라토닌이라는 호르몬을 혈중에 분비하여 생각과 신체에 '지금부터 수면 중'이라는 신호를 전달한다.

그리고 사람이 꿈을 꾸듯이 동물들도 꿈을 꾼다는 것을 알게 되었다. 집에서 애완동물을 키우는 사람들은 잘 알 것이다. 또한 갓 태어난 신생아도 꿈을 꾸는 것으로 밝혀졌다.

어찌 알 수 있는가? 잠자는 도중 눈동자가 아주 빠르게 움직이는 때가 있는데 이것이 '꿈꾸는 단계(REM : repid eye movement)'이다. 실험 중 이때 흔들어 깨워 "지금 꿈을 꾸고 있었지?"라고 물으면 모두가 꿈을 꾸고 있었다고 시인한다. 신생아들도 잠자는 동안 눈 운동을 하고 동물들에게도 마찬가지 현상이 나타난다. 그러면 아무런 세상 경험이 없는 갓난아기가 꾸는 꿈은 과연 어떤 꿈일까? 분명히 이들도 꿈을 꾸는데, 세상 경험이 백지인 아기의 꿈은 과연 어떤 것일까?

미국에서 있었던 일이다. 동생이 병원에서 태어나 처음으로 집에 오는 날이었다. 집 안을 풍선과 오색실로 치장하고 축하 팡파르로 환영을 했다. 그때 3살 된 언니가 엄마 아빠에게 "내가 아기에게 할 말이 있어"라며 둘만 있게 해달라고 말했다. 부모는 의아해서 "그래, 대신 아기를 때리거나 꼬집으면 안 돼!" 약속하고, 방 안에 두 아이를 들여보낸 후 몰래 지켜보았다.

방 안에 들어간 언니가 동생에게 이렇게 말했다. "아가야! 내가 자꾸 잊어버려 그러는데, 하나님에 대해 말 좀 해줄 수 있어?"

"……?"

확실히 알 수는 없지만, 아기 시기에는 하나님과 함께하는 에덴동산의 삶을 사는 것 같다.

그러면 꿈꾸는 시간(REM)에 꿈을 꾸지 못하게 잠을 깨워 꿈을 박탈하면 어떻게 될까? 꿈꾸는 잠은 깨끗한 기분이 들지만 꿈을 박탈당한 잠은 9시간을 자도 찌뿌듯하고 짜증이 심했다. 윌리엄 디멘트(William Dement)는 이 실험으로 사람이 왜 꿈을 꾸게 되는지를 알 수 있었다.

잠자는 8시간 동안 우리의 의식은 단숨에 자고 일어나는 것 같지만, 실제 알고 보면 옅은 잠, REM, 비REM, 깊은 잠의 4단계를 90분간의 사이클로 하룻밤에 약 4~6회 반복하는 것을 알 수 있다. 그리고 REM 단계에서는 꿈을 꾸느라 생각이 활발하게 움직이는 반면 몸의 근육은 완전히 마비된다는 사실을 알게 되었다. 그러나 비REM 단계에서는 거꾸로 안구운동은 멈춰 생각이 잠자는 반면 몸은 이리저리 뒤척이며 완전히 이완된다. 그 다음 깊은 잠의 단계에서는 마치 다른 세상에 가 있는 것처럼 생각과 근육 모두가 깊은 잠에 빠지는 것이다.

가장 확실한 불면증 탈출법

잠을 자면서 왜 이런 일들이 벌어지는 것일까? 프랜시스 크릭(Francis Crick)과 그레이엄 미치슨(Graham Mitchison)은 '정신적 청소 가설'을 내세웠다. 이는 낮에 있었던 사건 중 찜찜한 감정이 남은 것을 꿈을 통해서 말끔히 청소한다는 가설이다.

이때 근육이 마비되지 않으면 문제를 일으키게 되는데, 이것이 바로 몽유병이다. 몸의 근육이 풀려 꿈인지 생시인지 구별 못하고 멋대로 걸어 다니면 어찌되겠는가? 꿈에 스파이더맨이 되어 창문으로 뛰어내리면 어떡하겠는가? 하나님이 이런 일이 일어나지 않도록 REM 단계에서는 몸이 마비되도록 만드신 것 같다.

다음 비REM 단계에서는 반대로 근육을 풀어 피로를 청소한다. 이때 몸은 움직일 수 있지만 정신은 마비된다. 간혹 군인들 가운데 훈련하는 동안 잠을 자지 못해 지친 나머지 눈 뜨고 잠자면서 행군하는 사람이 있는데 바로 이 단계에 들어간 것이다.

마지막 단계인 깊은 잠을 자는 동안에는 이 세상과 다른 또 다른 세계에 갔다 오는 것 같다. 그 깊은 무의식이 에덴동산인지 천국인지 우리 인간은 아무도 모른다. 과연 개나 고양이가 꾸는 꿈은 평화로운 애덴동산을 꾸는 꿈인가? 세상 경험이 전연 없는 갓난아이는 과연 어떤 꿈을 꾸는 것인가? 전생의 꿈인가 아니면 천국에서 하나님을 만나는 꿈인가? 이것은 인간의 의식으로는 도무지 알 수 없는 하나님의 신비일 뿐이다.

하나님의 솜씨가 놀라울 따름이다. 뇌를 살리려고 몸을 마비시키고, 다시 몸을 풀어놓고 뇌를 잠재우신다. 이때 꿈을 꾸게 해 스트레스를 싹 씻어주시고, 몸의 근육을 풀어 면역력을 높여주신다. 과연 『성경』에 "사랑하는 자에게 잠을 주신다"(시편 127:2)란 말이 옳다.

하나님은 만물 속에 자신의 지혜를 다 계시해놓으셨다. 태양이 있기 전 빛으로 창조의 근원이 되시어, 세상의 낮과 밤을 구분하셨다.

모든 생명체는 낮과 밤의 리듬을 타고 균형을 이룬다. 수면과 각성을 반복한다. 생명의 빛을 받아 사는 인간에게도 구석구석 창조의 신비가 담겨 있다. 낮에는 일하면서 에너지를 다 소진하지만, 밤이 되면 다시 생명력을 충전시켜 주신다. 마치 핸드폰 배터리를 전기에 꽂아만 두면 저절로 충전되는 것과 같다.

그러나 밤이 되었는데 수면하지 못하고 각성이 될 수 있다. 이것이 불면증(insomnia)이다. 몸은 분명 잠들어 코까지 골고 있는데, 정작 정신은 말똥말똥하게 각성되어 있는 상태다. 알고 보면 잠을 못 잔다고 생각할 뿐이지 실제 몸은 잠을 잔다. 뇌의 착시현상이다. 이것이 불면증이다.

가장 확실한 불면증 탈출법이 무엇인지 아는가? 내가 어떻게 해보려고 하지 않는 것이다. 억지로 자려고 하면 말똥말똥 더 잠이 오지 않는다. 나의 의지를 무장 해제시켜라. 대신 에너지원이 되는 하나님께 그냥 맡겨 버리라. 그러면 하나님께서 에너지를 채워주실 것이다. 마치 방전된 핸드폰을 전기 콘센트에 꽂아두기만 하면 충전이 저절로 되는 것과 같다.

간호사가 병실에 들어오더니 쿨쿨 자고 있는 불면증 환자를 깨웠다. 환자 "왜 깨워요?"

그러자 간호사가 약봉지를 환자에게 내밀며 하는 말, "수면제 드실 시간입니다."

인간의 노력이라는 것이 이것과 같다. 내가 어떻게 하려고 노력하지 마라. 그냥 하나님께 전원을 꽂아두기만 하라. 하나님은 밤새도록 멜라토닌이라는 물질로 충전시켜 주실 것이다.

깨어 있는 상태에서 빠르게 눈동자를 움직이게 하여(REM), 과거에 겪은 마음의 상처들을 끄집어 올려 풀어주는 심리치료법이 있다. 이것이 긴 이름을 가진 'EMDR(민감 소실 및 재처리요법 안구운동, eye movement desensitization and reprocession)'이다. 특히 '외상 후 스트레스 장애(PTSD)'를 치료하는 데 효과적이다. 예들 들어 대구 지하철 화재를 경험한 후 많은 이들이 지워지지 않는 어두움의 공포로 힘들어할 때 신비할 정도로 놀라운 효과를 보인 치료법이다. 이것은 독자들이 직접 경험해봐야 알 수 있겠지만, 꿈의 치유력이 얼마나 큰지 증명하는 것이다.

꿈(dream)과 꿈(vision)

REM 단계에서 하늘의 영성이 열린다. 하나님이 주신 꿈을 꾸게 되는 것이다. 아브라함에게 하나님이 꿈으로 나타나시어 약속을 주고 가셨다. 야곱은 꿈을 통해 하나님과 연결된 사다리를 보게 되었다. 요셉은 꿈을 통해 자신의 콤플렉스를 극복하고 위대한 역사를 만들어냈다. 『성경』에 꿈으로 계시를 받은 사람은 이루 말할 수 없을 정도로 많다.

우리가 참으로 궁금해하는 것은 "어젯밤에 꿈을 꾸었는데, 이것이 하나님이 주신 계시몽인지, 아니면 개꿈인지 어떻게 알 수 있나?"라는 물음이다.

"하나님은 한 번 말씀하시고 다시 말씀하시되, 사람이 침상에서 졸며 깊이 잠들 때에나 꿈에나 밤의 이상 중에 사람의 귀를 여시고 인치듯 교훈하시나니"(욥기 33:14-16)

하나님의 계시몽은 한 번 두 번, 마음에 도장(인)으로 꽉 찍히듯 선명하게 기억된다. 이 꿈은 아무리 오랜 세월이 지나가도 결코 지워지지 않는 꿈이다. 하지만 개꿈은 자고 일어나 화장실에 갔다 오면 다 잊어먹는 꿈이다. 분명한 차이가 난다.

그리고 하나님의 꿈은 밤에만 꾸는 것이 아니라, 낮에도 꾸게 된다. 잠잘 때만 REM과 비REM이 있는 것이 아니다. 깨었을 때도 REM과 비REM의 리듬은 계속된다. 낮에도 정신적 쉼이 필요하다. 학생들이 공부할 때 쉬지 않고 공부할 수는 없다. 공부하다 쉬고, 공부하다 움직이는 90분 사이클이 있어야 정상이다. 잠잘 때 꾸는 꿈(dream)과 낮에 생각으로 꾸는 꿈(vision)이 사실은 다른 것이 아니다. 그렇지만 하나님이 주시는 꿈은 점점 더 뚜렷해지는 특징이 있다.

"말세에 내가 내 영을 모든 육체에 부어 주리니…… 너희의 젊은이들은 환상(vision)을 보고 너희의 늙은이들은 꿈(dream)을 꾸리라"(사도 2:17)

이 둘은 다른 것이 아니다. 모두가 하나님이 주시는 꿈이다. 늙은이는 밤에, 젊은이는 낮에 꿈을 꾼다.

이 글을 쓰는 이 시간 미국에서 목회하는 후배에게서 전화가 왔다.

"형, 아들 광열(죠셉)이가 하버드대에서 전교 1학년 회장이 됐어."

무척 기뻤다. 작년에 하버드에 입학해 기뻐한 것이 어저께 같은데, 이제 학년 회장에 당선되었단다. 그 녀석, 『성경』의 요셉처럼 앞으로 크게 될 인물이라 칭찬해주었다. 그 동생 성열(데니얼)도 미국 최고 고교에서 학년 회장이다. 공부는 형보다 더 잘해 늘 1등을 놓치지 않는다. 나는 후배가 미국에서 가난한 목회자로 얼마나 고생이 심했는지 잘 안다.

"아이를 도대체 어떻게 키웠어?"

특별한 방법이 없단다. 공부하란 소리 한 번도 하지 않았고, 다만 기도해주며 마음속에 꿈(vision)을 심어주었을 뿐이란다. 지난번 아이들을 만나보니 과연 눈이 살아 있고, 마음에 꿈이 그려져 있었다.

'죽음의 수용소'를 넘어서

심신의학의 아버지라는 빅터 프랭클(Victor Frankl)이 쓴 『죽음의 수용소에서』라는 책이 있다. 그는 유대인으로서 독일 나치 시대 잔혹하기로 소문난 아우슈비츠에서 수년간 생사를 넘나들면서 경험한 것을 기록했다. 이 책에 마음을 사로잡는 한 사건이 등장한다.

1944년 성탄절이 지난 후부터 1945년 신년 2주 사이에 유대인 수감자가 엄청나게 많이 죽었다. 무슨 질병이 있어서가 아니었다. 악명

높은 독가스실에 많이 학살당해서도 아니었다. 죽음의 이유는 이상하게도, 크리스마스 시즌이 지났기 때문이라는 것이었다.

많은 유대인 수감자들은 고난 가운데서도 어린아이같이 꿈에 부풀어 지낼 수 있었다. "이번 크리스마스가 지나면, 석방되어 집에 갈 수 있을 거야"라는 말로 서로 위로했다. 집에 돌아가면 크리스마스트리도 만들고, 전등도 밝히고, 옛날처럼 가족과 즐거운 시간을 보내게 될 것이라는 막연한 기대감을 가지고 있었다.

그러다가 드디어 성탄절이 지났다. 그렇지만 전혀 석방될 기미가 보이지 않았다. 그래서 전보다 더한 절망감에 빠지게 되었다. 결국 절망감에 사람들은 급격히 몸이 허약해졌다. 연초 2주 동안 수많은 수감자가 절망의 감옥에서 죽어갔다. 더 안타까운 사실은 이 일이 있은 지 불과 4개월 후 히틀러는 죽고 남은 유대인들이 석방되었다는 것이다. 몇 개월만 더 견뎠더라면 고향으로 돌아가 가족과 함께 아름다운 날을 보낼 수 있었을 텐데.

퀴블러 로스는 "호스피스 환자 중 거의 절반에 가까운 사람이 자신의 생일을 보낸 뒤 2개월 만에 사망한 반면, 생일 2개월 이전에 사망한 사람은 8%에 지나지 않는다"는 이상한 통계를 발표했다. 그 이유를 알아보니 생의 의미 때문이었다. 이 통계는 희망의 힘이 얼마나 큰지를 보여주는 좋은 사례이다.

우리는 죽음에 대한 두려움이 강하다.

어떤 사람이 수천 길 낭떠러지에서 나뭇가지를 붙잡고 있는 안타까운 상황이 연출되었다. 뿌리가 점점 뽑혀 나왔다. "하나님, 살려주세요!" 즉각 하나님의 음성이 들려왔다. "아들아, 내가 너를 구해줄 테니 걱정 말고 손을 놓아라." 그러나 그 사람은 손을 놓지 못하고 외쳤다. "거기 누구 '다른 하나님'은 안 계신가요?" 죽음 앞에 신앙까지 흔들린 것이다.

그래서 하버드대학교 의과대학의 제롬 그루프먼(Jerome Groopman)은 과연 '희망의 힘'이 병을 낫게 할 수 있는지 의문을 가졌다. 왜냐하면 자기 환자들 중에서 희망을 가졌지만 병이 호전되지 않고 점점 나빠진 환자들도 있었기 때문이다. 그래서 알게 된 것이 희망에도 '진짜 희망'과 '가짜 희망'이 있다는 것이다.

'가짜 희망'은 그냥 낙관적으로 '앞으로 일이 잘 풀리겠지', '긍정적으로 생각하자'는 식의 장밋빛 청사진이다. 하지만 마음속 깊이 자리 잡은 무의식은 '나는 이 환경을 도저히 바꿀 수 없을 거야'라고 불안에 떨고 있다.

그러나 '진짜 희망'은 두 눈을 똑바로 뜨고 현실을 직시하면서 이렇게 이야기하는 것이다. '그래, 난 죽을지도 모른다. 하지만 지금은 살아 있지 않는가. 나는 오늘을 충만하게 살겠어. 현재에 충실하게 감사하며 살자.' 이 같은 마음가짐이 회복으로 이어지게 했다. 이것이 '진짜 희망'이다. 이미 지나간 과거에 집착하거나, 아직 오지도 않은 미래에 대한 불안을 끊고, 오직 주어진 현재에 충실하는 것이다.

그루프먼의 연구 결과, 가짜 희망을 품은 환자는 점점 나빠졌지만, 진짜 희망을 품은 환자들은 회복 속도가 훨씬 빨랐다. 결국 '진짜 희망'은 뇌에서 엔도르핀과 엔케팔린 같은 물질을 분비하게 하였고, 호흡, 순환, 운동 기능과 같은 신체 작용에도 강력한 영향을 미쳐, 마침내 역전의 도미노 효과를 이끌어냈다. 희망의 감정이 생기면 신진대사가 활발해지고, 그러다 상태가 좋아지면 다시 회복의 신호를 울리게 되는 것이다. 그러니 '진짜 희망'을 갖기 위해서 죽음의 문제를 두려워하지 말고, 똑바로 쳐다보아야 한다.

사망의 골짜기에서도

"사망의 음침한 골짜기를 다닐 때는 주께서 나와 함께……" (시편 23:4)

죽음을 보면 삶이 보인다

세 사람이 죽어 하늘나라 가는 길에서 똑같은 질문을 받았다. "장례식 날 당신이 관 속에 누워 있을 때, 친구나 가족들이 뭐라 말하는 소리를 듣고 싶소?"

첫 번째 사람이 대답했다. "'여기에 누운 사람은 아주 유능한 의사로 죽었다'란 말이요."

두 번째 사람이 말했다 "'좋은 남편이며 훌륭한 아버지였다'이지요."

세 번째 사람은 이렇게 대답했다. "난 이 소리를 듣고 싶소. '앗! 죽은 사람이 막 살아 움직인다!'"

이 이야기는 많은 생각을 담고 있다. 사람은 암이나 심장병같이 심각한 질병에 걸리면 죽음을 먼저 생각한다. 사실 몸이 아픈 것보다 죽음에 대한 불안감이 환자를 더 힘들게 한다. 겉으로는 아닌 척하지만 속으로 끊임없이 쫓아와 발목을 붙잡는 것이 죽음에 대한 불안감이다.

"죽는다는 것이 두렵다. 생각조차 하기 싫다. 달리 방법이 있는 것도 아니고 그렇다고 당장 닥칠 일도 아니니 생각조차 하지 말자."

이러한 말은 마음 깊숙한 데서 터져나오는 탄식이다. 그러나 생각하지 않는다고 생각이 없어지는가? 의식보다 무의식의 힘이 더 강하다. 긍정의 힘으로 '할 수 있다. 나는 죽지 않는다' 외쳐대도, 조금만 조용한 구석에 앉아 있으면 '참! 내가 죽을 병에 걸려 있지. 아이구, 어떡하지'라는 생각이 슬금슬금 올라와 다시 불안이 똬리를 틀고 앉는다.

예수님도 "천하를 다 얻고도 목숨을 잃는다면 그것이 무엇에 유익하겠는가"라 했다.

"부를 잃으면 조금 잃는 것이요 명예를 잃으면 많이 잃는 것이며 건강을 잃으면 모든 것을 잃는다"라는 말도 있지 않는가.

생물학에서 죽음이란 유기체가 해체되어 무기물의 법칙을 따르게 된 상태를 말한다. 세포가 죽어 괴사 생성 과정을 거쳐 새로운 세포로 대체되는 것이다. 의학에서 전통적으로 죽음을 판정하는 기준은 심폐기능 중지, 즉 심장사이다. 호흡과 심장의 고동이 완전히 멎은 때를 사망 시점으로 본다.

그러나 문제가 생겼다. 인공심폐소생술이란 것이 발달하여 죽었던 사람도 살릴 수 있게 되면서 순환기와 호흡기의 정지 시점을 죽음이라 말하기 어렵게 되었다. 여기서 새로운 대안이 나왔는데 뇌의 기능이 완전히 정지되어 회복이 불가능한 상태, 즉 뇌사를 죽음으로 보자는 것이다. 그리고 뇌사상태에 있는 사람을 안락사시켜 장기를 추출할 수도 있다는 것이다.

여기에 반론도 만만치 않았다. 이런 와중에 1991년 일본에서 한 여인이 뇌사상태에서 어린아이를 출산한 일이 일어났다. 소위 죽은 사람(?)이 산 아이를 낳은 것이다. 논란이 뜨거웠다. 과연 뇌사상태에 있는 사람에게 엄청난 비용이 들어가는 산소호흡을 계속 공급해야 할 것인가 말 것인가? 이것을 떼는 것은 살인이 되는 것이 아닌가? 뗀다면 누가 떼라고 명할 것인가? 가족인가 국가·법인가 아니면 종교계인가?

최근 우리나라는 안락사를 법적으로 허가했다. 세계 대부분의 현행법은 뇌사보다는 심장사를 죽음의 기준으로 인정하고 있고, 안락사는 촉탁살인 행위로 보고 있다. 결국 의학적 문제가 사회적 문제에서 종교적 문제로 계속 논의되고 있다.

이제 아직도 결론이 쉬 나지 않는 타자의 죽음 문제보다, 더 직접적이고 개인적인 심리 문제를 이야기해보자. 인간은 어쩔 수 없이 죽음에 대한 두려움을 안고 살아간다. 특히 임종을 앞둔 사람은 무엇을 두려워하는가? 대체적으로 무(無)에 대한 두려움, 홀로 가는 외로움에 대한 두려움, 미지의 사건에 대한 두려움, 기약 없는 이별에 대한 두려움, 신체 소멸에 대한 두려움, 자기 능력 상실로 짐이 되는 것에 대한 두려움, 자녀를 남겨둠에 대한 두려움, 끝내지 못한 것에 대한 두려움 같은 것이다.

요즘 각 병원마다 '호스피스' 활동을 하는 사람들이 있다. 바깥에서는 참 좋은 일 하는 사람들이라 말하지만 막상 임종 환자들에게는 저승사자(?)처럼 느껴지기도 한다. 그래서 '호스테스'는 술 먹여 죽이는 사람이고, '호스피스'는 편하게 죽여주는 사람이라는 말도 있다. 죽음이 얼마나 두려웠으면 이런 말이 나왔겠는가!

죽음 문제는 임종 환자의 문제만이 아니라 위험한 사회를 살아가는 우리 모두의 문제이다. 1991년 '삶과 죽음을 생각하는 모임'이 발족되었다. 모임의 취지는 '죽음이 피할 수 없는 것이라면 차라리 함께 이야기 나누고 친숙해지자'는 것이다. 지금도 많은 회원을 두고 정기적으로 학술강연회에서 이 문제를 논하고 있다.

우리는 왜 죽어야 하는가? 그것으로 끝인가? 아니면 새로운 시작인가? 죽음은 우리에게 무엇인가? 단순한 호기심을 넘어 더 궁극적이고 철학적인 물음을 제기한다.

의학적, 철학적 물음으로서 죽음

요즘처럼 불확실한 삶에서 죽음처럼 확실한 것은 없다. 그 때를 모를 뿐이지 어김없이 찾아오는 것이 죽음이다. 생자필멸(生者必滅)이다. 이 세상의 단 한 사람도 예외일 수는 없다. 그러나 우리는 죽음이 무엇인지 모른다. 죽어본 적이 없기 때문이다. 우리는 많은 사람의 죽음을 본다. 하지만 하나같이 내가 아닌 다른 사람의 죽음이며 밖에서 바라본 죽음일 뿐이다.

블라디미르 장켈레비치(Vladimir Jankélévitch)는 나의 죽음을 '일인칭 죽음', 가까운 사람의 죽음을 '이인칭 죽음', 나와 별 관계가 없는 사람의 죽음을 '삼인칭 죽음'이라 말했다.

'일인칭 죽음'은 내가 죽는 것이기에 내 눈으로 볼 수 없고, '이인칭 죽음'도 아무리 사랑하는 사람이 죽어가는 과정을 가까이서 지켜본다 하더라도 그 내면에서 무엇을 경험하고 있는지 알 길이 없다. 과정이 고통스러운지 자유로운지, 캄캄한지 환한지, 사후세계가 있는지 없는지 말이다. 가끔 죽었다가 살아난 임사(臨死) 체험을 한 사람들도 있지만 검증할 방법이 없다.

사실 죽으면 감각이 소멸되니 그것이 좋은지 불쾌한지조차 느낄 수 없을 것이다. 그래서 에피쿠로스(Epikouros)는 죽음을 두려워하는 것은 마치 잠자리에 들기 전 수면 상태를 두려워하는 것이라 비아냥

댔다. 죽음은 이 땅에서 피부로 느낄 수 없음을 역설한 것이다.

어쨌건 죽어본 일이 없는 나로서는 내가 경험한 다른 사람의 죽음을 단서로 삼을 수밖에 없다. 우리는 죽음이 무엇인지 모르고 있지만 스스로는 죽음을 잘 알고 있다고 착각한다.

그래서 '아는 죽음'이 있고, '모르는 죽음'이 있다. 불치병에 걸려 자신의 죽음을 하루하루 기다리는 사람은 자신의 죽음을 알고 있다. 하지만 교통사고나 심장병같이 자신도 모르는 사이 갑자기 죽는 죽음도 있다.

어떠한 죽음이 더 좋을 것 같은가? 불치병 환자는 대체로 죽음에 대해 겁을 먹고서 지금 살아 있으나 마음은 이미 반쯤 죽어 있다. 죽음을 안다는 것이 이 사람에게는 불행이다. 하지만 어떤 환자는 자신에게 남아 있는 시간을 천금보다 더 귀중하게 보낸다. '안녕'이라 말하는 그 순간까지 진정으로 살아 있는 사람이다. 이런 사람은 행복한 사람이다.

그래서 죽음을 바라보며 현재 살아 있음의 의미를 찾는 것이 더 중요하다. 죽으면 호흡이 정지되고, 뇌파가 멈추고, 혈압이 급격히 떨어진다는 식의 과학적 지식이 중요한 것이 아니다. 중요한 것은 절박하고 위협적으로 닥쳐오는 죽음이 우리의 삶에 무엇을 의미하는지, 그리고 남아 있는 삶을 어떻게 보낼 것인지를 고민하는 것이다. 죽음은 삶과 떼려야 뗄 수 없는 동반자적 관계에 있다. 마치 동전의 양면과 같다.

노벨문학상을 받은 알베르 까뮈(Albert Camus)의 작품『이방인』의 내용은 이렇다.

양로원에서 쓸쓸히 죽어간 어머니의 장례식에 참석한 가까운 사람들은 모두 울고 있는데 정작 아들인 주인공 뫼르소는 울지를 않았다. 그리고 그날 만난 거리의 여자와 몸을 섞었다. 다음 날 해변을 거닐다가 만난 아랍 상인을 권총으로 쏘아 죽였다. 결국 뫼르소는 경찰에 잡혀서 조사를 받는다. 왜 사람을 죽였는지 묻는 질문에 "태양빛이 너무 작열해서"라는 얼토당토않은 이유를 댄다. 그러자 경찰은 계속 의심한다. 어머니의 죽음도 수상한 데가 너무 많다는 것이다. 장례식에서 울지 않았다는 것도 이상하다. 이에 대해 뫼르소는 "나는 어머니가 죽는 것을 원치 않았는데 어머니는 내 동의도 없이 죽었을 뿐이요"라고 말한다. 결국 그는 재판을 받고 죽음을 기다리게 된다. 감방의 창문으로 들어오는 밤하늘의 별빛을 보고 비로소 자유로움을 느낀다.

이 작품에는 엄청난 삶의 질문이 담겨 있다. 주인공은 이렇게 말했다.

"이 땅에 태어난 것은 내가 원하고 선택해서 태어난 것이 아니었다. 나는 누군가에 의해 이 세상에 내던져진 존재다. 선택은 책임이다. 이 세상에 태어난 것을 내가 선택했다면 무엇을 하든 내가 책임진다. 하지만 나는 이 세상을 선택하지 않았기에 내가 살인을 하든 무슨 짓을 하든 내 책임이 아니라 나를 이 땅에 보낸 그 누구의 탓일 뿐이다. 어머니의 죽음도 마찬가지, 나는 어머니가 죽는 것을 원치 않았다. 그런데 어머니는 나의 동의도 없이 혼자 죽었을 뿐이다. 그래서 내가 울어야 할 이유가 없다."

그러나 세상은 사람에게 책임을 묻는다. 그래서 뫼르소는 이 땅에서 '이방인'으로 살아 간다는 것이다. 이것이 실존주의적 인간 이해이다. 그 때가 언제인지 알 수 없지만 죽음을 가장 확실한 것, 나 혼자만 죽게 되어 외롭고 고독한 것, 그러면서 현재의 삶을 꿰뚫고 있는 것으로 보았다. 하지만 실존주의에 깔려 있는 무의 불안과 죽음의 공포가 어디에서 비롯되며, 어떻게 벗어날 수 있는지 답을 주지 못하고 있다.

임마누엘 칸트(Immanuel Kant)는 인간의 이성으로 절대 알 수 없는 것(불가지론)이 4가지가 있다고 했다. 우주공간의 끝이 있는지 없는지, 역사시간의 시작과 끝이 있는지 없는지, 신이 있는지 없는지, 그리고 인간이 죽으면 끝인지 영원한지 알 수 없다고 했다(『순수이성비판』). 하지만 없다는 것보다 있다고 믿고 사는 것이 삶에 유익하므로 '요청적으로' 믿는다고 했다(『실천이성비판』).

중국의 장자는 생명을 자연의 한 현상 과정으로 보았다. 자신의 시신을 나장(裸葬)하길 고집한 장자는 "나는 땅을 관으로 삼고, 하늘을 뚜껑으로 해 달 별을 내 무덤의 장식으로 삼으련다. 몸이 까마귀의 밥이 되든 개미의 밥이 되든 무슨 상관인가. 생사에는 구별이 없다"
며 결국 죽음이란 자연으로 돌아가는 것이라 했다.

이와 비슷하게 니체도 죽음을 순환 속에 끝없이 반복하는 '영원
회귀'로 보았다.

여기서 한번쯤 생각해볼 것이 있다. 태어나고 죽고, 죽었다가 다시
태어나는 일을 영원히 반복해야 한다면, 그 끝없는 권태에서 모든 것
을 마감한 후 좀 편히 쉬었으면 하는 바람도 가질 수 있다. 과연 영원
회귀가 축복일까, 혹은 저주가 되지는 않을까?

영원한 영광의 몸

리하르트 레안더(Richard Leander)의 동화 가운데 이런 것이 있다.
어떤 남자가 죽어 베드로 앞에 섰다. 베드로가 소원이 무언지 물었
다. 베드로를 만난 것이나 소원을 묻는 것을 보니 분명 천국이었다.
남자는 전생을 떠올리며 풍성한 식사와 재밋거리를 주문했다. 하루
하루를 그렇게 보냈다. 아주 행복했다. 이렇게 몇 년, 몇십 년을 지내
니 왠지 따분했다. 나중에는 단조로운 생활이 지겨워져 산다는 것 자
체가 고역이었다. 더 이상 못 참고 "천국이 뭐 이러냐"고 베드로에게
불평했다가, "이놈아, 이곳은 천국이 아니라 지옥이란 곳이야"라는
말을 들었다.

성 어거스틴(St. Augustine)은 이 역사 속에서 영원히 사는 것이 오

히려 저주라 했다. 「창세기」 3장 22-24절을 인용하면서 "선악과를 따먹은 인간이 생명나무 실과도 따먹고 영생할까 하여…… 동산 밖으로 내쫓고, 화염검으로 길을 막았다" 했다. 하나님 나라는 시간과 공간을 초월하는 곳이다. 그곳의 시간은 '하루가 천년 같고, 천년이 하루 같은' 권태가 없는 4차원의 시간이다. 그곳에서는 시계가 필요 없다.

4차원의 시간이란 무엇인가? 이 세상에서 '저세상'을 바라보면, 사람이 죽는 순간 영은 하나님께로 가고 육체는 흙으로 돌아간다. 그 후 주님 재림해 오시는 날, 이 역사가 끝나는 날까지 까마득하게 기다려야 하는 것처럼 보인다. 하지만 '저세상'에서 바라보면, 죽음 이후는 시간과 공간을 초월하기에 긴 역사의 시간이 아니다. 천국에 들어오는 바로 그날, 시간은 끝나고 주님의 재림의 시간이 도래하게 된다. 그리고 천년을 하루같이 경험하게 될 것이다. 크로노스(3차원의 흘러가는 시간, chronos)에서 카이로스(4차원의 의미 있는 시간, kairos)의 시간으로 진입하는 것이다.

예수님 곁 십자가에 달린 강도 하나가 "예수여 당신의 나라에 임하실 때에 나를 생각하소서" 하니 예수께서 말씀하시길 "오늘 네가 나와 함께 낙원에 있으리라"(누가 23:43)하셨다. 오늘! 죽음의 문을 통과하는 바로 그날, '천년이 하루 같은' 영원의 세계에 진입하는 것이다. 그러므로 저세상에서 천년의 행복은 지겨운 것이 아니라, 마치 이세상의 하루처럼 짧게 느껴진다.

동시에 하루가 천년같이! 이 땅에서 우리는 하루하루를 고통 속에 살아가지만, 그곳에서는 최고의 기쁨으로 천년만년 살게 되는 것이다. 그래서 죽음의 순간은 바로 영원한 시간으로 진입하는 순간이고 재림의 순간이고, 하나님의 심판의 날이 되는 것이다.

이런 이야기가 있다. 정말 부자가 되고 싶은 성도가 있었다. 목사님의 설교에서 "하나님에겐 하루가 천년 같고, 천년이 하루 같다"란 말에 힌트를 얻고, 하나님께 이렇게 기도를 올렸다.

"하나님, 제게 10만 원만 주십시오." 속으로 계산하길, '10만 원의 천 배이면, 1억 원인데~'

하나님의 응답이 즉각 임했다. "그럼 주고말고, 대신 딱 하루만 기다려라." 하나님께 하루는 우리에게 천년이다.

시간뿐만 아니라 공간도 마찬가지다.

"우리가 흙에 속한 자의 형상을 입은 것 같이 또한 '하늘에 속한 이의 형상'을 입으리라"(고전 15:49)

"우리의 시민권은 하늘에 있는지라. 거기로부터 구원하는 자 곧 주 예수 그리스도를 기다리노니 그는…… '우리의 낮은 몸'을 '자기 영광의 몸'의 형체와 같이 변하게 하시리라"(빌립보 3:20-21)

우리 인간이 천국 가면 입게 될 몸, '자기 영광의 몸'이란 무엇인가?

예수께서 부활하신 이후 우리에게 보이신 몸이다. 예수님의 무덤은 빈 무덤이다. 영만이 아니라 신체까지 다시 살아나신 것이다. 그런데 그 육체는 과거의 육체가 아니었다. 다락방 벽 같은 공간을 통과하면서도 제자 도마가 만질 수 있었던 몸이다. 떡을 먹고서도 순간적으로 사라지는 신령한 몸이다. 과거 약한 육체에서 이제는 신령한 육체가 되었다. 3차원 세계에서 4차원 세계의 몸으로 바뀌었다. 이러한 예수님의 영광의 몸이 장차 우리가 천국에서 입게 될 몸이다. 시공을 초월하는 몸, 이것이 죽음 이후 성도가 입게 될 몸인 것이다.

결국 죽음의 문제는 삶의 문제로 귀착된다고 할 수 있다. 나는 많은 암 환우들과 지내오면서 한 가지 사실을 발견했다. 죽음에 대한 두려움을 극복하지 못하여 벌벌 떠는 사람은 병이 더욱 악화되어 결국 의사의 기대보다 훨씬 일찍 죽은 반면, 죽을 수도 있음을 인정하지만 지금 살아 있음에 감사하고 하루하루에 충실했던 사람은 지금도 즐겁게 살아가고 있다는 점이다.

기독교는 부활신앙이다. 예수께서는 죽음에서 다시 살아 부활의 첫 열매가 되셨다. 예수를 믿는다는 것은 우리도 예수처럼 죽음을 너머 영원한 천국의 삶을 맛볼 수 있다고 믿는다.

천국과 지옥은 생각 속에 있지 않고 실제로 있다. 사람들은 형무소나 사형장을 싫어하지만 국가는 어쩔 수 없이 이것들을 만들 수밖에 없다. 마찬가지로 천지만물을 지으신 하나님은 온 세상을 죄악으로 더럽힌 악령을 가두기 위해 지옥을 만드셨다. 그런데 사람들은 하나님의 말보다 악령의 속임을 믿고 따라다니면 지옥에 가는 것을 모르고 있다. 지옥은 실제로 가장 고통스런 곳이다. 지옥은 엄연히 실재하며 우리가 상상하는 것보다 훨씬 고통스런 곳이다. 『성경』은 "지옥은 그들을 파먹는 구더기도 죽지 않고 불도 꺼지지 않는다. 사람이 다 소금 절이듯 불에 절여질 것"(마가 9:48-49)이라 말한다. 형무소의 종신 징역수는 더러 탈출하기도 하지만 지옥은 죽음의 벽을 넘어선 이상 영원히 탈출할 수 없는 절망의 감옥이다.

그러나 천국은 가장 아름답고 행복한 곳이다. 그곳은 슬픔과 눈물, 불행과 절망, 질병과 죽음이 없는 곳이다. 해와 달과 별빛이 필요 없는 하나님의 영광의 빛으로 사는 곳이다. 얼마나 아름다운지 사람의 말로 차마 표현하기 어려운 곳이다.

직접 천국을 본 요한은 그곳이 "큰 성에 바닥이 남보석, 홍보석, 비취, 자수정 그리고 문은 진주로, 길은 수정같은 정금으로……"(계시록 21-22장) 되었더라 했다. 정말 그럴까? 아니다. 실제는 그것보다 훨씬 더할 것이다. 다만 인간의 언어로 표현한 것이 겨우 이 정도였을 뿐이다.

가령 평생 물속에 살던 거북이 한 마리가 어느 날 수면 위에 올라 휘황찬란한 부산 해운대의 네온사인을 보게 되었다면 거북이 말로 무엇이라고 표현하겠는가? 아마 친구들에게 "저 위에 가보니, 빛나는 산호 같은 것들이 빙빙 돌아가고 있더라"고 이상한 말을 했을 것이다. 거북이의 말에는 네온사인이 없다. 대신 물속에서 가장 아름답다는 산호에 비유했을 뿐이다. 천국도 마찬가지다. 천국을 완전하게 표현할 이 세상의 언어는 없다. 겨우 표현한다는 것이 각종 보석이었을 뿐이다. 천국의 아름다움은 가히 인간의 말로 표현할 수가 없다.

참된 희망, 주께서 나와 함께 한다는 믿음

그러면 왜 예수님은 천국을 떠나서 인간의 몸으로 이 세상에 오시게 되었는가?

가령 영화나 드라마에서 물에 빠져 죽어가는 사람이 있다 하자. 한 시청자가 이를 구하겠다고 화면을 향해 돌진하거나 화면을 보고 고함을 지른다면 웃음거리가 될 게 뻔하다. 이 세상(3차원)에서 화면(2차원)으로 직접 들어가는 방법은 없기 때문이다. 그러나 꼭 원한다면 유일한 길이 있는데 그것은 TV 촬영하는 현장의 카메라 앞으로 뛰어드는 것이다.

예수께서 세상을 구원하기 위해 인간의 몸으로 오신 것도 이 법칙대로다. 천국(4차원)에서 인간세상(3차원)에 들어오는 유일한 길은 어머니 배를 통해서이다. 이 세상에 어머니를 통하지 않은 자가 한 사람도 없듯, 하나님께서도 인간을 구원하시러 여자의 몸을 통해 사람으로 오신 것이다. 그분이 바로 예수이시다.

"예수께서 대답하시길 내가 곧 길이요, 진리요, 생명이니라" (요한 14:6)

그래서 예수님은 하나님이시면서 동시에 사람이다. 예수님이 사람이시기에 죄악에서 인간을 구원하고, 하나님이시기에 천국으로 이끄는 유일한 길이시다. 이것은 예수 그리스도의 신비이며 분명한 역사적 사건이다.

신학자 파울 틸리히(Paul Tillich)는, "참된 신앙은 참된 의심을 무시하지 않는다. 즉 '사망의 음침한 골짜기에서도, 주께서 나와 함께하심이라'는 믿음을 갖고 있다. 그러나 거짓된 믿음은 현실을 '사망의 음침한 골짜기'로 보거나, 반대로 '주께서 나와 함께하심이라'는 장밋빛 희망만 가지고 있다. 참된 희망은 '사망의 음침한 골짜기에서도, 주께서 나와 함께하심이라' 는 믿음이다"고 말했다.

참된 희망은 무엇인가?
"그가 나를 푸른 초장에 누이시고…… 사망의 음침한 골짜기를 다닐 때는 주께서 나와 함께……"(시편 23:2, 4)

초장에서는 '그(he)'로 만났다. 그러나 사망의 골짜기에서는 '주(thou)'로 만나는 것이다. 질병은 죽음의 골짜기에서 하나님을 만날 수 있는 절호의 기회다. 지금 당신이 어두운 길을 걷고 있다면, 끝이 막혀 있는 굴이 아니라 끝이 뚫려 있는 터널을 걷고 있음을 기억해야 한다. 사망의 음침한 골짜기를 걸어봐야, 비로소 그곳에 생명의 주님이 나와 함께 계셨음을 알게 된다. 죽음을 똑바로 지켜보라. 그래야 생명이 보인다.

희망 만들기, 3차 건강 개발 계획

희망을 갖기 위한 한 방법으로 생의 단기 및 장기 목표를 세워보는 것은 무척 중요한 일이다. 우리나라가 3차의 '경제개발 5개년 계획'을 실시한 것처럼, 당신도 3차로 '건강 개발 계획'을 실천할 필요가 있다.

1차 건강 개발의 기간은 1년이다. 건강을 위한 생각과 행동습관을 길들이는 기간이다. 특히, 처음 100일은 너무나 중요하다. 100일이면 몸의 세포 95%가 바뀐다. 그래서 '백일기도'가 생겼다고 할 수 있다. 이 기간에는 '심신의학 프로그램'에 참여하는 것이 무엇보다 중요하다. 책으로 새로운 지식을 안다고 건강해지는 것은 아니다. 실습을 통해서 습관을 바꾸고 몸을 만들어야 건강해진다. 당신의 만성질환(암, 뇌-심장질환, 고혈압, 당뇨, 류머티즘, 통증 등)은 오랜 세월을 거쳐 자라난 병이다. 지긋지긋한 이 병을 한 방에 날려버리고 싶겠지만, 그런 '특효약'(?)은 없다. 설사 증상이 없어진다고 하더라도 뿌리가 남아 있어 다시 올라온다.

병을 만들어온 생각과 습관의 틀을 벗어나라. 3개월(100일)이면 된다. 이 기간에 과거와 다른 방식으로 살아보라. 삶의 운전면허증을 따고 새로운 삶을 사는 것이다. 이후 당신은 인생에서 가장 행복한 시간을 보내게 될 것이다.

2차 건강 개발의 기간은 5년이다. 향후 5년을 위해서 계획을 세워라. 가령 자기 자신을 위해 5년 동안 입을 수 있는 좋은 옷을 사라. 혹 마음속에 '내년까지밖에 못 살 텐데 옷을 사서 뭘 해'라는 생각이 떠오르는가? 하지만 이 옷 한 벌 사는 것이 마음속에 숨어 있는 부정적인 무의식을 자극하게 된다. 혹 옷을 사면서, '내가 다 못 입으면, 딸애라도 입을 수 있는 것을 사야지'라는 마음이 드는가. 그러한 마음도 버리라. 몸은 무의식적으로 내 생각에 눈치채고 그렇게 움직이게 된다. 자기 자신을 위해 취미를 가지거나, 기술을 배우거나, 자격증을 따는 것도 좋다.

3차 건강 개발은 당신이 얼마까지 살고 싶은지 나이를 정하는 것으로 시작한다. 일단 생의 목표가 정해지면 당신의 몸도 거기에 따라 반응하게 된다. 한 실험에서 "100살까지 살고 싶은가?"라는 질문에 자신있게 "예"라고 대답했던 사람들이 건강을 회복한 비율이 훨씬 높았다. 당신이 마음먹은 대로 몸이 따라갈 가능성이 높다. 당신이 지금부터 마음속으로 하는 말을 유심히 들어보라. 우리는 매순간 자신의 미래를 예언하고 있다.

제3부
영혼을 치유하는 의사 예수

영성이란 무엇인가?

"너는 칼과 창을 가지고 왔지만, 나는 만군의 여호와의 이름으로 나가노라"
(사무엘상 17:45)

하나님의 능력과 심리적인 플라세보 효과

시골에 있는 개인병원에 가보면 문을 여는 아침 9시 이전부터 노인들이 병원 문 앞에서 줄을 서서 기다리고 있다. 의사에게 시골에 웬 아픈 노인이 이렇게 많은가 물어보면, "이분들은 하루 일과가 병원을 찾는 것"이라 대답한다. 노인들은 아들 같은 의사에게 "의사 선생님, 여기도 아프고요, 저기도 아파요"라 말한다. 그렇지만 아플 때마다 약을 주면 몸에 내성이 생겨 더 이상 약의 효과를 볼 수가 없다. 이 때문에 의사는 노인들이 아프다고 말하는 부위를 한 번씩 주물러주고, '가짜 약(영양제)'을 처방해준다. 그런데 놀라운 것은 이 가짜 약을 먹고도 통증이 거짓말처럼 사라진다는 것이다. 의사가 다리를 주물러주어서인지 아니면 약을 먹었으니 통증이 사라지리라는 믿음 때문인지는 몰라도 효과를 보는 것은 사실이다.

이러한 가짜 약 효과를 의학 용어로 '플라세보 효과'라 한다. 실험에 의하면 플라세보는 실제 80% 정도의 효과가 있었다. 플라세보 효과는 순전히 심리적인 효과라 하겠다. 의사들은 환자 앞에서 하얀 가운을 입는다. 실제 밖에서 입는 일상 옷보다 권위 있는 의사의 가운이 훨씬 환자들에게 믿음을 주고 치유에 도움이 된다. 이 역시 플라세보 효과이다.

안타까운 것은 한국 교회의 많은 신유집회에서 하나님의 능력과 심리적인 플라세보 효과를 혼동하고 있다는 점이다. 심리적 플라세보 효과와 하나님의 치유는 분명히 구별해야 한다. 플라세보 효과는 타 종교에서도 비슷하게 일어나고 있다. 이것을 하나님의 기적이라 착각해선 안 된다. 많은 집회에서는 심리적 현상을 마치 신비한 영적 현상으로 착각을 한다. 알고 보면 '집단최면' 현상이 많다. 심리세계, 특히 무의식세계에 들어가보면 정말 신비로운 것들이 많다. 그러나 이 현상은 하나님의 영적 임재가 아니다.

대표적인 것이 NLP(Neuro-Linguistic-Programing, 신경언어프로그래밍)이다. 뇌의 신경(Neuro)은 몸과 마음을 연결하는 통로이다. 여기에

언어(Linguistic)로 반복해서 자극을 주면, 결국 말대로 되어 몸에 기억(Programing)을 남기는 것이다. 최근 심신의학에서 많이 사용하는 방법이다. 하지만 이것은 심리현상일 뿐, 하나님의 능력이라 오해해서는 안 된다. 더 진보한 최면학일 뿐이다.

치유를 위한 플라세보 효과는 분명히 존재한다. 하지만 그것은 심리적 효과일 뿐이지, 위로부터 하나님의 능력이 임한 것은 아니다. 한국 강단이 영적으로 심리학에 많이 오염되어 있다.

영성, 나와 너(I-You)의 관계

그러면 영성이란 무엇인가?

미래학자들은 21세기는 '영성의 시대'라고 말한다. 영성이란 극히 추상적이고 보이지 않는 세계이기 때문에 그에 대한 정의도 참으로 다양하다. 심리학에서 마음과 영성을 구분하려 하지만 정확히 선을 긋지 못하고 있다. 필자는 2008년도 한국심리학회에서 처음으로 영성(Spirituality)을 주제로 발표를 했다. 핵심 내용 몇 가지를 소개한다.

영성은 '자신이 타인과 자연, 그리고 신성한 힘(divine power)과 맺고 있는 관계'라 정의할 수 있다. 기독교적으로 쉽게 풀어보면 '주님이 늘 곁에 계심을 느끼고, 그분의 눈길을 의식하고 함께 사는 것'이라 할 수 있다.

원래 '영성'이란 단어는 중성적이다. 즉 남녀를 막론하고 사람은 누구나 영성을 가졌다. 기독교인이나, 불교도나, 이슬람교인 모두 영성을 가지고 있다는 말이다. 단지 이 영성이 기독교 영성으로, 불교 영성으로 색깔을 다르게 낼 뿐이다. 영성과 종교의 관계는 그릇과 내용물의 관계와 같다. 기독교인의 영성은 그리스도를 담고 있고, 이슬람 교인의 영성은 마호멧을 담고 있는 것이다. 그릇의 가치는 담긴 내용물에 달려 있다.

이스라엘의 랍비요, 사상가인 마르틴 부버(Martin Buber)는 인간이 만나는 대상이 크게 세 가지가 있는데, 첫째는 사람과 자연의 만남, 둘째는 사람과 사람의 만남, 셋째는 사람과 신의 만남이라 했다.
다시 이 만남의 방법에는 '나와 너(I-You)'의 인격적 만남과, '나와 그것(I-It)'의 비인격적인 만남이 있다. 인격적인 만남은 동등한 만남으로 목적이 순수하지만, 비인격적인 만남은 남을 이용하려는 목적에서 비롯된 만남이다. 인격적인 만남은 오래 지속되지만, 비인격적인 만남은 '이 사람이 날 이용하려 하는구나' 느끼는 순간 금방 깨지고 만다.

만남이 인격적인 관계인지 비인격적인 관계인지는 자연과의 관계에서도 그대로 드러난다. 내 주변의 수많은 자연 대상을 사랑과 애정으로 바라보면, 모두가 나와 연결되어 있음을 알 수 있다. 집, 책상, 시계, 풀 한 포기, 참새, 시냇물 등등.
부버가 하루는 숲속에서 나무를 향해 "나무야, 너 하나님 좀 믿어라" 말했단다. 그랬더니 마음으로 나무의 소리가 들려오길, "너나 잘 믿어!"라고 했다고 한다. 우리는 얼마든지 자연과 교감할 수 있다. 이 신비로운 자연의 소리를 듣는 것이 영성이고, 영성이 높은 사람일수록 인격적이고 관계가 좋은 사람이다.

하나님과의 관계에서도 동일하게 나타난다. 어떤 기독교 신자는 자기가 금식기도를 했으니 사업에 성공하게 해달라고 빈다. 또 어떤 불교 신자는 백일기도를 하며 아들이 대학입시에 합격하기를 빈다. 가만히 보면 그게 그거다. "주여, 주여~" 하면서 주객이 전도되었다. 자기가 주인 노릇 하고, 종 부려먹듯 하나님께 명령한다.

신앙심이 두텁다는 사람 가운데도 이런 이들이 많다. 이들은 도저히 절대자와 인격적 만남이 이루어질 수 없다. 겉으로는 신앙심이 좋은 것 같지만, 실제로는 많은 문제를 일으키는 사람들이다.

잘못된 영성은 치료에도 나쁜 영향을 미친다. 예를 들면 '이승의 삶은 덧없는 것'이라며 허무주의나 운명설에 빠지는 것이다. 그리고 '하나님이 벌로 내게 병을 내렸다'는 식의 죄책감도 치유에 도움이 되지 않는다. 죄책감이 아니라 회개가 필요하다. 가룟 유다는 죄책감에 빠졌고 베드로는 회개로 나아갔다. 외견상 독실한 종교인 가운데도 실제로는 영적이지 못한 사람이 있다. 영성의 핵심은 관계이다. 바로 하나님과 나의 인격적인 관계이다.

에이브러햄 매슬로(Abraham Maslow) 박사는 '욕구위계 이론(욕구단계론)'으로 유명하다. 욕구위계 이론이란 가장 낮은 의식주 같은 생존 욕구에서 마지막 자아실현의 욕구까지 인간의 욕구가 단계적으로 나아간다는 이론이다. 마지막 자아실현의 욕구는 진선미와 같은 영적 욕구이다. 진(眞)은 학문의 영역이고, 선(善)은 종교, 그리고 미(美)는 예술의 영역이다. 이러한 영적 욕구를 통해 절대자를 직접적으로 만나게 된다.

통계적으로 약 10%의 사람이 영적 체험을 하는데, 이러한 영적 체험이 이루어지면, 무시간적 몰입감에 빠지게 되고, 스트레스나 불안감이 없어지고, 초월, 환희, 깨달음 같은 신적 체험이 일어난다. 내면의 목소리에 귀 기울이다가 대부분 '아하!' 하고 무릎을 치며 통찰을 얻게 된다. 최근 하버드대학교 의과대학에서 '영성을 측정하는 설문조사(INSPIRIT)'를 했는데, 영성 지수가 높은 사람일수록 건강한 것으로 나타났다.

심신의학의 아버지로 불리는 프랭클 박사는 유대인으로 자신이 직접 아우슈비츠 강제수용소에서 생존했던 사람이다. 그곳에서 아내가 죽고, 자식이 죽었다. 그는 그곳 사람들을 보면서, 사는 사람은 끝까지 살고, 죽을 사람은 결국 죽는 것을 알게 되었다. 끝까지 생존한 사람들의 특징을 알아보니 이들 모두가 '삶의 의미'를 갖고 있는 영적 사람이었다.

독일 나치는 아우슈비츠 강제수용소에 일부러 공동 화장실을 적게 만들었다. 운동하는 시간이 되면 사람들은 화장실로 달려와 줄을 섰다. 하지만 시간을 짧게 주기 때문에 많은 사람이 다 볼일을 볼 수는 없었다. 사람들은 마침내 자기 방 안에 들어가 똥오줌을 싸고 만다. 수용소 안은 곧 돼지우리처럼 변했다. 이런 더러운 곳에 수용된 유대인은 자신을 어떤 존재로 생각했을까? 한때는 의사, 부자, 학자였다 할지라도 수용소 안에서는 똥오줌을 싸는 짐승이 되는 것이다. 이것이 독일 나치들이 저지른 인간성 말살 정책이다.

그런데 그 가운데서도 유리 조각을 주워 날마다 수염을 깎고, 한줌의 마실 물을 옷깃에 적셔 세수하고 몸을 닦는 사람이 있었다. 인간임을 포기하지 않고, 삶의 의미를 가진 사람이었다. 프랭클 박사의 취미는 암벽 등반이었다. 그곳에서도 동호회를 만들어 말로나마 암벽을 탔다. 결국 이들은 수없는 죽음의 순간을 넘어 생존하게 되었다. 이것이 인간만이 갖고 있는 '영성의 힘'이다. 삶의 의미를 찾으면 어떤 상황에서도 살아남을 가능성이 높다. 영성이란 어떤 위기에 처하더라도 하나님의 시각으로 위기를 기회로 만드는 능력을 말한다.

비슷한 시기 구소련 강제수용소에서는 중죄인에게 강제노동으로 벽돌을 옮겨 쌓는 일을 시켰다. 한 장소에 벽돌을 쌓게 하고, 다 쌓으면 허물고 다시 다른 장소에 쌓게 하고, 또 허물고 원래 자리에 쌓게 하는 것이었다. 쌓고 허물고, 또 쌓고 허물고 하면 사람들이 어떻게 될까? 노벨문학상 수상자 알렉산드르 솔제니친(Aleksandr Solzhenitsyn)

의 작품, 『이반 데니스비치의 하루』가 이 사실을 고발했다. 노동자들 대부분이 몇 해를 넘기지 못하고 죽었다. 그런데 일이 너무 힘들거나 영양실조로 죽은 것이 아니라, 삶의 의미를 잃게 되어 저절로 죽게 되더라는 것이다.

질병은 영적 전쟁이다. 300명밖에 되지 않는 기드온의 용사가 13만 5000명의 미디안 군대를 격파했다. 높은 영성을 가진 자는 잠자는 항상성을 깨워 어떤 병도 이겨낸다. 질병은 거대한 골리앗처럼 여러 날 동안 환자를 위협하고 사기를 꺾는다. 그러나 다윗처럼, "너는 칼과 창을 가지고 왔지만, 나는 만군의 여호와의 이름으로 나가노라"(사무엘상 17:45)고 외친다면 충분히 병을 이길 수 있다. 창조자 하나님은 우리 몸속에 '영성'이라는 보물을 숨겨놓았기 때문이다.

김정준 목사의 삶

한국 교회사에 김정준 목사란 분이 계시다. 한때 한신대학교와 연세대학교 신학대학 학장을 지낸 구약학계의 석학이었다. 그가 30대 후반 무렵, 경주의 한 교회에서 목회하시다가 결핵으로 거의 죽어가게 되었다. 결국 목사직을 사임하고 결핵 환자의 무덤이라는 마산 결핵요양소로 가게 되었다. 폐의 4분의 3을 잘라내고, 남은 폐로 3개월 정도 살 것이라는 말을 들었다.

목사님은 앞으로 남은 3개월을 낙심하며 울며 보낼 것이 아니라, 3년같이 알차게 살다가 하나님께 가야겠다고 결심했다. 남은 3개월을 '죽음의 병동'이라는 7병동에서 죽어가는 환자의 각혈을 닦아주고 대소변을 받아주는 일을 하였다. 그런데 놀라운 일이 일어났다. 3개월 후, 의사의 말대로 목사님이 죽은 것이 아니라 3년 동안이나 그 병원에서 살게 되었다. 다시 목사님은 3년 만에 병원에서 퇴원한 후 30년을 더 살면서 한국 교회를 빛내다가 1981년 69세로 하늘나라에 가셨다.

목사님의 호는 '만호'이다. '늦을 만(晚)'에 '벼 이삭 호(糊)'이다. 찬바람이 이는 초겨울에 목사님은 요양원 옆 논둑길을 산책하고 있었다. 논에는 모든 벼들이 다 베어져 스산한 기운마저 감도는데, 유독 한 포기의 벼가 베어지지 않고 충실한 벼 알을 매단 채 머리를 숙이고 있는 것을 보았다. 목사님은 이 벼 한 포기를 통해 자기를 보았다. '주위의 모든 친구들은 저만치 앞서 갔는데 나만 이 벼처럼 늦게까지 외롭게 서 있구나. 하지만 늦었어도 충실한 열매를 맺고 있는 이 벼처럼 나도 그렇게 살아야겠다'고 결심하고 '늦이삭'이란 뜻의 '만호'를 호로 삼으셨다. 벼 이삭 하나를 보면서 하나님의 음성을 듣게 되었다. 삶의 의미를 발견하니, 3개월이 3년이 되고, 다시 30년이 되었다. 새로이 거듭난 30년의 삶으로 그는 한국 교회의 큰 나무가 되었다.

그분이 지은 시가 『찬송가』 9장에 실려 있다.

하늘에 가득 찬 영광의 하나님, 온 땅에 충만한 존귀하신 하나님
생명과 빛으로 지혜와 권능으로, 언제나 우리를 지키시는 하나님
성부와 성자와 성령 구원의 하나님, 우리 예배를 받아주시옵소서

연약한 심령을 굳게 세워주시고, 우둔한 마음을 지혜롭게 하시고
주의 뜻 받들어 참되게 살아가며, 주 말씀 따라서 용감하게 하소서
권능과 지혜와 사랑 구원의 하나님, 우리 예배를 받아주시옵소서

하나님에게 솔직히 하라

"어리석도다, 갈라디아 사람들아, 누가 너희를 꾀더냐?" (갈라디아 3:1)

겉과 속이 다른 회칠한 무덤, 바리새인

기독교인들이 기도 중 자주 하는 말이 "믿~습니다"이다. 믿음이 좋아서 부르짖는 것 같지만 생각해보라. 얼마나 깊어지지(?) 않았으면 이런 처절한 고백을 외치겠는가 싶다. 믿음은 애쓰고 힘쓰고 노력한다고 얻어지는 것이 아니다. 믿음은 저절로 생기는 것이다.

좀 더 자세히 말하면 믿음은 하나님과의 관계를 통해서 주어지는 선물이다. 믿음, 곧 신뢰란 관계를 나타내는 용어로서 둘 사이의 인격적 만남을 통해서 점점 커지는 것이다. 인격적인 만남이 지속되면 믿음은 더 커지고 굳건해진다. 사람과의 만남처럼 하나님과의 만남도 점점 더 큰 믿음으로 쌓여가는 것이다.

반대로 둘 사이에 신뢰가 깨어지면 점점 멀어지기 시작한다. 만남을 가져도 점점 형식적 관계가 되고 보이지 않는 방어벽이 쌓여간다. 결국 믿음을 다 잃고 만다. 마음속으로 '으흠~ 이 사람은 그렇고 그런 사람이군. 다음부터 조심해야겠어'라는 생각을 갖게 된다. 그러면 둘 사이에 무언가 보이지 않는 벽이 생긴다. 가까이 하기엔 너무 먼 당신이다. 하나님과 우리 사이의 관계도 꼭 마찬가지다. 신뢰가 깨지고 멀어지면 죄의 벽이 생긴다.

보이지 않는 방어벽을 쌓아놓고 신앙생활을 한 대표적인 이들이 '바리새인들'이었다. 그들은 당시 사회에서 겉보기로는 가장 종교적인 사람이었다. 주일성수, 구제봉사 활동, 완벽한 십일조, 많은 기도 시간…… 사람들 보기에 완벽해 보였다. 그러나 하나님 보시기에는 가면무도회를 하는 것 같았다. 하나님 보시기에 겉과 속이 너무나 다른 '회칠한 무덤'이었다. 하나님은 사람의 중심을 보시기에 속일 수가 없었던 것이다. "너희는 바리새인의 의보다 낫지 않고는 천국에 들어갈 수 없느니라"고 선언하셨다. 회칠한 무덤을 벗고 나오지 못하면 수십 년을 믿어도 하나님을 만날 수도, 천국 백성이 될 수도 없다는 말이다.

정신분석학에서 어린 2살(구강기)까지는 '에덴동산의 삶'이라고 말한다. 자가 방어가 없어서 벗고 있어도 부끄럽지 않고, 따라서 하나님과 가장 가까이 지내는 시기이다. 아기가 이때 꾸는 꿈은 분명 에덴동산의 꿈일 거라 본다. 이후 사람은 점점 세상을 배우면서(항문기) 하나님을 잊어가는 것이다.

이때부터 사람이 하나님 사이에 큰 장애물이 생겨난다. 이것이 소위 심리학에서 말하는 '방어기제'라는 것이다. 사람은 무의식적으로 자기의 약점을 감추고 숨기려는 본능이 있다. 사람의 마음은 죄로 더러워지고, 이 더러움은 차마 말로 다 표현할 수 없다.

만약 자기 얼굴에 TV 화면 같은 것이 달려 있어서 자신의 생각이 영상으로 다 찍힌다면 얼굴 들고 다닐 사람이 없을 것이다. 그만큼 우리 마음은 부패해 있다. 미워하는 마음, 질투심, 음란한 생각, 두려운 마음, 악한 생각, 의심과 갈등…… 끝도 없다. 사람들은 자신의 이런 마음이 혹시나 노출될까 노심초사 위장을 한다.

연인이 서로 상대의 마음을 확인하려 했단다. 여자가 "자기, 지금 무슨 생각을 해?" 남자가 "자기랑 똑같은 생각!" 여자가 얼굴이 붉어지며, "어머나, 흉측해라~" 이게 사람 마음이다.

질투가 나서 속으로는 미워도, 겉으로는 아닌 척 거짓된 미소를 지으며 어깨를 으쓱한다. 마음으로 다른 사람에게 음욕을 품고서도 자신의 배우자 앞에서는 아닌 척한다. 속으로는 두렵지만 혹시나 상대가 알게 될까 오히려 목에 힘을 주고 거룩한 척 소리를 낸다. 이 모든 것이 '방어기제'들이다. 이런 것들이 가로막고 있어서는 하나님을 직접 만날 수 없는 것이다.

내려놓음, 더 내려놓음

　에덴동산에서 선악과를 따 먹고 범죄를 저지른 아담에게 하나님은 "아담아~ 네가 어디 있느냐?"라고 물으셨다. 하나님께서 눈이 어두워 아담을 찾지 못해 부르신 것이 아니다. 하나님은 사람의 마음 중심까지 보시는 분이다. 하나님은 "아담아, 네가 지금 서 있는 위치가 어디냐? 왜 죄 가운데 빠져 있느냐?"고 물으신 것이다.

　숲속 나무 뒤에 숨었던 아담이 하나님 앞으로 나올 때의 모습을 보라. 무화과 나뭇잎으로 부끄러운 곳을 가리고 나왔다. 자신이 벗었음을 무의식적으로 감추려는 '방어기제'의 옷을 입고 나온 것이다. 인간은 누군가가 자신의 약점을 노출시키면 불쾌해서 견디지를 못한다. 그러나 하나님은 이것을 벗고 나오라고 말씀하신다. 거추장스런 무화과 옷(방어기제)을 내려놔야, 하나님이 만드신 옷(가죽옷)을 입을 수 있다.

　우리가 할 일은 부끄러운 무화과 옷을 '내려놓는 것' 뿐이다. 그래야 하나님과 우리 사이를 가로막고 있는 것이 무너지고 하나님의 임재를 경험할 수 있다. '내려놓음'은 쉬운 일이 아니다. 이용규 교수는 "내려놓음"이란 글을 쓰고, "더 내려놓음"이란 글을 다시 썼다. 무화과 옷을 벗어버리겠다는 말이다.

십자가의 성요한은 "모든 것을 소유하고자 하는 사람은 어떤 것도 소유하지 않아야 하며, 모든 것이 되고자 하는 사람은 어떤 것도 되지 않아야 한다"고 했다.

성 프랜시스는 "사람은 결코 나면서 단순한 것이 아니다. 자기라는 미로 속에서 긴 여로를 지나온 후에야 비로소 단순한 빛 속으로 나올 수 있는 것이다. 인간은 복잡한 존재이고 하나님은 단순한 존재이다. 그렇기 때문에 사람은 하나님과 가까워지면 질수록 믿음과 소망과 사랑에 있어서 더욱더 단순해져 간다. 그래서 완전히 단순해질 때 사람은 하나님과 일치하게 되는 것이다"고 말했다.

한마디로 자신의 우상인 방어기제를 훌훌 벗어버리고, 내 모습 그대로 주님 앞에 나오라는 것이다.

"예, 저는 개입니다"

「마태복음」 15장 21-28절을 보면, 예수님이 제자들과 함께 이방 땅 가나안 지역을 들어가신다. 가나안의 수로보니게 여자 하나가 예수님 일행을 향해 "주 다윗의 자손이여 나를 불쌍히 여기소서 내 딸이 흉악하게 귀신 들렸나이다"라고 외쳤다. 이상하게도 예수께서는 한 말씀도 대답지 않으셨다. 제자들이 답답해서 "그 여자가 우리 뒤에서 소리를 지르니 그의 딸을 고쳐주소서"라 말한다. 그런데 예수님은 "나는 이스라엘 집의 잃어버린 양을 위해서만 왔느니라"(24절)고 말씀하시는 것이다. 이때 여자가 가까이 와서 절하면서 "주여 저를 도와주소서. 제 딸을 고쳐주소서"라 외쳤다. 하지만 예수님은 정말 예수님답지 않게 "자녀에게 줄 떡을 개들에게 던짐이 마땅하지 아니하니라"(26절)고 말씀하셨다.

여자를 보고 개라면 '개년'(?), 여자의 병든 딸은 '개새끼'(?)가 되는 게 아닌가? 예수께서 이토록 심한 욕을 하셔도 되는 것인가? 세상의 모든 사람 다 그래도 예수님만큼은 이런 말씀 하시면 안 되는 것 아닌가? 당시 일부 유대인들이 이방 사람을 개 취급하기도 했다 치자. 하지만 그토록 존경했던 예수님이 자기를 두고 '개'라고 말하는 것은 있을 수 없는 일이 아닌가?

자기는 딸의 병을 고치기 위해 예수님을 극존칭으로 "이스라엘의 왕족 다윗의 자손이여~"라 불러주었는데, 돌아오는 예수님의 대답은 '개년, 개새끼'라니? 사회적으로, 아니 역사적으로 존경받으시는 예수님이 과연 이렇게 말씀하셔도 되는가? 그토록 사람을 사랑하시고 병든 자를 불쌍히 여기셨던 예수님이 왜 이런 심한 욕을 하셨을까?

만약 당신이 이런 말을 들었다면 속에서 어떤 마음이 들겠는가? 속에서 '욱!' 하는 것이 올라오면서 "당신, 지금 뭐라 말했어? 당신 정말 예수 선생 맞아? 내 딸 안 고쳐줘도 돼. 지금 했던 말 취소해! 나 못 참아!"라고 말했을 것이다. '욱!' 하고 올라오는 이 마음이 무엇인 줄 아는가? 이것이 '방어기제'다. 무화과 나뭇잎이다. 예수님이 왜 이 여인을 향해 '개'라 말했겠는가? "여자야, 기적을 보려거든 네 거짓된 모습을 노출시켜라. 하나님 앞에 솔직히 하라"는 것이다.

이 여인의 다음 말을 들어보라.
"주여 옳소이다마는 개들도 제 주인의 상에서 떨어지는 부스러기 떡을 먹나이다"(27절)

다시 말하면 이런 뜻이다. "예, 개 같은 여자가 맞습니다. 그런데 당신의 크신 은혜는 개 같은 제게도 미칠 줄 믿습니다."

아마 이 말을 들으신 예수님은 갑자기 마음이 뭉클하고 눈물이 핑 돌았을 것이다. 얼마나 가슴 졸이며 듣기를 원하셨던 말이었을까.

"여자여 네 믿음이 크도다 네 소원대로 되리라"(28절)

그 즉시 딸의 병이 나았다.

"시험을 참는 자는 복이 있도다 이것에 옳다 인정하심을 받은 후에 주께서 자기를 사랑하는 자들에게 약속하신 생명의 면류관을 얻을 것임이니라"
(야고보 1:12)

이 여인은 자신의 누더기 같은 옷, 방어기제를 벗어던졌던 것이다. 그리고 주님으로부터 '옳다'는 인정을 받게 되었다. 여자는 소원대로 딸의 병이 낫고, 주님을 새롭게 만나게 되었다. 사실 우리는 개보다 훨씬 못하다. 개는 주인을 배신하지 않는다. 개는 오늘 못살게 굴어도, 내일이면 다 잊고 다시 꼬리를 흔든다. 하지만 사람은 한번 상처를 받으면 평생토록 풀지 못하고 미워한다.

'욱!' 하는 마음속에 허약한 나를 숨겨왔다. 잘난 척, 배운 척, 가진 척하는 '3척 동자'가 하나님을 만나는 데 방해물이 되었다. 나의 좁은 지식을 하나님의 무궁한 우주법칙 앞에 견줄 수 있겠는가? 나의 재물이 하나님의 부요하심 앞에 과연 얼마나 되겠는가?

못난 자존심이 바로 부끄러운 우상이다. 하나님을 믿노라 말하면서도 실제로 내 속의 '자아'라는 마음의 우상을 섬기고 살아온 것이다. 밤하늘의 일월성신, 목상, 석상이 무서운 우상이 아니다. 내 속에 꼭꼭 숨어 있으면서 그토록 끈질기게 올라와 나를 묶어두는 '자아'라는 우상이 가장 추하고 무서운 것이다. 이 우상은 다른 사람의 눈에는 다 보이는데 내 눈에만 보이지 않는다. 나만 모르고 나만 속고 살아간다. 그래서 인정하기가 더욱 어려운 것이다.

마귀를 대적하는 무기

최근 교황청 신학자 겸 심리학자 보이치에흐 기에르티흐(B. Giertych)가 고해성사 내용을 분석해보았다. 남자의 고해성사 내용에는 간음, 간통, 기타의 성적 비행이, 여자 고해성사 내용에는 시기심, 교만, 탐욕과 탐심이 많았다. 그리고 남에게 입힌 재산적 피해, 마약과 도박 중독, 미움과 질투 순이었다. 그런데 진짜 더 무서운 죄가 있

음을 알았다. 마음 깊이 숨겨두어 죄가 아닌 척 스스로 속고 있는 죄이다. 그것은 하나님의 말씀에 순종하지 않은 죄이다. 배후에는 영적 존재 사단이 숨어 있다.

하나님은 아담에게 "동산 각종 나무의 열매는 네가 임의로 먹되 선악을 알게 하는 나무의 열매는 먹지 말라 네가 먹는 날에는 반드시 죽으리라"(창세 2:16-17) 하셨다. 선하신 하나님은 '선악과 외에 동산의 모든 나무의 열매를 마음껏 먹을' 자유를 주신 것이다. 단 하나 '선악과'라는 방종하는 자유만큼은 제한하셨다. 사랑하고 베푸는 것이 바로 하나님의 본질이시다.

그러나 사단은 하와에게 무엇이라 유혹하며 물었는가? "하나님이 참으로 너희에게 동산 모든 나무의 열매를 먹지 말라 하시더냐?" 뱀은 임의로 먹을 수 있는 동산의 모든 나무보다 금지된 단 한 그루에 집중시켰다. 하나님이 주신 모든 자유는 말하지 않고, 단 하나 제한했던 것만을 왜곡해서 의심케 했다. 사단은 비아냥거리는 목소리로, 하나님은 '주시는 분'이 아니라 '빼앗는 것'처럼 비틀어 말한 것이다.

그런데 왜 하와는 하나님의 말씀보다 사단의 비틀리는 말에 쉽게 넘어가게 되었는가? 바로 인간의 '마음의 우상' 때문이다.

우리도 살다 보면 선을 행하다가 악을 저지르고, 다시 악에서 선으로 돌아온다. 악의 축과 선의 축으로 왔다 갔다 하는 순환적인 삶을 살아간다. "어둠의 자녀로 살지 말고, 빛의 자녀답게 살라"(에베소 5:8)는 말은 악의 축은 줄이고, 선의 축은 늘이라는 말이다.

그런데 순환적이어야 하는 것이 어느 한곳에 머물러 고착되면 '거짓'이 된다. 악에 고착되면 파괴적인 '범죄자'가 되고, 선에 고착되면 완벽성을 추구하는 '바리새인'이 되는 것이다. 주님은 이 둘 모두를 '거짓의 아비'라 했다.

성령은 인격자라서 반드시 사모하고 초청해야 들어오시지만, 사단은 더러운 똥파리와 같아서 똥냄새가 나면 어디선가 '앵~'하고 함부로 들어온다. 그러므로 냄새 나는 그 똥을 빨리 치워야 한다. 악도 회개하지 않으면 점점 더 쌓이게 되어, 결국 가룟 유다처럼 사단이 그 속에 들어와 자리를 잡게 된다.

"마귀가 벌써 가룟 유다의 마음에 예수를 팔려는 생각을 넣었더니"(요한 13:2)

사람의 마음은 마치 그릇과 같다. 이미 마음이 더러워져서 마귀의 생각을 담기에 적합해졌다는 말이다. 유다의 마음이 돈 욕심으로 돌이킬 수 없게 굳어버렸던 것이다.

텐 피터슨(T. Peterson) 박사는 악이 점점 고질적으로 발전하는 과정을 첫째, 양심의 가책으로 인한 약간의 '불안감'. 둘째, '죄지어도 괜찮네' 하는 '교만'. 셋째, 남을 이용하고 속이는 '기만'. 넷째, 사단과 타협하는 '거짓과 잔인'이라 설명했다. 이때부터 사단이 인격

속에 들어와 왕 노릇 하게 되는 것이다.

바울은 갈라디아 교인들을 향해 "어리석도다, 갈라디아 사람들아, 누가 너희를 꾀더냐?"(갈라디아 3:1)라고 말했다. 속이는 자는 사단이다. 그러나 속는 자는 자신의 마음의 우상 때문에 스스로 속게 된다.

"그런즉 너희는 하나님께 순복할지어다. 마귀를 대적하라 그리하면 너희를 피하리라"(야고보 4:7)

놀랍지 않는가? 마귀를 대적하는 무기는 하나님의 말씀에 순복하는 것이다. 다시 말해 하나님 말씀에 순종함이 자신의 마음의 우상을 벗는 것이고, 마귀를 이기는 비결인 것이다. 예수님은 "아무든지 나를 따라오려거든 자기를 부인하고, 자기 십자가를 지고 나를 따르라"고 말씀하셨다. '자기를 부인하라'는 말은 마음의 우상을 버리라는 말이다. 즉 무화과나무 옷을 벗어야 주 예수 그리스도의 옷을 입을 수 있는 것이다.

영을 분별해
하나님의 음성을 들어라

"너희가 성경에서 영생을 얻는 줄 생각하고 성경을 상고하거니와
이 성경이 내게 대하여 증거하는 것이로다"(요한 5:39)

자기암시, 마인드 콘트롤, 그리고 기독교 영성

  프랑스의 약사이자 심리치유사인 에밀 쿠에(Émile Coué)는 심리적으로 마음을 치유하는 기법을 개발했다. 그는 말과 최면의 힘을 이용해 '자기암시'를 할 때 나타나는 엄청난 치유력으로 환자들을 돌보았다.

  방법은 간단하다. "나는 날마다 모든 면에서 점점 더 좋아지고 있다(Day by day, in Everyway, I am getting better and better)"는 말을 의식적으로 반복하면, 이것이 무의식에 영향을 미쳐 몸이 점점 낫게 된다는 것이다.

마취상태로 수술을 받다가 출혈이 심하게 일어난 한 여인에게 "당신 몸이 피 흘리지 말라고 해요"라고 소근거리며 암시를 주었다. 그런데 놀랍게도 출혈이 멈추기 시작했다. 이처럼 무의식적 언어는 생각보다 강하다. 자기암시가 의식을 움직이고 있는 것이다. 이것은 심리적 기법이다.

쿠에의 자기암시 치료법에 영향을 받아 더 발전시킨 것이 호세 실바(Jose Silva)의 '마인드컨트롤'이다. 이것은 소극적으로 타인에게 지시를 받는 최면술과 달리, 적극적이고 역동적인 방법이다. 초감각 지각(ESP)으로 천리안, 투시, 정신감응 같은 역동적인 방법을 사용한다.

수행하는 방법은 그리 어렵지 않다. 눈 높이 20도 위를 보고 숫자를 100에서 거꾸로 세면서 뇌파를 알파파로 이완시킨다. 이완되면 눈꺼풀이 깜박이지 않도록 의식을 한 군데 집중시킨다. 그리고 오감을 다 열어 시각화 심상을 갖게 하고, 다시 정신 스크린(영상화)을 만들어 자기가 원하는 방향이나 기대, 일어날 것에 대한 강한 확신을 갖는다.

초감각 지각 훈련으로 깊은 명상에 빠지면 의식이 벽 속으로 뚫고 들어가게 한다. 벽 속의 색깔로 검정색, 회색을 상상할 수 있다. 다음으로 금속 안으로 들어가본다. 또 과일 안으로 들어가 생명체를 느껴본다. 더 발전해서 애완동물 안으로 들어가 가슴, 장기, 신체 안을 들어가본다. 이 같은 방법을 사람에게 적용해서 점점 인체 내부 안으로 들어가 교감을 나누는 것이다.

비유하자면, 뇌는 잠수함이고, 지성은 승무원이고, 의식은 잠망경이고, 무의식은 음파탐지기라 할 수 있다. 인간은 다면적 존재로서 영적 오감을 활용해서 투시력, 초청력, 초감각력을 개발시킨다. 그러면 시공간을 초월하여 생각을 전달하는 텔레파시, 상대의 마음을 읽는 염력 같은 것이 생긴다. 그렇다고 상상하면 진짜 그렇게 된다. 이 얼마나 상상을 자극하는 말인가. 하지만 이는 모두 심리적인 현상이지 기독교적 영성은 아니다.

한번은 목회 중 40대 여자가 귀신이 들렸으니 기도해달라는 부탁이 들어왔다. 말을 들어보니 어떤 때는 남자 아이 목소리, 어떤 때는 어른 목소리, 정신이 돌아오면 자기 목소리로 말을 했다. 분명히 귀신 들린 사람(?)이었다.

그녀는 과거 11살 때부터 오빠에게 상습적으로 성폭행을 당했다. 그리고 오빠는 부모님에게 말하면 죽여버리겠다고 위협했다. 오빠가 너무 무서웠다. 아무 말도 못하고 몇 해를 지냈다. 그러던 어느 날 부모님이 일찍 집에 들어오다가 그 현장을 목격하게 되었다. 올바른 부모라면 어떻게 해야 하는가. 오빠를 불러다가 반쯤 죽여놔야 한다. 그런데 이 부모는 딸을 불러다가 "오빠는 집안의 대들보야. 남자는 그럴 수도 있어. 넌 찍소리도 하지 마!"라고 말했던 것이다.

이때부터 그녀의 인격과 자존감은 완전히 무너지고 말았다. 점점 더 성장하면서 자기를 완전히 잃어버렸다. 정신적인 해리가 일어난 것이다. 처음 '자기(self)'라는 한 인격(A)이 있었는데, 오빠에게 성폭행당해 떼어버리고 싶었던 부분(B)이 여자 아이 인격에 숨어 자랐고, 또 부모에게 학대받아 자기도 원치 않는 인격(C)에서 어른의 목소리가 났던 것이다. 즉 하나의 인격체가 세 개의 인격으로 쪼개진 것이다.

이러한 증상은 대상관계이론에서 '해리성장애' 특히, '다중인격장애'라 말한다. 귀신 들린 것 같지만 실제로는 심리적 상처 때문에 생긴 병이다.

이 여인을 치료해주기 위해서는 우선 (A), (B), (C)로 쪼개진 인격을 하나로 통합시키는 작업을 해야 한다. 지금은 나이 40세가 되었지만, 무서워서 담벼락에 쪼그려 울고 있던 과거 11살 때 자기에게 찾아간다. 그리고 성인이 된 지금의 자기가, 무서워 떨고 있던 어린 자기를 끌어안아주며 '넌 그때 아무 잘못도 하지 않았어. 넌 힘도 없었어. 얼마나 무서웠니. 부모는 무자격 부모야. 이제부터 내가 널 사랑해줄 거야'라고 위로해주어야 한다. 이때 '아! 상처받았던 것은 불쌍한 나였구나'라는 사실을 알게 되고, 비로소 깨어졌던 인격이 점점 하나로 통합되는 것이다. 이것은 심리적인 질병이다.

그런데 오늘날 교회에서는 이런 사람을 '귀신병'이 들렸다고 생각하고, 기도원에서는 "사단아 물러가라!"며 두들겨 패고, 마음의 상처 난 사람에게 더 큰 상처를 입히고 있다. 깨어진 인격을 더 조각조각

내고 만다. 이 얼마나 무지막지한 처사인가. 그래서 심리적인 것과 영적인 것을 구별하는 눈을 키워야 하는 것이다.

심리에서 영성을 가장 잘 구별한 사람은 하버드대의 스콧 펙(M. Scott Peck) 박사이다. 그는 『거짓의 사람들』이라는 책에서 '심리적인 질병'과 '영적 귀신 들림'의 차이를 정확히 해부하였다.

이 책 서문에서 그는 "이 책은 위험한 책이다. 이 책을 읽는 당신에게 '취급 주의'를 간곡히 부탁한다"고 했다. 그는 이 책을 무려 10년이나 걸려 심혈을 기울여 썼다. 그러나 많은 사람은 인간의 악에 대해 읽고 들으려 하지 않았다. 왜냐하면 자신의 내부에 있는 악을 해부해놓았기 때문이다.

이 책에 이런 상담 사례가 있다. 16살 된 아들이 심한 우울증으로 면담치료를 받으러 왔다. 청소년기의 단순히 성장으로 인한 우울증인지, 아니면 영적인 우울증인지 원인을 추적해보다가 깜짝 놀랄 일을 발견했다. 2년 전 형이 아버지가 선물로 사준 권총으로 자살한 일이 있었다. 그런데 알고 보니 아버지가 자기 생일날 선물로 형이 자살한 바로 그 권총을 사주었다는 것이다. 아이 입장에서 선물의 의미가 '너도 형처럼 죽으라'는 뜻인지 온통 정신이 없었다. 그래서 심한 우울증에 빠졌던 것이다. 정상적인 부모라면 그럴 수 없는 일이다.

다음날 펙 박사는 부모를 불렀다. 그리고 부모로서 어떻게 그럴 수 있느냐고 물었다. 아버지는 더 놀라면서, "박사님, 그게 무슨 문제입니까? 미국에서 권총은 신변 보호에 중요한 것입니다. 그리고 그 아이도 총을 좋아했습니다"라고 대답하는 것이었다.

펙 박사는 아이에게 문제가 있는 것이 아니라, 바로 아버지에게 악이 숨겨져 있는 것을 발견하였다. 속사람과 달리 겉모습은 선한 부모처럼 행세하는 '거짓의 사람'이었다. 악을 행하는 사람은 스스로를 인식하지 못하고 무감각하다. 점점 시간이 지나면서 자기 중심으로 고착되는 것이다. 바로 바리새인과 같은 사람이다. 이것은 심리 문제가 아니라 영적인 문제인 것이다.

예수께서는 많은 병자들을 고치셨다. 소경, 귀머거리, 앉은뱅이, 문둥병 등 각종 질병을 치유하면서 '귀신 들림'도 인간 질병 중 하나로 나열하였다. 그러나 귀신 들림은 그중 가장 근본적인 문제인 악으로 보았다. 영적 질병, 곧 사단의 음성을 듣고 따른다. 그러면 사단이 그 인격을 지배하고 만다. 그러나 정작 본인은 깨닫지 못한다.

'악'이 무언가? 영어로 'evil'이다. 그러나 거꾸로 돌리면 'live', '살다'이다. 산다는 것이 미래 지향적이라면, 거꾸로 가는 악은 생명의 역행 현상이다. 생명을 가로막는 혼란과 파괴, 그리고 죽음으로 몰아간다.

하나님의 음성을 듣는 사람들

「사도행전」 9장에, 처음으로 사울(사도바울의 옛 이름)이 하나님의 음성을 듣는 장면이 나온다. 기독교인들을 잡아 죽일 수 있는 공문서를 손에 쥐고 있던 그는 다메섹 길가에서 하나님을 만나게 되었다. 갑자기 하늘에서 빛이 쏟아지면서 음성이 들려왔다. "사울아 사울아, 네가 왜 나를 핍박하느냐?"

카랑카랑한 목소리로 사울이 하늘을 향해 외쳤다. "뉘시니까?!"

"나는 네가 핍박하는 예수니라"(사도 9:5)

"……"

그토록 도도했던 사울을 무너지게 한 것은 바르 이 한 말씀이었다. 하늘에서 들리는 우레 같은 소리 때문이었을까? 정오의 빛보다 더 밝은 빛 때문이었을까? 아니다. 사울은 그렇게 담력이 약한 사람이 아니었다. 사울이 무너진 것은 예수님의 말씀에 담긴 내용 때문이었다.

사울은 지금 다메섹에서 음성을 듣기까지 예수라는 분을 직접 대면해 본 적이 없었다. 그런데 핍박했다니? 그가 핍박한 것은 단지 기독교인들뿐이었다. 그때 그는 알게 됐다. '아! 부활했다는 예수는 지금도 기독교인들과 함께하시는구나, 나는 단지 천한 기독교인들이라 핍박했을 뿐인데, 예수는 그들과 함께 계시며 함께 핍박을 당하셨구나.' 사울이 무너진 것은 빛 속에 들려오는 이상한 음성 때문이 아니라, 기독교인을 향한 그리스도의 뜨거운 사랑을 확인했기 때문이었다.

이후, 바울이 된 사울은 자주 예수님과 동행하면서 그분의 음성을 들었다. 「사도행전」 27장을 보면, 바울이 체포되어 로마로 압송되어

가는 장면이 나온다. 배를 타고 갈 때 유라굴로라는 큰 폭풍을 만나게 되었다. 풍랑이 오래되므로 타고 있던 사람 모두가 구원의 희망을 잃어버리고 말았다. 하지만 그는 위험천만한 폭풍 속에서 기도하다가 드디어 그날 하나님의 음성을 듣게 되었다.

"바울아 두려워하지 말라 네가 가이사 앞에 서야 하겠고 또 하나님께서 너와 함께 항해하는 자를 다 네게 주었느니라"(사도 27:24)

"바울아, 두려워하지 말라"고 한 것을 보면, 바울도 유라굴로 폭풍 속에서 두려워하고 있었다는 것이다. 이어 하나님의 말씀이 이어졌다.

"바울아, 네가 가이사 앞에 서야 하리라." 이 말은 무슨 뜻인가? 하나님의 말씀은 해석을 잘 해야 한다. 뜻은 이렇다. 가이사 황제는 지금 로마에 살고 있다. 바울은 로마에 가서 가이사 앞에서 죽게 될지언정, 적어도 유라굴로 폭풍 앞에서는 절대 죽지 않는다는 것이다. 그래서 그는 "부형들이여, 들으시오. 내게만 붙어 있으면 죽지 않을 것이오. 나는 하나님의 말씀을 들었소. 그리고 이 말을 나는 믿고 있소"라 말했던 것이다.

『성경』에 나오는 하나님 말씀의 특징은 짧다는 것이다. 그 간단한 말씀이지만 들을 수 있는 귀가 열려야만 듣게 된다. 오늘날 하나님은 우리에게도 말씀하신다. 하나님의 말귀를 알아듣는 영적 귀가 열려 있어야만 한다. 최근 과학은 이것을 증명해내고 있다. 이것이 바로

'브레이크아웃 원리(The Breakout principle)'다.

  하나님은 영이시다. 단지 보이지 않을 뿐이지 살아 계시는 분이시다. 사람들은 "하나님이 어디 계시냐. 내 눈에 한번 보여봐라. 그러면 내가 믿지!"라고 말한다. 하지만 사람의 눈은 하나님을 보기에 너무나 부족하다.

  사람의 눈은 눈 가까이에 있는 속눈썹도 볼 수 없고, 반대로 너무 멀리 있는 것도 볼 수 없다. 또 바이러스, 세균같이 너무 작은 것도 볼 수 없고, 동시에 너무 큰 것도 볼 수가 없다. 또 탄환처럼 너무 빠른 것도 볼 수 없고, 피는 꽃처럼 너무 천천히 움직여도 볼 수가 없다. 그러면서 온 우주에 충만한 하나님을 보여달라는 것은 어리석은 말이다.

  전깃줄에 흐르는 전기는 볼 수 없다. 그러나 살아 움직인다. 전기가 살아 있듯이 하나님도 살아 계신다. 이처럼 사람의 눈이 볼 수 있는 것은 너무나 한정되어 있다. 이렇게 제한된 눈으로 하나님을 보겠다는 시도 자체가 잘못된 것이다.

  사람의 귀도 마찬가지다. 토끼나 개가 들을 수 있는 소리에 비해 사람의 귀는 너무나 적은 소리를 들을 뿐이다. 사람의 귀는 20~2만Hz 사이의 소리만 들을 수 있고, 그 범위 밖의 소리는 들을 수 없다. 하나님은 때로 작고 세미한 소리로도 말씀하지만, 우주가 움직일 때 나는 굉음보다 더 큰 우렁찬 소리로도 말씀하신다. 사람은 하나님의 음성을 듣기에 너무나 부족할 뿐이다.

그러나 하나님은 살아 계시는 분이시기에 당신에게 보여주시고 들려주시길 기뻐하신다.

"볼지어다 내가 문 밖에 서서 두드리노니 누구든지 내 음성을 듣고 문을 열면 내가 그에게로 들어가 그와 더불어 먹고 그는 나와 더불어 먹으리라"
(계시록 3:20)

"볼지어다" 눈을 열어 주님은 좀 보라고 하신다. "내가 문 밖에 서서 두드리노니" 마음 문을 열고 두드리는 소리를 좀 "들어보라" 하신다. 문제는 내 마음의 문이 닫혀 주님을 볼 수도 들을 수도 없는 것이다. 그러나 마음을 청결히 하여 마음 문을 열면, 하나님을 보고 음성을 들을 수 있게 된다.

하나님을 가리키는 나침반

「마가복음」 9장에서는 예수께서 제자들에게 "너희 중에 죽기 전에 하나님의 나라가 권능으로 임하는 것을 볼 자들도 있느니라"(1절) 말씀하셨다. 말씀하신 대로 엿새 후에 세 제자만 데리고 헬몬 산에 올라가셨다. 그런데 진짜 예수님의 모습이 변화되었고, 세 제자는 영광 가운데 싸여 조상 모세와 엘리야를 만나시는 것을 보게 되었다. 이것이 변화산의 체험이다.

그런데 의아한 것은, 예수께서 열두 제자 가운데 왜 세 제자만을 따로 데려가셨을까 하는 것이다. 예수님도 편애하시는가? 아니면 뭔가를 과시하려거나 놀라운 것을 자랑하시려는 것인가? 아니다. 예수님이 영적인 것을 보여주시는 것은 제자들의 교육에 필수 과정이었다. 하지만 제자의 눈높이에 따른 수준별 학습이 필요했기 때문에 이들에게만 보이신 것이다.

"내가 아직 너희에게 이를 것이 많으나, 지금은 너희가 감당치 못하리라" (요한 16:12) 하셨다.

오늘날 우리도 마찬가지다. 모든 성도가 주님의 영광스런 면을 보는 것이 아니다. 감당할 믿음이 있는 자만 보는 것이다.

실제 이런 이야기가 있다. 우리나라에 전화가 처음 생겼을 때 타자 교환수를 공모했다. 전국에서 모인 지원자들이 대기실에서 면접을 앞두고 흥분과 불안한 마음으로 기다리고 있었다. 여기저기서 면접 내용을 이야기하느라 정신이 없다. 그런 와중에 스피커를 통해 '따락 따락 따르락……" 신호음이 들려왔다. 갑자기 한 사람이 면접실로 튀어 들어갔다. 그런데 조금 후 면접실에서 나온 그가 "나 합격했어요, 취직됐어요!" 하는 것이었다. 모든 사람이 놀라 물었다. "당신은 우리 뒷줄에 있었던 사람 아니요? 어찌된 거요!"

그가 대답했다. "글쎄, 당신들에게도 기회가 있었는데, 서로 이야기만 하느라 스피커 메시지를 듣지 못했지요. 따락따락 하는 소리는 바로 이런 메시지였어요. '우리가 필요로 하는 사람은 항상 정신을 차려 귀 기울이는 사람입니다. 이 메시지를 제일 먼저 해석해 듣고 즉시 사무실로 들어오는 사람이 고용됩니다' 라 했지요."

변화산에서 주님이 구름에 쌓이더니, 음성이 들렸다. "이는 내 사랑하는 아들이니라. 너희는 그의 말을 들을찌니라"(마가 9:7) 하나님의 음성은 들을 수 있는 귀가 열려 있어야 듣게 되는 것이다. 아담과 하와는 하나님과 교제하며 직접 음성을 듣고 살았다. 하지만 죄를 범한 이후 인간은 하나님과의 관계가 막히고, 그분의 음성을 알아듣는 귀가 닫히게 되었다.

하지만 하나님의 목소리를 알아듣고 믿고 따르는 사람이 있었다. 그의 이름은 아브라함이었고 '하나님의 친구'라는 별명을 받았다.(야고보 2:23) 또 한 사람 다윗도 하나님으로부터 '내 마음에 합한 사람'(사도 13:22)이란 별명을 받은 사람이다. 그는 인간적으로는 여러 가지가 부족했던 사람이다. 하지만 하나님은 이들과 기쁘게 만나주셨다. 그러면 오늘 우리도 아브라함과 다윗처럼 그분의 음성을 들을 수 있을까? 어떻게 해야 하나님의 음성을 들을 수 있을까?

오늘날 그리스도인들은 반드시 『성경』 말씀'이라는 전화기를 통해 하나님 음성을 듣게 된다. '말씀'이란 헬라어 단어는 두 개가 있는데, 하나는 로고스(Logos)이고, 하나는 레마(Lhema)이다. 로고스가 '기록된 말씀, 뿌려진 말씀'이라면, 레마란 마음에 '접촉된 말씀, 들리는 말씀'이란 뜻이다.

비유하자면, 서울 중앙방송국에서 전국의 공중에 전파를 뿌리고, 이것을 지방에 있는 개개인 가정의 TV나 라디오 사이클로 보내는 주파수와 일치시키면, 영상을 보고 소리를 들을 수 있는 것과 같다. 로고스란 아직 들리지 않는 공중의 전파라면, 레마는 내 마음에 믿음으로 '아멘!' 할 때 가슴 깊은 곳에 부딪쳐 들리는 말씀이다.

하나님은 온 인류에게 로고스라는 『성경』 말씀을 뿌리신다. 이 『성경』 말씀은 온 인류의 심령에 시시각각으로 도전해 들어온다. 믿음 없이 지식과 교양으로 『성경』을 읽을 수는 있다. 하지만 이들에게는 말씀이 아무런 변화를 주지 못한다. 이 말씀이 사람의 심령에 살아 있는 말씀으로 나타나려면, 성령의 전원과 우리 믿음의 사이클을 일치시켜야 한다. 그럴 때 생생한 기적의 말씀으로 들리게 되는 것이다.

손가락으로 전깃불을 가리키며 "저것이 뭐예요?"라고 물으면, 먼저 가리키는 손가락을 보고 따라가서야 "전깃불이야"라고 대답한다.
여기서 비유하길 전깃불을 '하나님'이라 한다면, 가리키는 손가락은 바로 『성경』이다. 『성경』은 하나님을 가리키는 나침반이자 지도이다. 나침반은 항상 북쪽을 가리키듯, 『성경』은 항상 하나님을 가리킨다. 계시(아포칼룹시스)란 하나님이 우리에게 보여주셔야 볼 수 있고, 보여주시는 것만큼만 우리는 볼 수 있다. 하나님이 인간의 눈높이에 맞게, 인간의 언어로 알아들을 수 있게 말씀하신 것이 『성경』이다.

전지전능하시고 지혜가 끝이 없으신 하나님을 어찌 이 좁은 인간의 머리로 다 이해할 수 있겠는가? 사실 내 부족한 머리로 이해한 하나님은 완전한 하나님이 아니다. 도그마의 하나님일 뿐이다. 진짜 하나님은 인간의 지혜를 훨씬 너머 무한하게 계시는 하나님이시다.

그분의 이름은 '야훼'로 '나는 스스로 있는 자(I am Who I am)'란 뜻이다. 나는 이름이 없는 자, 곧 '무명씨'란 뜻이다. 그분은 이름에조차 제한받지 않는 하나님이시다. 하나님은 너무 크신 분이라 인간의 말과 생각 안으로 도무지 넣을 수 없는 분이다.

『성경』은 하나님께서 당신 자신에게 찾아오라고 그려주신 지도와 같다. 지도를 보는 목적은 목적지에 도달할 길을 찾는 것이듯, 『성경』을 통해 하나님을 만나고 음성을 들어야 한다.

『성경』은 주님을 알게 하는 책을 넘어, 살아 계신 주님 품에 안기게 하는 책이다. 사람들은 교회에서 『성경』을 달달 외다시피 하는 교인을 보면 "와~ 믿음이 좋다"고 오해한다. 믿음 없는 불신자도 『성경』을 훨씬 더 많이 알 수 있다. 그렇다고 신앙이 좋아지는 것은 아니다. 신앙생활은 『성경』을 통해서 초월해 계신 하나님을 만나고 교제하는 것이다. 『성경』을 통해 살아 계신 하나님을 만나면서 그 사랑에 변화될 때 참 그리스도인이 된다. 『성경』의 목적은 항상 하나님을 만나게 하는 것이다.

손가락은 전깃불을 가리키고 없어지듯이, 『성경』도 하나님을 소개하고 사라지는 것이다. 세례요한이 예수님에 대하여 가르친 후, "그는 흥하여야 하겠고, 나는 쇠하여야 하리라"(요한 3:30)며 자신은 사라졌다. 다시 자신을 소개하길 "나는 광야에 외치는 자의 소리"(마가 1:30)라 했다. '소리'는 말을 전달하는 도구일 뿐이다. 중요한 것은 소리를 타고 전달되는 '말씀'이다. 요한처럼 이 땅에 복음을 전하는 설교자(목사)는 오직 하나님의 말씀만을 전하고 자신은 사라져야 한다. 말씀을 전하는 설교자는 도구일 뿐이며 나타나셔야 할 분은 오직 주님이시다. 예수님은 친히 말씀으로 이 땅에 오신 분이다. 지금도 우리는 『성경』 말씀을 통해 살아 계시는 예수님을 만나는 것이다.

"강을 건너기 위해 나룻배를 타고 왔으면, 타고 온 후에는 배를 버려야만 한다"는 말도 이와 다를 바가 없다. 배가 아무리 값지고 멋있는 것이라도, 배가 있는 강가에만 머무를 수는 없다. 문제는 오늘날 신자들이 『성경』을 통해 과연 하나님과 만나는 생활을 하고 있는가 하는 것이다.

바울이 무릎을 꿇고 기도하기를 "지식에 넘치는(성경을 넘어서는, surpass) 그리스도의 사랑을 알게 되어…… 하나님이 너희에게 충만하기를 구하노라"(에베소 3:18-19)라 했다.

『성경』 공부 중심의 신앙생활을 하다 보면 머리만 굵어져 교만해진다. 하지만 『성경』을 통해 하나님을 만나면, 그 엄청난 영적 체험 앞에서 겸손하게 변하지 않을 사람이 없다. 단 한 순간만이라도 말씀과 기도를 통해 그분을 만나고 그분의 음성을 들어보라. 이후 그리스도의 사랑의 넓이와 길이, 높이와 깊이를 맛보아 알게 되는 것은 우리 각자의 몫이다. 백문이 불여일견[百聞不如一見]! 이것이 영적 체험이

고, 브레이크아웃의 원리이다.

초합리적인 기독교 신앙

　기도는 대화다. 기도는 하나님께 전화를 거는 것이다. 그러므로 우리가 참여할 수 있는 가장 중요한 활동이다. 메마른 독백이 아니라 하나님을 직접 대면하는 것이다. 왕 중 왕과 만나 사랑으로 대화하는 것이다.

　대화를 영어로 '다이얼로그(dialogue)'라고 하는데, 바로 헬라어의 '디아(dia, 둘 사이)'와 '로고스(logos, 말)'의 합성어이다. 즉, 기도란 하나님과 나 사이의 대화인 것이다. 그런데 요즘 기도한다는 사람의 대부분은 하나님과 대화하는 것이 아니라, 혼자 일방적인 독백으로 끝낸다. 이것은 반쪽 기도이다. 온전한 신앙을 위해서는 나머지 반쪽 기도를 회복해야 한다.

　그래서 기도는 크게 두 가지로 나눌 수 있다. '말하는 기도'와 '듣는 기도'가 그것이다.

　말하는 기도에는 다시 '토하는 기도', '용서하는 기도', '간구하는 기도', '중보기도'가 있다. 그동안 기도라면 이것이 전부인 것처럼 생각해왔다.

　이제 듣는 기도가 있어야 하는데, 이것을 위해 반드시 '회개기도'가 있어야 하고, 다음에 하나님의 음성을 듣는 '관상기도'가 있게 된다.

미국 수도 워싱턴에는 세이비어 교회가 있다. 교인 수는 모두 150여 명 남짓하지만, 1년에 1천만 불이 넘는 예산으로 80여 가지 사업을 운용한다. 가난한 히스패닉계의 달동네 교회이지만 교인들은 자신의 삶을 모두 주님께 바친다. 어떻게 이럴 수 있는가? 그것은 교인 모두가 관상기도를 통해 날마다 주님과 직접 교제하기 때문이다. 직접 주님을 만나니 이들은 그야말로 날마다 기적 같은 삶을 살고 있는 것이다. 이러한 영적 체험은 누구나 할 수 있는 것이다.

기독교는 종교 그 이상이다. 단순히 윤리나 규범을 지도하는 것만 아니라 하나님을 알고 만나는 영적 경험이다. 단순히 흰 종이 위에 검게 기록된 생명 없는 책으로서『성경』을 읽는 것이 아니라 살아 있는『성경』을 경험하는 것이다(히브리 4:12, 에베소 1:17-18).

그러나 잊지 말아야 할 것은 아무리 큰 성령의 능력이라도 반드시『성경』이라는 통로를 거쳐야 한다는 점이다.

"너희가 성경에서 영생을 얻는 줄 생각하고 성경을 상고하거니와 이 성경이 내게 대하여 증거하는 것이로다. 그러나 너희가 영생을 얻기 위하여 내게 오기를 원하지 아니하는도다" (요한 5:39-40)

그동안 우리가 너무 몰랐던 말씀이다. 『성경』은 읽었는데 주님을 만나러 나아가지는 않았다. 예수님은『성경』공부와 QT로 끝내고 그 너머 주님과 직접 교제하지 못하는 신앙생활을 안타까워하신다. 이제부터 성경을 법전화하지 말고 직접 경험하도록 하라는 것이다. 『성경』은 원래 이성적으로 삶을 고민하다가 진리를 터득하여 쓴 책이 아니다. 『성경』은 하나님을 만난 자들이 그분의 음성을 듣고 그대로 기록한 책이다. 살아 계신 하나님과 직접 교제하고 결국 영생을 얻도록 하는 책이다. 그러므로 이성과 논리만으로는 절대 하나님을 만날 수 없다.

21세기 영성의 시대가 다가왔다. 요즘 서구 기독교인들이 '합리적인 기독교'에서 채워지지 않는 영적 갈망 때문에 명상이나 요가 같은 동양종교에 빠져들고 있다. 때마침 달라이 라마, 틱낫한, 라즈니쉬 같은 명상가들이 학문이란 옷을 입고 자기 종교의 신비를 가르치고 다닌다. 한국에서도 '명상'과 '요가'나 '마음 수련' 같은 수련법을 무비판적으로 수용하는 모습을 볼 수 있다.

이처럼 성도들은 하나님을 직접 체험하고 싶은 욕구로 가득 차 있다. 뭔가 찌지직거리는 영적 체험을 하길 원한다. 교단이라는 울타리에도 별 관심이 없다. 심지어 이단 교회라도 신비한 무언가가 있다 싶으면 몰려가는 것이 이 시대 포스트모더니즘의 특징이다.

한편 미국 하버드 의대나 메사추세츠 의대에서는 심신의학적 방법으로 불교에서 MBSR, 힌두교에서 요가, 기독교에서 브레이크아웃 등 여러 종교를 의료에 접목해서 환자를 치료하는 데 도움을 주고 있다. 이러한 현상을 과연 어떻게 볼 것인가?

이들을 무비판적으로 수용하는 것도 위험하지만, 무조건 반대하는 것도 지양해야 할 것이다. 왜냐하면 창조자 하나님이 인간을 지으실 때 이미 '항상성'이라는 최고의 약을 인간의 몸 안에 내장해두셨기 때문이다. 그리고 예수께서도 많은 병자를 고치실 때 믿음을 주셨고, 사랑으로 병자를 치유하셨다. 잠자는 '항상성'을 깨우시는 최고의 의사이셨다.

하지만 그렇다고 해서 지성을 내버리고 신비를 따라갈 수 없다. 사실 하나님의 계시는 지성과 신비, 이 둘을 통합하는 '초합리'로 접근해야 온전히 알 수 있다. 합리란 무엇일까? 시간과 공간으로 채워진 세계에서 내게 보이고 만져져야 믿겠다는 것이다. 그러나 초합리란? 합리에 신비를 결합한다. 3차원 세계에서 4차원을 통합한다. 사람에게 몸의 감각이 있는 것처럼 영적 감각도 존재한다는 것을 인정하는 것이다.

심리학자 융은 사람의 성격 유형에서 직관과 감각을 구분했다. 여기서 융은 육적 오감이 발달한 사람을 '감각적', 영적 오감이 발달한 사람을 '직관적'이라 했다. 특히 오늘날에는 직관이 중요하게 떠오르지만, 실제로 감각과 직관이 통합적인 것이 좋다.

사람의 인체를 보아도 알 수 있다. 하나님은 인간에게 우뇌와 좌뇌를 다 주셨다. 좌뇌가 분석적이고 합리적이라면, 우뇌는 영적이고 종합적 능력을 가지고 있다. 이 둘을 종합할 때 그 길로 하나님은 영적으로 계시를 내리시는 것이다.

『성경』도 사람에게 또 다른 '속사람'(로마 7:22)이 있다고 말한다. 속사람은 마음의 눈, 마음의 귀, 내적 감각을 갖고 있는 영적 중심의 실체이다. 속사람은 자신과 말을 나누고, 하나님과 교제도 나누며, 심지어 사단과 같은 영적인 움직임을 분별하는 영적 감각을 가진 존재이다.

몸을 치유하는 데 속사람을 깨우는 것이 중요하다. 여기서 우리 기독교인은 이보다 한발 더 나아가야 한다. 심신의학은 예수님이 사용하셨던 치유법이다. 「복음서」를 읽어보면 절반 이상의 내용이 기적을 나타내시고 병자를 고치신 기록들이다. 예수님의 치유를 보게 되면 몸을 낫게 하기 전 먼저 마음의 상처를 치유하시는 것을 볼 수 있다. 그 빈 마음을 복음으로 채워야 한다.

주님은 인간의 마음에 무엇이 필요한지 잘 알고 계신다. 그래서 속사람 안에 하나님의 사랑과 빛을 가득 채워주셨다. 이것이 예수님이 보여주신 심신의학이다.

그러면 오늘날 '명상'과 '요가', '마음 수련' 같은 동양의 수련법을 기독교인으로서 수용할 때 위험한 점은 무엇인가? 이미 사용하신 예수님의 방법을 오늘 교회가 사용하지 않고 있으니 대신 다른 종교에서 가져가 사용하고 있는 것이다. 그러나 이들이 사용하는 것을 들여다보면 알맹이가 없는 단순한 모조품임을 새삼 확인하게 된다. 그렇지만 그들이 사용한다고 무조건 위험하다고 멀리할 이유는 없다. 자칫하다 하나님이 만드신 진짜 좋은 것을 그들에게 고스란히 넘겨줄 수도 있기 때문이다.

어떤 분은 예수님의 치유가 뉴에이지와 어떤 차이가 있는지 묻는다. 분명 예수님의 심신 치유는 뉴에이지의 것과 근본적인 차이가 있다.

기독교에서는 한 분 하나님을 믿지만, 뉴에이지에서는 범신적으로 여럿을 믿는다. 기독교는 예수님의 십자가로 전인적 구원을 이루지만, 뉴에이지에서는 복음을 부정한다. 기독교는 『성경』을 하나님 말씀으로 믿지만, 뉴에이지는 인정하지 않는다. 그리고 기독교에서는 영적 체험을 반드시 『성경』 안에서 검증하지만, 그들은 검증받을 필요가 없다고 한다. 이처럼 예수님의 복음은 뉴에이지와 근본적으로 다르다.

제4부
나는 오늘도
의사 예수를 만나러 간다

마음의 우상을 불태워라

"어리석은 자여 오늘 밤에 네 영혼을 도로 찾으리니 그러면 네 준비한 것이 누구의 것이 되겠느냐" (누가 12:20)

내가 미처 몰랐던 내 마음의 우상

　스트레스성 환자를 보면 대체로 과체중의 뚱뚱한 사람들이 많다. 스트레스를 받으면 먹는 것으로 부족한 욕구를 채우려 하기 때문이다. 그러나 아무리 먹어도 욕구는 채워지지 않는다. 배는 부른데 속은 여전히 허전해서 공복감을 느낀다. 손은 습관적으로 음식에 간다. 또 다시 먹어댄다. 결국 몸은 점점 과체중에서 비만이 되는 것이다.
　병원의 비만클리닉에서 통합의학(심신의학)교실로 환자를 의뢰해올 때가 있다. 비만환자에게 이뇨제로 10Kg의 살을 빼고, 지방흡입술로

10kg를 빼주었는데 다음 3개월이 지나면 20Kg의 살이 다시 쪄서 온다는 것이다. 그래서 심신의학교실에 환자의 마음을 바꾸고 생활습관을 바꿔달라고 요청해온다. 이것이 안 되고는 아무리 몸을 바꿔줘도 헛수고라는 것이다.

'무엇을 먹을 것인지'를 다루는 영양학과 달리, 심신의학에서는 '어떻게 먹을 것인지'를 가르친다. 스트레스 환자들이 먹는 것을 한번 보라. 음식을 먹으면서 생각은 딴 곳에 가 있다. 분노에 차서 음식을 게걸스럽게 입 안으로 쑤셔넣는다. 그러나 생각은 잔소리하는 직장 상사, 돈 걱정, 건강 걱정, 시험 걱정에 가 있다. 이런 마음으로 음식을 먹으면 음식이 해가 된다. 아무리 몸에 좋다는 산삼 녹용이라도 화난 상태에서 먹어봐라. 오히려 독이 된다. "마른 떡 한 조각만 있고도 화목하는 것이 진수성찬을 가득히 차린 집에서 다투는 것보다 나으니라"(잠언 17:1). 무엇을 먹느냐보다 어떤 마음으로 먹느냐가 더 중요하다는 말이 아니겠는가.

사람의 내면에는 바깥을 바라보는 다섯 개의 창문이 있다. 시각, 청각, 후각, 미각, 촉각으로 이를 '오감(五感)'이라 한다. 여기에 '직감'을 더하면 여섯 개의 창문, '육감(六感)'이 된다. 사람에게 이 여섯 가지 감각만 있으면 더 이상 문제가 없다.

그러나 이 육감에 '해석'이라는 새로운 감각이 들어오면서 '칠감(七感)'이 된다. 모든 스트레스는 사실 잘못된 해석에서 비롯된다. 욕심을 내고, 미워하고, 화를 내고, 불안해지는 것은 마음의 문제다. 마음이 산만해지고 집중력이 떨어진다. 건강의 균형이 깨어진다. 칠감 ― 해석이 문제인 것이다.

어떤 중년 남자가 조상 대대로 내려오는 야산을 갖고 있었다. 도시에서 사업을 하다 자금이 부족해 할 수 없이 산을 팔아 사업을 확장했다. 사업은 그럭저럭이었다. 그런데 얼마 후 자기가 팔아버린 그 산에 대규모 아파트 단지가 들어선다는 뉴스를 접했다. 과연 이 남자는 어떻게 되었을까? 애들 말로 돌아버리거나 뚜껑이 열린다. 속을 끓이다 덜컥 큰 병을 얻어 죽고 만다. 돈 잃고 건강을 잃는다. 이 남자에겐 산이 과연 무엇으로 보인 것일까? 그냥 산이 아니라, 돈으로 해석된 것이다. 칠감이 문제다.

잘못된 해석으로 인해 다시 그 대상에 사로잡혀 집착을 하게 되면 '팔감(八感)'이라는 '우상'이 되고 만다. 이때부터는 내가 아니라 우상이 인격의 주인 노릇을 한다. 주객이 전도된다. 양심도 신앙도 팔아먹고 만다. 하나님보다 우상(돈)을 더 사랑하게 되는 것이다.

"한 사람이 두 주인을 섬기지 못할 것이니 혹 이를 미워하고 저를 사랑하거나 혹 이를 중히 여기고 저를 경히 여김이라. 너희가 하나님과 재물을 겸하여 섬기지 못하느니라"(마태 6:24)

하나님은 당신의 심부름꾼이 아니다

『성경』에 대조적인 두 여인이 등장한다. 한 여인은 야곱의 아내 라헬이고, 다른 여인은 엘가나의 아내 한나이다. 두 여인 모두 아이가 없어서 애를 태웠다.

먼저 라헬은 곱고 아리따웠고, 남편이 14년간을 헌신하며 기다릴 정도로 그녀를 사랑했다. 라헬은 행복했으리라 생각한다. 그러나 라헬에게 없는 것이 있으니 바로 아이였다. 언니 레아의 아이들을 보면서 마음에 불같은 질투가 일어났다. 그래서 남편에게 "내게 자식을 낳게 하라. 그렇지 아니하면 내가 죽겠노라"(창세 30:1)고 부르짖었다. 남편 야곱은 "내가 하나님을 대신하겠느냐"며 화를 냈다.

때마침 자비로운 하나님이 아들을 주셨다. 얼마나 기뻤겠는가? 하지만 이 기쁨은 잠깐이었고, 라헬은 만족하지 못했다. '아들 하나 더 달라'는 뜻으로 '요셉'이라는 이름을 아이에게 붙였다. 그 후 그토록 바라던 둘째아들을 임신했건만 낳다가 결국 죽고 만다. 죽기 직전에 그 아이 이름을 '베노니'라 지었는데, 이는 '슬픔의 아들'이란 뜻이다.

말대로 되었다. "내게 자식을 낳게 하라 그렇지 아니하면 내가 죽겠노라"며 울부짖던 라헬은 그토록 바라던 아들을 낳다가 죽고 말았다. 아들을 낳으면 행복을 가져다주리라 믿었는데 슬픔을 낳고 말았다. 알고 보면 라헬에게 아들 '베냐민(야곱이 지은 이름)'은 우상이었다. 하나님보다 자식을 더 사랑했던 것이다.

한나도 남편 엘가나에게서 많은 사랑을 받았고, 다른 아내 브닌나로 인해 마음에 큰 상처를 입었다. 그러나 그녀는 남편에게 찾아가기보다 하나님께로 갔다. 비통한 마음으로 "기도하며 통곡했다"(사무엘상 1:10). 아이를 갖고 싶은 것은 사실이지만, 한나는 소망을 오직 하나님께 두었다.

하나님은 은혜로 그녀에게 아들을 주셨다. 한나는 '하나님께서 선물로 주셨다'는 뜻으로 '사무엘'이란 이름을 붙였다. 그리고 이 아들은 하나님의 아들이기에, 평생 나실인으로 하나님께 바쳤다. 한나는 사무엘보다 하나님이 우선이었다. 아들 사무엘은 우상이 아니라 하나님의 선물이었다. 하나님은 한나를 기쁘게 보셨고, 보너스로 그 후 다섯 자녀를 더 주셨다.

십계명 중 첫 번째 "나 외에 다른 신을 네게 두지 말라"(출애굽 20:3)고 했다. 이것은 하나님과 비길 만한 또 다른 신이 있어서 하는 말이 아니라, 하나님이 아닌 다른 것을 더 사랑하면 우상이 된다는 말이다. 인간은 타락한 본성을 가지고 있어서 자칫 자기중심적인 죄성에 빠지기 쉽다. 내가 우주의 중심이 되고 하나님은 내 소원이나 들어주는 심부름꾼으로 전락시키게 된다.

공산주의의 기초이론을 제공한 루트비히 포이어바흐(Ludwig Feuerbach)는 "하나님이 자기의 형상대로 인간을 만든 것이 아니라, 인간이 자기 형상대로 신을 만들었다"고 말했다. 이렇게 뒤집는 것이 우상숭배다. 곧 자기가 하나님이 되는 것이다.

예수님은 "너희는 스스로 조심하라 그렇지 않으면 방탕함과 술취함과 생활의 염려로 마음이 둔하여지고"(누가 21:34) 마음의 덫(우상)에 걸리게 된다고 말씀하셨다. 어리석은 물고기가 달콤한 낚시 떡밥(덫)에 걸리게 된다. 가룟 유다는 돈이라는 우상에, 베드로는 명예라는 우상에 걸려 넘어졌다.

주님은 "롯의 처를 생각하라"(누가 17:32) 하시며, "네 보물이 있는 곳에 네 마음도 있느니라"(마태 6:21)고 말씀하셨다. 롯의 처가 누구인가? 멋진 성과 좋은 집, 쌓아둔 재물에 미련을 가지고 소돔 성을 되돌아보다가 소금기둥이 된 여인이다. 소돔 성의 보물이 우상이었다. 멋진 자동차, 넓고 아름다운 집, 착하고 성공하는 자녀, 건강한 몸, 인기와 명성이 자칫 우상의 낚시 바늘이 된다. 주객이 전도되고, 목적이 뒤바뀌면 우상숭배가 되는 것이다. 이러한 우상들이 하나님보다 더 크게 보이면, 하나님을 바로 만날 수 없다.

"자녀들아 너희 자신을 지켜 우상에게서 멀리하라"(요일 5:21)

진정한 고백, 그리고 회개

현대 기독교인들에게는 큰 약점이 있다. 설교는 참으로 많이 듣는데 실제로 변화되는 과정은 잘 모르는 것이다. 데이비드 폴리슨(David Powlison)은 습관적인 죄, 곧 우상을 발견하기 위해 이렇게 물을 것을 권한다.

내가 바라고 원하는 것이 무엇인가? 내가 염려하고 두려워하는 것은 무엇인가? 내게 가장 필요하고 원하는 것은 무엇인가? 누구를 기뻐하고 신뢰하는가? 무엇을 사랑하고 미워하는가? 내게 가장 큰 만족과 기쁨, 행복을 안겨주는 것이 무엇이라 생각하는가? 여기에 정직히 대답해보면, 과연 자신의 우상이 무엇인지 발견할 수 있다.

그러면 어떻게 우상을 불태워 없앨 수 있는가? 우상은 우리 마음의 주인 노릇을 하려는 인격체이지 휴지 조각이 아니지 않는가? 그렇다. 그러나 우상을 불태울 방법이 있다. 고백과 철저한 회개다.

드라빔을 훔친 것이 발각되었을 때 라헬은 어떤 반응을 보였는가? 죄를 고백하기는커녕 숨기기에 급급했다(창세 31:34). 그러나 다윗은 죄를 구체적으로 낱낱이 고백하고 있다(시편 51편). 진정한 고백은 마음의 우상을 부수는 것이다.

고백은 다시 회개로 이어져야 한다. 회개란 무엇인가? 뉘우칠 회(悔), 고칠 개(改)이다. 미안하다고 말하는 것으로는 부족하다. 변화된 행동을 보여줘야 한다. 세례요한은 "회개에 합당한 열매를 맺어라"(마태 3:8)고 촉구했다. 열매 없는 회개는 의미가 없다. 열매란 행동의 변화를 말한다. 에스겔은 "마음을 돌이켜 우상을 떠나고, 얼굴을 돌려 가증한 것을 떠나라"(에스겔 14:6) 했다. 얼굴을 돌린다는 것은 삶의 방향을 바꾼다는 말이다. 예수님은 "네 손이나 발이 범죄하거든 찍어 내버리라······ 네 눈이 범죄하거든 빼어 내버리라"(마태 18:8-9) 했다. 죄를 그만큼 심각하게 여기라는 가르침이었다.

하나님의 선물을 즐겨라

과연 사람이 바뀔 수 있는가? 자신의 의지나 강력한 훈련으로는 쉽지 않다. 오직 말씀과 성령의 능력이 함께하셔야 가능하다. 아무리 좋은 책이나 상담가나 친구도 하나님 말씀보다 나을 수 없다. 특히 성령의 사역은 특별하다. 세상의 어떤 자기개발 프로그램도 성령의 능력에 비교가 안 된다. 우상에 빠져 허덕이던 자를 성령은 새로운 기쁨으로 충만케 하신다.

당신의 마음속에 두 주인, 거룩한 삶을 원하는 마음과 습관적인 죄의 유혹이 있다. 이 끈질긴 우상을 제거하는 법이 있다. 이것은 잠깐의 쾌락의 기쁨과는 비교할 수 없이 큰 하나님의 기쁨을 경험하는 것이다.

"내가 이것을 너희에게 이름은 내 기쁨이 너희 안에 있어 너희 기쁨을 충만하게 하려 함이라"(요한 15:11)

"내가 모든 것을 잃어버리고 배설물로 여김은…… 내 주 그리스도 예수를 아는 지식이 가장 고상하기 때문이라"(빌립보 3:8)

제 자랑을 좀 하겠다. 나는 부자다. 산 너머 바닷가에 통나무 레스토랑이 하나 있고, 호텔도 있다. 이쯤이면 괜찮은 부자이지 않는가? 아버지께서 많은 유산을 물려주셨다. 아직 다 말하지 않아서 그렇지 재산은 더 있다. 아버지께서 이 모든 재산을 내 앞으로 법원 등기해주지는 않았지만, 대신 이 모든 것을 마음껏 사용하고 즐길 줄 알라고 말씀하셨다. 나는 지금 아버지 덕을 톡톡히 누리고 산다.

하루는 아버지께 재산의 소유권을 넘겨달라고 말씀을 드렸다. 그때 아버지께서 "네가 소유하면 골치만 아프다. 태풍이 오면 통나무집에 비가 샌다고 연락이 올 것이지, 호텔에서는 직원 채용과 교육으로 신경써야 하니, 너는 네가 잘하는 일만 하고, 이 일은 내가 할게"라 하셨다. 지나고 보니 아버지의 말씀이 참으로 옳았다.

나는 가끔씩 나의 레스토랑에 방문한다. 직원들은 "어서 옵쇼~"라며 깍듯이 주인 대접을 한다. 갈 때마다 격려금(?) 몇 만 원만 주면 된다. 가끔 호텔에도 가본다. 로비에서부터 왕같이 대접한다. 여기도 약간의 격려금만 있으면 된다. 때로 격려금을 주지 않아도 괜찮다. 화장실은 공짜다. 은은한 음악, 멋진 향기에 비데 시설까지 완비되어 있다. 마음껏 즐기면 된다. 나는 부자다.

부러운가? 사실 내 아버지는 우리 모두의 아버지다. 온 우주를 창조하신 하나님 아버지!

소유권은 아버지께, 사용권은 우리에게!

예수님은 유산 분배로 형제끼리 싸우는 것을 보시고, "어리석은 자여 오늘 밤에 네 영혼을 도로 찾으리니 그러면 네 준비한 것이 누구의 것이 되겠느냐"(누가 12:20)고 말씀하셨다. 죽으면 모두가 빈손으로 가는 것이 아닌가. 결국 이 땅에서 마음껏 누리는 자가 주인이다.

에리히 프롬(Erich Fromm)이 『소유냐? 존재냐?』라는 글을 통해 주장한 것처럼, 누릴 줄 아는 자가 행복한 사람이다. 우상을 불태우는 사람들이다.

다시, 진정한 기독교 영성을 위하여

"내가 그의 손의 못 자국을 보며 내 손가락을 그 못 자국에 넣으며 내 손을 그 옆구리에 넣어 보지 않고는 믿지 아니하겠노라"(요한 20:25)

만물을 충만케 하시는 자의 충만

'지금 여기(here and now)'를 놓치지 않고 늘 깨어 사는 것이 기독교 영성에서 매우 중요하다. 영이신 그리스도는 언제 어디서나 우리와 함께 계시기 때문이다. 그래서 영성이란 믿음의 눈으로 '예수를 바라보는'(히브리 12:2) 삶이다.

「에베소서」 1장 23절에서는 주님을 "만물 안에서 만물을 충만케 하시는 자의 충만"이신 분이라고 말한다. 『영어성경』을 보면, "Who fills everything everywhere with presence"라 했다. "주님은 언제 어디서나 항상 이 순간에 나와 함께 계시는 분"이라는 뜻이다. 그래서 영의 사람이란 예수님이 항상 곁에 계심을 바라보고 동행하는 사람이다.

「요한복음」 20장을 보면, 예수님의 열두 제자 가운데 한 명인 '도마'가 등장한다. 별명이 '디두모(쌍둥이라는 뜻)'인 것을 보면 쌍둥이였던 것 같다. 평소 의리와 소신이 있는 사람이었다.

주님의 사역이 끝나갈 때쯤 되자 제자들이 뭔가 불길한 조짐을 느끼기 시작했다. 주님이 "우리의 친구 나사로가 아프다, 예루살렘으로 올라가자"고 했다. 그때 제자들은 한결같이 "지금 올라가는 것은 너무 위험합니다. 자살행위와 마찬가지입니다"라며 반대했다. 그러나 주님의 마음은 확고했다. 이때 도마가 앞장서며 "우리도 주와 함께 죽으러 가자!"며 충성심을 표시했다. 얼마 지나지 않아 예루살렘에 올라가셨고, 결국 예수님은 큰 죄목을 지시고 십자가에 처형당해 죽으셨다. 이제 불똥이 누구에게 튈 것인지 뻔했다. 제자들은 다락방에 숨어 나오지 않고 두려워 벌벌 떨고만 있었다.

그런데 사흘이 지나자 주변 사람들이 말하길 죽으신 예수가 살아나신 것을 보았단다. "에이~ 그럴 리가. 죽은 사람이 어찌 살아날 수가 있단 말인가!" 도마는 도저히 믿을 수가 없었다. 그런데 동료 제자들도 봤단다. 도마가 없었을 때 한꺼번에 똑똑히 봤단다. 주변 사람들 모두가 봤단다. 도마는 도저히 믿을 수 없었다. 그래서 "내가 그의 손의 못 자국을 보며 내 손가락을 그 못 자국에 넣으며 내 손을 그 옆구리에 넣어 보지 않고는 믿지 아니하겠노라"(25절)고 말했다. 많은 말로 설득해도 믿지 않았다.

이 말을 한 지 팔 일이 지났다. 지난번 제자들에게 나타나 보이신 대로 예수님이 나타나셨다. 그리고 특별히 도마에게 "네 손가락을 이리 내밀어 내 손을 보고 네 손을 내밀어 내 옆구리에 넣어 보라. 그리고 믿는 자가 되라"(27절)고 말씀하셨다.

도마는 너무 놀랐다. 그리고 너무 부끄러웠다. 무엇이 부끄러웠을까. 부활하신 주님을 믿지 않아서가 아니다. 주님이 안 보이니 안 들으시는 줄 알고 함부로 막말했는데, 팔 일 동안 영으로 곁에서 다 듣고 계셨음을 알게 된 것이다. 주님은 언제 어디서나 항상 도마 곁에 함께 하시는 분이셨다.

이후 도마가 무릎을 꿇고 "나의 주님이시요 나의 하나님이시니이다"(28절)라는 고백을 올렸다. 그리고 부활하여 자기와 함께 계신 주님을 전하러 이란, 이라크, 인도까지 갔다가 그곳에서 순교했다. 지금 인도 칸치푸람에는 도마의 무덤이 있다.

'지금, 이곳'에서 만나는 기적

스트레스를 받으면 마음을 다잡을 수 없다. 몸은 이곳에 있지만, 생각은 딴 곳을 헤매고 다닌다. 이때 생각이 어디에 있는지를 지켜보라. 분명히 두 곳! 이미 지나간 과거의 일을 후회하거나, 아직 오지도 않은 미래의 일을 걱정하고 있을 것이다. 타임머신을 타고 과거로 돌아가 사건을 돌이켜놓거나, 미래로 가볼 수만 있다면 좋겠지만 그것은 불가능한 일이다.

세계적 베스트셀러인『선물』의 작가 스펜서 존슨(Spencer Johnson)은 "우리는 현재를 산다. 현재(Present)란 알고 보면 하나님이 주시는 최고의 선물(Present)이다. 세상에서 가장 소중한 선물은 과거도 아니고 미래도 아니다. 바로 현재라는 이 순간이다"고 말했다.

어떻게 현재를 하나님의 선물로 만들 것인가? 떠돌아다니는 마음을 '지금(now), 이곳(here)'에 집중해보라. 마치 현미경으로 집중해보고, 망원경으로 전체를 조망해보는 것과 같다. '지금 여기'의 경험을 관찰하면, 편견이나 무지의 사슬을 끊을 수 있다. 감각을 열고 찬찬히 살피면, 과거에 모르고 지나쳤던 흐릿한 사물들이 이제 형형색색 기적같이 다가오게 된다.

조용한 숲길을 걸어보라. 지금 이 순간에 모든 감각을 다 열고 찬찬히 살펴보자. 제멋대로 떠다니는 생각들을 붙잡아 지금 경험하는 감각에 집중한다. 새소리, 물 흐르는 소리를 들어보라. 피부에 스치는 바람을 느껴보라. 이름 모르는 들풀이지만, 햇살을 받아 투명해진 풀빛을 그냥 바라보라. 숲속의 향기를 맡아보라. 비로소 내가 '지금 여기'에 존재함을 발견하게 될 것이다. 그리고 내 주변에 얼마나 많은 것들이 선물로 주어져 있는지 알게 될 것이다. 온 우주가 하나님

의 사랑으로 충만해 있음을 알게 된다.

 오래전 경험한 잊을 수 없는 일이 있다. 서울 지하도에서 볼일이 급해 화장실에 갔었다. 급한 일을 끝내고 앉아 있으니 눈앞에 낙서한 글이 보였다.
 "뒤를 보시오." 나는 무심코 뒤를 돌아봤다. "왼쪽을 보시오." 왼쪽을 봤다. "오른쪽을 보시오." 오른쪽도 봤다. "위를 보시오." 이번에도 생각 없이 위쪽을 봤다. 그런데 그곳에는 지금도 잊을 수 없는 명언(?)이 적혀 있었다.
 "볼일 보러 왔으면, 볼일이나 볼 것이지. 떼끼!"

 이 말은 '지금 여기(here and now)'의 경험을 놓치지 말고 찬찬히 살피라는 뜻이다. 먹는 것에 감사하고 먹으면 밥이 보약이 된다. 그러나 화나고 열받은 상태에서 먹으면 아무리 좋은 음식이라도 독약이 되고 만다. 일할 때는 일에 집중해야 능률이 오른다. 그러나 일하면서 엉뚱한 것을 생각하면 자칫 사고를 내게 된다. 쉴 때는 몸과 마음을 완전히 쉬어야 진정한 휴식을 취할 수 있다. 그러나 쉬면서도 마음을 엉뚱한 데 뺏기니 더 피곤해지는 것이다.

 짙은 안개에 둘러싸인 밤길을 걷고 있다고 상상해보라. 당신이 들고 있는 손전등이 안개를 뚫고 당신 앞에 좁다랗게 뚫린 밝은 공간을 만들어주고 있다. 처음 밤길을 걸을 땐 지척을 분간할 수 없다.

불안감과 두려움이 밀려온다. 그러나 차츰 익숙해지면서 밝은 불빛이 당신을 편안하게 목적지로 인도해준다. 밤길은 당신의 과거와 미래를 포함하는 삶의 상황들이다. 그리고 손전등은 주님의 빛이며, 마지막으로 밝은 공간은 '지금 여기'이다.

- 대지 위에 발을 딛고 하루에 한 번씩 일부러라도 하늘을 바라보라. 끝없는 하늘과 우주를 느끼며 의도적으로 심호흡을 하라.
- 동쪽 정면을 바라보라. 당신이 지구를 운전하는 듯 도는 방향으로 서 있다 보면 신기하게도 자신이 중요한 존재임을 느낄 수 있다.
- 적어도 한 달에 한두 번 정도 아침 일찍 일어나 일출을 바라보라. 자연의 고요함을 느끼게 된다.
- 아침 세수하며 거울 앞에서 30초 동안 미소를 지어보라. 볼과 눈 근육을 당겨 어색할지 모르지만 큰 효과를 볼 수 있다.
- 또 잠자리 들기 전 30초 동안 미소를 지어보라. 어두워 아무도 보지 못하지만 자신은 그것을 느낄 수 있다. 실천해보라.

브레이크아웃과 스파크

어떤 사람은 "하나님이 어디 있나? 내 눈에 보여주면 믿겠노라"고 말한다. 그러나 우리가 믿고 있는 '과학'이라는 것도 실제 귀납적 오차와 관찰의 오류를 전제로 하고 있다. 과학적 지식이라고 우주의 비밀을 다 풀 수는 없고 다만 조금씩 밝혀나갈 뿐이다. 그러므로 과학의 지성은 하나님을 증명하기에는 참으로 부족하다.

그러나 최근에는 현대의 과학적 장비로 이러한 영적 세계의 비밀을 조금씩 벗겨내고 있다. 또 하나님의 신비에 좀 더 가까이 접근하는 방법을 밝혀내고 있다.

설마 그럴 리가? 영이신 하나님께서 인간의 기계에 잡힐 리가 있겠는가? 옳다. 아직 그런 완벽한 기술은 없다. 하지만 최근 fMRI나 EEG 같은 최신 장비로 인간의 뇌를 측정하고 마음을 쫓을 수 있게 되었다.

그리고 놀랍게도 사람이 성령(하나님)을 체험하는 순간 몸에서 기체성 물질인 일산화질소(NO : nitric oxide)가 터져나온다는 사실을 발견하게 되었다. 이 물질은 개똥벌레(반딧불)가 빛을 낼 때 사용하는 가스와 같은 것으로 사람이 성령을 체험하는 순간 나타난다. 마치 전기에 뭔가 닿았을 때, 찌지직하고 불꽃이 튀는 것과 같다. 이를 발견한 하버드 의대 허버트 벤슨(Hebert Benson) 팀은 이것이 '성령(히브리어로 '루하'. 헬라어로 '프뉴마')'에 생물과학적으로 가장 접근한 물질이라 발표했다(*Brean Research Reviews*, 2001, 35:1-19 참고).

사람의 뇌에 있는 뉴런과 뉴런 사이에는 '뇌파(brain wave)'라는 미약한 전기파동이 있다. 이러한 파동을 아날로그에서 디지털로 증폭시켜 나타낸 것이 뉴로피드백(neurofeedback)이다. 사람이 어떤 생각을 하느냐에 따라서 뇌파의 모양도 달라진다. 깨어 있는 일상적 상태에서는 뇌파가 1초에 8~12파(알파파)로 나타나고, 긴장과 불안, 고도 스트레스 상황에서는 13~36파(델타파)까지 높게 나타난다. 그러나 명상을 하거나 몰입하여 기도를 할 때는 뇌파가 4~7파(세타파)가 되고, 더 이완되어 잠에 빠지면 0.5~4파(델타파)가 된다.

7과 8 사이는 의식과 무의식의 경계이다. 놀라운 것은 명상이나 깊은 기도를 할 때, 의식은 하늘의 별처럼 또렷한데 뇌파는 7 이하 무의식으로 떨어지는 경험을 한다는 점이다. 깨어 있으면서 무의식의 세계를 탐험하는 놀라운 경험, 이를 '브레이크아웃의 원리'라 한다. 그 순간 세상과 하나가 되는 일체감을 느끼며, 기독교인은 빛 속에서 천사나 예수님을 만나는 영적 경험을 하기도 한다. 이 순간 창의적 생각이 막 튀어나오고, 어떤 어려운 문제라도 갑자기 해결책을 발견하는 '난관 돌파(Breakout)'가 이루어진다.

더욱 놀라운 것은 세타파(θ파)가 출현할 때 뇌 속의 일산화질소(NO)가 방출되는데, 이것이 건강을 회복시키는 강력한 호르몬이라는 점이다. 산화질소는 온몸을 돌아다니며 메시지를 전하는 기체 물질로, 기억을 증진시키고, 신체적 절정감을 주며, 에스트로겐처럼 폐경 후 우울증을 개선하는 데 도움을 준다. 또 혈관을 확장시켜 심장과 뇌의 혈액 흐름을 개선하고, 면역을 강화시켜 환자를 치유하는 데 강력한 효과가 있는 물질로 밝혀졌다. 이것이 바로 성령 체험을 할 때 나타나는 치유의 기적이라고 할 수 있다.

잘 아는 기독교인 가정에 참으로 슬픈 일이 있었다. 똑똑하고, 잘생기고, 하나뿐인 열두 살 된 아들이 교통사고로 죽었다. 이 아이는 부부의 유일한 희망이었는데, 아이의 죽음으로 부부에게는 더 이상 희망이 보이지 않았다. 엄마는 이틀을 보내면서 참으로 잘 참는 것 같았다. 그 이틀 동안 많은 말로 위로했지만 큰 위로가 되지는 못했다.

사흘째 아이 장례를 치르기 위해 화장터에 갔다. 예배를 마치고 죽은 아이를 불 속에 넣으려는 순간, 엄마가 홀린 듯 아이를 따라 불 속으로 들어가려고 했다. 가족들과 주변 사람들이 붙잡아 말리자 울부짖던 엄마가 그만 혼절을 하고 말았다. 놀란 우리들은 찬 수건으로 얼굴을 식히고 몸을 주물렀다. 5분 정도 시간이 지난 뒤 엄마는 깨어나기 시작했다.

그 순간 엄마의 얼굴에서는, 긴 장마 끝에 구름 사이로 쏟아져 나오는 햇살처럼 빛이 났다. 엄마는 춤을 출 듯 기쁜 얼굴로 이렇게 고백했다. 혼절했을 때 자기는 예수님의 얼굴을 뵙지 못했지만 다음과 같은 음성을 분명히 들었다고 했다. "딸아, 내 너를 사랑한다. 내가 너와 함께한다." 조금 전까지 울부짖던 엄마의 모습은 어느새 사라지고, 이제 완전히 새로운 사람으로 바뀌어 있었다.

우리 모두는 심히 놀랐다. 더 놀라운 것은 지난 이틀 동안 수없는 위로의 말에도 변화가 없더니, 예수님의 말씀 한마디에 엄마의 상한 마음이 그토록 큰 위안을 받았다는 점이다. 사람의 천 마디 위로의 말보다 하나님의 한마디 말씀이 낫다는 것을 깨닫게 해준 일이었다.

이처럼 살아가면서 난관에 봉착했을 때 갑자기 나타나는 신적 체험을 과학적으로 증명한 것이 바로 벤슨 박사의 '브레이크아웃의 원리'이다. 신적 체험을 하기 위해 일부러 어려운 난관에 봉착할 필요는 없다. 이 원리를 따르면 일상생활 속에서도 하나님을 만날 수 있기 때문이다.

필자가 경험한 브레이크아웃

필자는 20년 전 의학적 대처가 불가능한 질병에 빠졌다. 수없이 수술실을 들락날락했고 그때마다 죽음의 위기를 겪었다. 1년간 생사를 넘나들며 까마득한 꿈속에서 빛나는 천국의 배를 타고 갔다 오기를 수십 번 반복했다.

병들어 죽음 앞에 놓였을 때, 가장 부러웠던 사람은 12년간 혈루증을 앓다가 주님의 옷자락을 만지고 병이 나은 여인(마태 9:20-22)이었다. 2천 년의 세월을 가로질러 나에게도 이러한 기적이 일어나길 간절히 원했다. 정말 나도 '예수님의 옷자락'을 잡고 싶었다. 2천 년 전 예수님은 이 땅에 오셔서 수많은 사람들의 질병을 고쳤지 않는가! 인간의 몸을 창조하시고 인간의 설계도를 가지신 분이기에 고장이 난 병든 몸을 고치는 것은 너무나 쉬운 일일 것이었기 때문이다.

"열두 해 동안이나 혈루증으로 앓는 여자가 예수의 뒤로 와서 그 겉옷 가를 만지니 이는 제 마음에 그 겉옷만 만져도 구원을 받겠다 함이라. 예수께서 돌이켜 그를 보시며 이르시되 딸아 안심하라 네 믿음이 너를 구원하였다 하시니 여자가 그 즉시 구원을 받으니라"(마태 9:20-22)

필자는 마지막 대수술을 앞두고 있었다. 이 수술의 의학적 성공 가능성은 10%밖에 되지 않았지만, 패혈증을 막기 위해 어쩔 수 없이 시도하게 되었다. 수술 전날 밤, 10%의 가능성을 가지고 죽음 앞에 외롭게 서게 되었다. 순간, 하나님의 모습은 뵐 수 없지만 천둥 같은 음성이 가슴속에 들려왔다.
"너는 내일 내게 무엇을 가져오겠니?"

곰곰이 생각을 해봤다. 가난한 가정에서 50세 된 아버지의 늦둥이로 병약하게 태어난 나. 당신의 종이 되겠다고 고아원 선생 노릇 한 것하며, 가정교사, 마산 결핵요양소 생활, 포장마차 운영, 휴게소 점원, 가락동 농수산물시장 경매원 등등 온갖 고생을 다 하며 지나온 세월이 주마등처럼 스쳐 지나갔다. 청년 시절에는 신학교에서 경건의 훈련만을 쌓았고, 신학과 철학 공부 8년 과정도 남보다 두 배나 힘들게 독학으로 마친 뒤, 어려운 신학대학원 과정도 잘 마치고 이제 목사가 되기 직전 죽음 앞에 서게 된 것이다.
"하나님, 이것 보십시오, 그동안 제가 얼마나 열심히 살아오고, 열심히 공부했는지 당신은 잘 아시잖습니까?"
그때, 하나님의 음성이 다시 한 번 울려왔다. "그 모든 것, 누구를 위해 해왔니?"

순간 숨이 멎는 것 같았다. 그때 비로소 내 자신에게 가장 정직하게 물을 수 있었다. 사람이 마지막 유언을 남길 때 가장 진지해지듯이, 마지막 죽음 앞에 서보고 나서야 비로소 무엇이 참된 것인지 알게 되었다.

"하나님, 지금까지 당신의 종이 되겠다고 열심히 살아온 것이, 알고 보니 모두 나를 위해 살아온 것이었습니다. 오늘까지 열심히 공부한 것은, 내가 큰 종이 되고 이름 날리는 목사가 되기 위해서였습니다. 제가 주님께 드릴 것이 많은 줄 알았는데 이제 보니 아무것도 없습니다."

지나온 짧은 인생 동안 쓸데없는 무지개를 쫓아 다녔음을 알게 되었다. 그 정직해지는 순간, 비로소 하나님께서 무엇을 가장 소중히 여기시는지 알게 되었다. 그것은 '생명'이었다.

"너는 내일 내게 무엇을 가져오겠니?"
그분이 박사학위를 기뻐하실까? 황금 재물을 기뻐하실까?
그분의 지혜는 온 우주를 덮는다. 그 앞에 인간의 얄팍한 지식을 어떻게 내놓을까. 그분의 나라는 바닥이 황금과 보석으로 깔려 있다. 그 앞에 나의 재물이 얼마나 될까! 주님이 기뻐 받으실 것은 오직 하나, 천하를 주고도 바꿀 수 없는 '생명'이었다. 이것을 구하기 위해 예수님이 말구유에 오셨음을 비로소 몸으로 느낄 수 있었다.

그러나 나에게는 너무나도 시간이 없었다. 눈물로 정직한 기도를 올렸다.
"하나님, 지금 제가 도저히 죽을 수 없는 두 가지 절박한 이유가 있습니다. 한 가지는 이제 막 첫돌을 맞는 딸아이가 가슴에 박힙니다. 제가 죽으면 아내야 어른이니 걱정할 것이 없는데, 이 아이는 평생 아빠의 얼굴도 모른 채 외롭게 살아가야 합니다. 사랑하는 이 아이를 사랑할 수 있게 한 번만 더 기회를 주십시오. 또 한 가지는 하나님과 저와의 문제입니다. 제가 당신께 드릴 것이 없습니다. 기회를 주시면 주님이 그토록 원하시는 생명 살리는 일을 위해 살겠습니다. 제게 한 번만 더 기회를 주십시오." 정말 간절한 기도였다.

그날 밤, 주님은 세 가지 신비로운 환상을 보여주셨다. 다음 날 수술은 그 환상대로 이루어져 기적적으로 살아나게 되었다. 이후 고비고비 힘든 1년의 투병 생활이 있었지만 결국 건강을 회복할 수 있었다. 다른 두 가지 환상은 오늘날까지 그대로 이루어지고 있음을 경험하고 있다.

1년 후 퇴원하는 날, 세상은 예전과 완전히 달라 보였다. 이전에 그토록 원망과 불평으로 살았던 내가 이제는 순간순간 살아 있음에 감격할 뿐이었다. 딸아이가 달려와 품에 안길 때는 천사가 와서 안기는 것 같았다. 세상의 풀 한 포기, 이름 모를 들꽃마저도 나를 위해 손을 흔들며 웃고 있는 것이었다. 예전엔 모든 사물이 흐릿하게 보였지만, 이제는 어찌도 그렇게 선명한 색상으로 보이는지 신비롭기만 했다.

알고 보니 이것이 바로 '브레이크아웃'의 경험이었다. 이러한 경험은 그때 한 번으로 끝난 것이 아니라 지금까지도 잔잔하게 지속되고 있다.

영적인 체험을 위해 필자처럼 죽을 고생을 해야 할 필요는 없다. 간단하지만 최고의 영적 세계를 경험할 수 있는 지름길이 있다. 이것이 '브레이크아웃의 원리'이다.

브레이크아웃은 몇 단계로 순차적으로 일어나지만 가장 중요한 것은 하나다. 사람이 살면서 난관에 부딪칠 때, 과거의 관습적 생각, 감정의 고리, 이기주의, 부정적 사고가 떠오른다. 흔히 말하는 '영혼의 어둔 밤', '무지의 구름'과 같은 충격적 상황을 맞게 된다. 하지만 피하지 말고 집착을 내려놓으면 방아쇠가 당겨진다. 순간 총알과 같이 새로운 눈이 열리고, 문제가 뚫리며, 새로운 정상 세계를 경험하게 된다. 예수님의 말씀처럼 '수고하고 무거운 짐을 내려놓는'(마태 11:30) 순간 브레이크아웃이 일어나는 것이다.

이용규 박사는 하버드대학교 박사학위를 갖고 있지만, 가난한 몽골로 가서 한 대학교의 평신도 선교사로 자원봉사를 하고 있다. 그는 누구보다 하나님을 가까이하길 원하는 사람으로, 자녀를 통해서 깨닫게 된 이야기로 잔잔한 감동을 주고 있다.

가난했던 보스턴 유학 시절, 아들 동연이가 그렇게 갖고 싶어 하던 버즈 장난감을 사주는 과정에서 생긴 일이다. 두 살 된 아이가 장난감을 두 손으로 꼭 움켜쥐고 가게에서 나가려고 했다. 장난감 값을 계산하려면, 계산대 바코드 판독기에 통과시키기 위해 장난감을 내려놓아야 했다. 그러나 어린 동연이는 잠시 내려놓는 것이 자기 장난감을 빼앗아 가는 것인 줄 알고, 꼭 쥔 채 내려놓지 않고 울고불고했다.

이 아이처럼 우리도 내려놓아야 놀라운 영적 선물을 얻을 수 있는데, 집착 때문에 내려놓지 못한다. 이 일로 깨달음을 얻은 이용규 박사는 더 큰 것을 얻기 위해 하버드대학교 박사학위조차 내려놓고 몽골로 갔다. 이 내려놓음이 방아쇠를 당기는 것이다. 내려놓는 사람만이 그 기쁨을 경험할 수 있다.

하나님을 만나는 영성 수련법

"누가 주의 이 많은 백성을 재판할 수 있사오리이까. '듣는 마음'을 종에게 주사
주의 백성을 재판하여 선악을 분별하게 하옵소서"(왕상 3:9)

하나님의 음성을 듣는 마음

하나님은 어떤 사람을 가장 기뻐하실까? 하나님의 음성을 듣고 싶어 하는 사람이다. 솔로몬이 일천 번제를 드린 후 하나님께 구한 것이 무엇이었던가.

"누가 주의 이 많은 백성을 재판할 수 있사오리이까. '듣는 마음'을 종에게 주사 주의 백성을 재판하여 선악을 분별하게 하옵소서. 솔로몬이 이것을 구하매 그 말씀이 주의 마음에 맞은지라"(왕상 3:9-10)

흔히 사람들은 솔로몬이 '지혜'를 구했다고 생각하지만, 실제로는 '듣는 마음'을 구했다. 영어로는 'listening heart'이고, 히브리어로는 '헤브 쉐마'로 하나님의 음성과 사람의 말을 경청하는 마음을 말한다. 솔로몬이 이것을 구했을 때 하나님은 참으로 기뻐하셨던 것이다.

 사람은 하나님의 음성을 잘 들을 수가 없다. 역사상 가장 위대한 선지자 사무엘 같은 사람도 처음에는 듣지 못했다. 그러다 영적 귀가 열리고 경청하면서 하나님의 음성이 점점 크게 들렸던 것이다. 하나님의 음성은 사람들이 서로 대화하는 것처럼 하나님과 관계를 맺을 때 들린다. 자주 만나면서 신뢰가 쌓이고, 좋은 경험들이 쌓이면서 과연 그분의 성품이 어떠한지 점점 알아가게 되는 것이다.

 하나님의 음성은 들을수록 더 잘 들린다. 마치 친한 친구가 전화를 걸면 음성만 들어도 누구인지 아는 것처럼 말이다. 우리도 하나님과 친밀한 관계를 맺다 보면 쉽게 그분의 소리를 분별하고, 그 마음과 뜻을 헤아리게 되는 것이다. 그래서 '하나님의 음성을 듣는다'는 것은, '하나님의 뜻을 안다'는 것이고 '하나님의 인도하심을 받는다'는 말과 같다.

 하나님께서도 시시로 영혼의 문을 두드리신다. 그러므로 깨끗한 마음으로 『성경』의 저자이신 성령님을 사모해야 한다. 사무엘이 지성소에서 "하나님 말씀하십시오. 종이 듣겠나이다"(사무엘상 3:10)라고 대답하는 것과 같다.

그렇다면 하나님의 음성은 어떻게 들리는가? 인간이셨던 예수님이 "아버지께서 내 안에 계셔서 그의 일을 하는 것이라"(요한 14:10)고 하신 것을 보면, 예수님은 하나님의 음성을 내면에서 '내적 음성'으로 들으신 것이다. 이뿐 아니라 하나님은 "직접 귀를 여셔서"(시편 40:6) 말씀하시고, "꿈과 이상으로"(욥기 33:15), 때로는 희귀하게 "나귀의 입"(민수기 22장)으로 말씀을 듣게 하신다. 바울은 목회자의 설교로 들을 수 있다고 했다. "너희가 우리에게 들은 바 하나님의 말씀을 받을 때에 사람의 말로 받지 아니하고 하나님의 말씀으로 받음이니 진실로 그러하도다"(살전 2:13) 그러므로 말씀을 듣고자 하는 마음이 중요하다.

가톨릭 영성과 개신교 영성

가톨릭교회에서는 전통적으로 말씀보다는 예전을 통해서 하나님을 가까이했다. 중세시대에는 아직 『성경』이 번역되지 않았고, 일반 성도들은 알아들을 수 없는 라틴어식 미사에 참여했다. 당시에는 말씀의 나침반이 없었기에 하나님을 보려고 해도 어떻게 보아야 하는지 몰랐다.

예수님이 떠나신 후 그분을 따르고 싶어 하는 신비가들이 많이 등장했다. 때로 영이신 주님을 체험은 했지만 아직 말씀이 부족했기에 잘못된 신비에 빠지게 되었다. 이러한 어두운 중세를 거치면서 가톨릭교회는 그래도 검증된 렉티오 디비나(Lactio Divina), 이냐시오영신수련, 베네딕토 수도법 같은 것을 유지할 수 있었다.

프로테스탄트도 귀중한 전통을 가지고 있다. 프로테스탄트는 로마 가톨릭의 이미지나 형상에 항거하였다. 타락한 인간이 빠지기 쉬운 우상의 위험성 때문이었다. 처음으로 루터가 『성경』을 독일어로 번역하였고, 때마침 쿠텐베르그의 인쇄기 발명으로 성도들의 손마다 자기들 언어인 독일어 『성경』이 들려지게 되었다. 그것을 읽는 순간, 1500년간 감겨 있던 눈이 뜨이기 시작했다. 하나님을 만나는 길이 보였다. 『성경』이 바로 하나님을 찾아가는 나침반이었다.

"오직 『성경』!(sola scripture)"

그러나 프로테스탄트에서도 한계가 있었다. '오직 『성경』!'만 강조하다 보니 『성경』의 문자에 사로잡히고 말았다. 『성경』을 통해 살아 계신 하나님을 만나는 것을 잃어버렸다. 신앙생활의 목적이 하나님과 교제하는 것이 아니라 『성경』을 공부하는 것이 되고 만 것이다. 마치 서양철학이 분석철학이 중심이 되고, 서양의학이 몸을 쪼개어보는 해부학에서 출발했듯이, 서양신학도 『성경』을 쪼개고 분석하여 결국 하나님을 해부하고 말았다. 그러고는 하는 말이 "하나님은 죽었다"(윌리엄 해밀턴)였다. 『성경』에 종이와 활자만 있고, 살아 계시는 하나님은 없었다. 결국 이성과 논리라는 우상에 빠져 하나님을 잃고 말았다.

『성경』은 분석적인 신학 책이 아니라 생명을 변화시키는 살아 있는 책이다. 이제는 영안이 열리도록 노력해야 한다. 팔의 근육을 강화시키기 위해 팔굽혀펴기를 하듯이, 영안을 회복하기 위해 영적 눈을 여는 훈련을 해야 한다. 예수님께서 우리에게 분부하셨다.

"너희가 성경에서 영생을 얻을 줄 생각하고 성경을 연구하거니와 이 성경이 곧 내게 대하여 증언하는 것이니라 그러나 너희가 영생을 얻기 위하여 내게 오기를 원하지 아니하는도다"(요한 5:39)

최근 의학계에서 서양과 동양의 장점을 수용하는 통합의학이 발전하고 있듯이, 교회에서도 '『성경』을 통해', '하나님을 직접 체험'하고자 하는 운동이 일어나고 있다. 건강한 신앙생활이란 『성경』을 통해 하나님을 만나면서, 그 놀라운 체험으로 인격이 변화되는 것이다.

영적인 귀를 여는 말씀 묵상 수련법

영적 귀를 여는 4단계의 사다리가 있다.

첫째, 『성경』을 읽는 단계이다. 둘째, 읽은 『성경』을 묵상하면서 숨은 진리를 캐내는 단계이다. 셋째, 이 진리를 하나님께 기도로 올리는 단계이다. 마지막 단계는 하나님께서 우리에게 오셔서 교제를 나누시는 것이다.

내가 능동적으로 찾아가기도 하고, 하나님이 우리를 이끌어 가시기도 하신다. 이러한 영적 체험을 하면, 1시간의 기도가 마치 짧은 몇 분처럼 느껴지고, 때로 놀라운 영적 체험을 하기도 한다.

주님께 기도를 올릴 때, 주신 말씀을 되새김하듯 말씀으로 하는 방법(반추기도)이 있고, 심장박동에다 호흡을 맞추며 하는 방법(구심기도)도 있으며, 주의 이름을 간절히 부르며 하는 방법(호칭기도)도 있다.

멋진 기도 하나를 소개하겠다. 거룩한 '호칭기도법'이다.

우리가 인생의 감당하기 힘든 불같은 시련, 죽음 같은 시련을 겪을 때, 기도를 하려고 해도 막상 기도가 나오지 않을 때가 있다. 이때 예수님이라면 어떻게 기도를 하셨을까?

가장 고통스러운 십자가 위에서 예수님이 하신 마지막 기도는 "아버지여, 내 영혼을 아버지 손에 부탁하나이다"(누가 23:46)였다. 이것은 바로 "아버지여~"라며 이름을 부르는 기도였다. 예수께서 "아버지"를 부른 것이 산상수훈에서 17번, 다락방 설교에서 45번으로, 도합 62번 나타난다. 호칭기도는 "아버지"라는 이름을 부르며 기도하는 것이다. 아버지께서 곁에 찾아오심을 느끼게 될 것이다. 말하기조차 힘들 때, 영혼 깊은 곳에서 간절하게 "아버지~"라 부르기만 하라. 반드시 62번이어야 할 필요는 없다. 50번도 좋고, 70번도 좋다. 그냥 간절히 부르기만 하라. "아버지여~, 내 건강을 부탁드리나이다." "아버지~ 내 가족을~, 내 직장을~, 내 사업을 아버지 손에 부탁드리나이다."

아버지는 당신을 지키시는 분이시다. "네가 강을 건널 때에 내가 함께할 것이라, 네가 불 가운데를 지날지라도 불꽃이 너를 사르지 못하리라"(이사야 43:2) "주께서 저를 지키시매, 악한 자가 저를 만지지도 못하느니라"(요일 5:18)고 약속하셨다.

이 기도는 해본 사람만 안다. 너무 좋다. 이 기도가 브레이크아웃으로 쉽게 나아가게 하는 기도법이다.

마음이 뜨거워지고, 눈이 열리다

「누가복음」 24장 13-35절의 말씀은 영이신 즈님과 어떻게 교제해야 하는지 알려주는 중요한 기록이다. 사실 부활하신 예수님이 엠마오의 두 제자에게 나타나신 이 사건은 모든 『복음서』를 탄생시킨 계기가 되었다.

예수님은 제자들 곁에 다가와 동행하셨다. 그러나 제자들이 알아보지 못해 '침통한 표정'(17절)을 지었다. 그러나 부활하신 주님이심을 깨닫고서는 '밝은 얼굴'로 25리 길을 단숨에 올라갔다. 오늘 우리 곁에도 주님이 동행하고 계신다. 그러나 우리는 나 혼자 걷고 있다고 낙심하고 산다. 그러나 부활하신 주님은 살아 계신다. 그렇다. 영의 눈이 열려야 곁에 계신 주님을 바라볼 수 있는 것이다.

내리막길에서 예수님이 제자들과 말씀을 나누셨고(13-29절), 어떤 집에서 떡을 떼셨다(30절). 여기 예배가 있다. 참된 예배는 말씀과 성찬을 통해 주님을 만나는 것이다. 먼저 말씀을 듣다가 '마음이 뜨거워'지는 경험을 한다. 말씀 '로고스'가 '레마'로 부딪히는 순간이다. '레마의 경험'이란 '아하!' 하고 번쩍 불이 켜지는 창조적 섬광을 말한다.

이때 새로운 변화가 일어난다. 주님은 걸어가시며 "너희들 무슨 말을 주고받느냐?"(17절) 물으신다. 오늘도 주님은 우리에게 말씀을 걸어오신다. 말씀을 듣는 자에게 복이 있다. "아, 미련하여 선지자들이 말한 모든 것을 마음에 더디 믿는 자들이여"(25절)라고 탄식하시는 음성을 들어보라. 예수님을 만나기 위해서는 반드시 『성경』을 통해야 한다. 그러나 예수님은 『성경』의 글씨 속에 갇힌 분이 아니다. 말씀을 통해 지금도 살아 계신 예수님을 만나야 한다.

제자들은 다음으로 집에서 빵을 쪼개어주실 때 눈이 열려 주님이심을 알아보게 되었다.
"그리스도는 그러한 고난을 겪고서 자기의 영광 속에 들어가야 하는 것이 아니냐?"(26절)

제자들은 한때 예수를 이상(理想)적 인물로 생각하며 기대를 걸었지만 십자가에 죽으심으로 그 기대가 한순간에 무너져버렸다. 이처럼 '이상'이 무너져야 비로소 '실상(實相)'의 주님을 만날 수 있다. 실패와 좌절, '무지의 구름'과 '어둔 밤'을 거쳐야 실상의 주님을 만나게 된다.

"아, 그분이 지금도 살아 계셨구나! 부활의 주님이 내 곁에 계시는구나!" 이렇게 느낄 때 비로소 온 『성경』이 환하게 밝아진다.

그러나 예수님은 또 즉시 사라지신다. 스스로 안 계신 듯 계시는 것이다. 이것이 바로 그분께서 오늘 우리 앞에 보이시는 방식이다. 삼위일체 하나님의 현존 방식이다. 이제 우리도 마음에 와 닿는 말씀을 되새김질하고, 주님을 바라보며 교제할 수 있다. 이것이 바로 말씀을 통한 기도법이다.

4주간의 영성 프로그램

영이신 주님은 살아 계신다. 그 주님을 실제로 체험하기 위해서는 보통 4주간의 특별한 기간이 필요하다. 조용한 수련원이나 기도원이 좋다. 특별히 질병으로 요양 중에 있는 사람을 위해 음식과 운동, 그리고 이 영성훈련 프로그램을 실시하는 곳이라면 더욱 좋다. 4주간의 영성 프로그램 내용을 간략하게 소개하면 이러하다.

'첫째 주간'은 죄에 대해서 묵상하는 기간이다.

우리는 바깥에서 들려오는 수없이 많은 소리에 묻혀 살고 있다. 자동차 경적 소리, 기계 돌아가는 소리, TV 뉴스 소리, 아이 울음소리, 탄식 소리, 수군수군하는 소리, 욕하는 소리…… 여기에다 내 마음속에서 무의식적으로 끝없이 올라오는 시끄러운 소리들이 있다. 무엇을 해야 할지에 대한 생각, 정욕, 죄의식, 불안과 두려움, 미움, 후회…… 이러한 시끄러운 소음들로 인해 주님의 '세미한 음성'을 감지할 수가 없다.

이 기간에는 절대 침묵한다. 옆 사람과 말을 나누어서도 안된다. 전화 통화를 하거나 TV, 신문, 책을 보아서도 안 되고 심지어『성경』도 읽어서는 안 된다. 그리고 어린 시절부터 지금까지의 아팠던 기억이나 상처를 털어내는 자서전을 쓴다. 어떤 사람은 50~100장씩 쓰는 사람도 있다. 구체적으로 쓸수록 더 효과적이다.

산만한 생각들, 몽상, 망상 같은 온갖 정신적 쓰레기가 일어난다. 생각해보라. 들어가는 정보는 없고, 속에 있던 것은 모두 밖으로 나오게 된다. 그런데 기억이라는 것도 한 사나흘 정도면 더 이상 나올 것도 없다. 침묵하다 보면 더 이상 가지고 놀 생각조차 없어진다. 영혼이 찢겨나가는 공허감이 밀려온다. 이때부터 서서히 무의식 속에 있던 부패한 속사람이 스멀스멀 밖으로 기어 나온다. 과거 내가 깨닫지 못했던 나의 참된 모습이 드러나기 시작한다. 자기의 껍질이 벗겨져야 비로소 하나님을 만날 수 있는 것이다.

"너희는 가만히 있어 내가 하나님 됨을 알지어다"(시편 46:10)

"너는 하나님 앞에서 함부로 입을 열지 말며 급한 마음으로 말을 내지 말라 하나님은 하늘에 계시고 너는 땅에 있음이니라 그런즉 마땅히 말을 적게 할 것이라"(전도 5:2)

모세도 하나님을 만날 때 이런 체험을 했다. 그는 오랫동안 사람 없는 광야에서 지냈다. 그가 입이 뻣뻣하여 말을 잘 못한 것은 오랫동안 말 못하는 양들과 지낸 까닭이었다. 그곳에서 얼마나 많은 시간 동안 과거 애굽의 기억들을 생각하고 또 생각했겠는가. 순간 불타는 떨기나무를 보게 된다. 과거의 기억, 열등감과 패배감, 무의식에 있는 모든 것들이 다 불에 타버리고 만다. 이때 하나님의 현존 앞에 설

수 있었다.

이때쯤 사람마다 차이는 있지만, 침대에 누워 있으면 아래에 죽은 시체가 보이기도 하고, 요염한 여자가 누워 있는 모습이 보이기도 한다. 놀라 내려가 보면 없고, 다시 누워 있으면 또 보인다. 알고 보면 이것들은 무의식에서 올라오는 거짓된 마음의 우상들이다. 평소 덮어둬서 그렇지 자기를 만나보면 음란하고 악한 존재이다.

'둘째 주간'에는 그리스도의 초대로 예수님의 공생애를 묵상한다.
이때부터 『성경』을 읽고 묵상한다. 예수님이 하늘나라에서 낮고 천한 마굿간으로 내려오시고, 애굽으로 피난하시고, 죄 없는 자로 세례를 받으시고, 사단에게 시험을 받으시고, 이후 십자가의 수난을 받기 직전까지를 묵상한다.

예수님의 33년 생애는 실재 사건이기에, 3차원의 입체적 상상력을 다 동원하고, 나의 오감을 다 활용하여 묵상한다. 주님 계신 곳을 찬찬히 구경하며 살피는 것이다.

『성경』 말씀을 통하여 성령님(Spirit)은 나의 영(spirit)에게 말을 걸어오신다. 이때 갑자기 우리 마음의 눈과 귀가 환하게 열리면서, "아하~ 이것이 바로 하나님의 뜻이었구나"라고 식별하게 된다. 마치 포도나무(요한 15:5)가 성령의 강(요한 7:37-39)에 물 댄 것처럼, 생수가 속으로 넘쳐흐른다.

이것을 뇌과학적으로 보면, 좌뇌의 지성은 '로고스'를 이해하는 것이고, 우뇌의 감성은 '레마'를 깨닫는다. 하지만 절대 잊지 말아야 할 것은 『성경』 말씀이라는 '로고스'를 통해 계시되고 검증되어야만 한다는 점이다.

영적 일치를 이루기 위해 "내 생각을 사로잡아 그리스도에게 복종케"(고후 10:5) 해야 한다. 왜 그러해야 하는가? 내 생각, 내 경험, 내 판단은 죄로 물들어 있고 너무나 심한 편견에 빠져 있기 때문이다. 우리의 생각은 성령이 지배하기도 하지만, 동시에 악한 영이 지배하기도 한다. 그러므로 내 생각을 무너뜨리고 그리스도에게 복종하는 마음을 배워야 한다.

'셋째 주간'에는 예수님의 십자가의 수난을 묵상한다.

이제 점점 더 주님과 하나로 일치되어간다. 십자가를 따르는 것에는 대가가 있다. 마음의 구조를 보면 거짓 자아를 지나, 무의식을 경험하고, 마지막 참나의 실존인 하나님의 형상(Imago Dei)으로 나아가게 되어 있다.

오랫동안 무의식을 지나가는 이 경험을 '무지의 구름', '어두운 밤'이라는 말로 표현했다. 이 장애를 뚫고 나가면, 구름 위에 찬란한 태양이 항상 빛나고 있었음을 알게 된다. 사람이 씨름하는 것 중 가장 힘든 것이 자신의 '그림자'를 벗기는 것이다. 노력해보면 인간의 힘으로는 불가능해도 주님의 힘으로는 가능하다. 즉 나를 내 눈으로 볼 것이 아니라, 예수님의 눈으로 나를 보아야 한다.

겟세마네 동산에서 기도하실 때 주님은 제자들 앞을 왔다 갔다 어쩔 줄 몰라 하시는 모습을 보인다. 십자가를 이미 다 아시는 주님이 왜 이리 불안해하실까? 그것은 사랑하는 아들을 죽여야 하는 하나님 아버지의 마음을 읽으셨기 때문이다. 그리고 비토소 아버지와 일치를 이루신 후 단호히 십자가를 지시게 된다. 겟세마네 동산은 주님 앞에 놓인 '어두운 밤'이었다.

"……모든 무거운 것과 얽매이기 쉬운 죄를 벗어 버리고…… 믿음의 주요 또 온전하게 하시는 이인 예수를 바라보자"(히브리 12:1-2)

초대 교회 그리스도인들은 눈을 예수님께 고정시켜 바라보는 동안 놀라운 임재를 경험하였다. 그들이 그렇게 할 수 있었던 것은 기도할 때 자기의 눈을 어디에 고정시켜야 하는지 알았기 때문이다. '바라보다'는 뜻의 헬라어 '아포라오'(apho벗어남 + rao바라봄)는 우리의 눈을 우상에서 벗어나 예수에게 고정시키는 것이다. 눈을 예수님께 고정시킬 때, 우리를 얽어매는 마음의 우상을 극복할 수 있다.

우상이 무엇인가? 탐심이 우상 숭배다(골로새 3:5). 마음의 눈에 하나님보다 물질이 더 크게 보이고, 자신의 욕망에 집착하는 것이다. 우상을 품고 하는 기도에는 우상을 통한 거짓 응답이 들리지만, 회개하고 청결한 심령으로 기도하면 하나님의 뜻이 분명하게 보인다. 마음의 눈을 밝히기 위해 우리의 눈을 예수님에게 고정시켜야 한다. 그리고 성령님의 도우심을 바라야 한다.

마음을 TV에 비유하자면, 먼저 믿음이라는 전원을 넣고, 주파수와 채널을 예수님께 고정시켜야 한다. 만약 영상이 떠오르지 않는다면 이는 분명 TV(내 영혼)가 고장이거나 전원(성령의 감동)이 들어오지 않았기 때문이다. 빨리 회개하고 믿음을 달라고 기도해야 할 것이다. 그러면 영적 감각이 다시 열리게 된다. 주께 눈을 고정한 자는 항상 이렇게 기도한다. "사람의 일을 버리고, 하나님의 일을 생각하게 하소서. 나의 뜻대로 마옵시고, 하나님의 뜻대로 행하시옵소서."

'넷째 주간' 에는 부활하신 주님과 교제하게 된다.

셋째 주까지 잘되면, 넷째 주에는 저절로 이루어진다. 세상이 줄 수 없는 위로부터의 기쁨이 있다. 이 땅에서 하늘을 경험한다. 사랑으로 완성된 우주가 하나로 연결되어 있음을 느낀다. 그분의 음성을 듣고 동행하며 살아간다.

강가에서 강태공이 낚시하는 것을 본 적이 있다. 물 위에 올라온 찌가 살짝 흔들렸다. 그런데 강태공은 순간을 놓치지 않고 정확히 낚아 올렸다. 나에게는 물 위의 찌만 보이는데, 그는 찌를 통해 물속에 있는 고기의 움직임까지 훤히 보고 있었다. 찌를 보고도 물고기의 움직임을 알아차리지 못하는 미숙한 낚시꾼은 물고기를 잡을 수 없듯이, 영성을 감지하는 훈련이 되어 있지 않으면 하나님께서 보내시는 예민한 주파수를 놓칠 수 있다. 분명히 영적 찌가 흔들렸는데 포착해야 할 순간을 놓치면 금방 사라지고 만다.

그래서 떠오르는 영상과 들리는 음성을 적는 것이다. 하나님과 당신이 나눈 대화를 기록해본다. 이 대화의 주도자는 말씀이신(요한 6:63) 하나님이시다. 이것을 계속하다 보면 음성을 분별해 듣는 능력이 점점 커진다. 영적 일기를 적으면 레마(Rhema)의 흐름을 쉽게 들을 수 있다. 말씀을 듣고 마는 것은 영적 제자리걸음이다. 그러나 기록하면 영적 감각이 나날이 깊어지게 된다. 마침내 하나님의 기뻐하시는 뜻을 정확히 분별할 수 있게 된다.

기도수첩을 사용하라. 신년기도 제목을 적어보라. 중보기도도 적어라. 새벽기도 시간에 부딪치는 말씀, 꿈으로, 음성으로 들리는 말씀을 적어라. 그리고 어찌 응답하시는지 확인해보라. 솔직하게 써야만 한다. 자기의 거짓된 모습을 극복해야 성장할 수 있다. 쓰다 보면 영적 감각이 점점 더 예민해지게 된다. 늘 수첩을 갖고 다니고, 순간적으로 간단하게 메모하는 습관을 길러라. 언제 어느 시간에 영적 찌가 흔들릴지 모른다.

마지막으로 이것이 과연 하나님에게서 온 것인지 나의 생각인지 분별할 줄 알아야 한다. 이것을 영적 멘토(이 부분에 이해가 있는 목사나 지도자)에게 보여주고 확인해보라. 이 부분은 중요하다. 자칫 독단적 자기 생각을 하나님의 음성으로 오인할 수도 있기 때문이다. 하나님과 영적인 관계를 잘 맺는 사람일수록, 사람과의 관계에서도 인격적인 사람임을 기억하라. 영적인 사람은 열린 귀를 가진 사람이다. 그래서 인간관계가 독선적이지 않고 겸손하다.

영성의 눈을 여는 데 도움이 되는 좋은 사례 하나를 소개한다.

연암 박지원이 길을 가다가 울고 있는 한 청년을 보게 되었다. "왜 우시오?"

청년은 하소연을 했다. "제가 5세 때 눈이 멀어 20년간 소경으로 지냈습니다. 그런데 갑자기 길을 가는데 사물이 서서히 보이기 시작했지요. 기쁜 마음으로 집으로 가려는데 집이 어딘지 알 수가 없어 울고 있습니다."

연암이 집을 찾아가는 법을 가르쳐주었다. "다시 눈을 감아보시오. 그리고 마음으로 길을 걸어보시오."

청년이 시키는 대로 눈을 감아보았다. 과연 눈을 감자 길이 보이기 시작했다. 청년은 지팡이를 짚고 집으로 갔다. 연암 박지원도 훌쩍 자리를 떠났다.

"예수께서 이르시되 내가 심판하러 이 세상에 왔으니 보지 못하는 자들은 보게 하고, 보는 자들은 맹인이 되게 하려 함이라"(요한 9:39)

사랑의 공명현상

"어느 집에 들어가든지 먼저 말하되 이 집이 평안할지어다 하라.
만일 평안을 받을 사람이 거기 있으면 너희의 평안이 그에게 머물 것이요
그렇지 않으면 너희에게로 돌아오리라" (누가 10:5-6)

환자를 위한 기도의 효과

환자를 위해 기도하는 것이 과연 효과가 있을까? 기도의 효과를 실험한 연구 가운데 가장 대표적인 것은 심장병 학자인 랜돌프 버드(Randolf Byrd) 박사의 연구이다. 10개월 동안 실험한 그의 연구 결과는 놀라왔다. 그는 컴퓨터를 이용해 샌프란시스코 병원의 심장병동에 입원한 환자 393명을 두 그룹으로 나누었다. 한 그룹은 교회와 여러 단체 사람들로 하여금 중보기도를 해주게 했고, 다른 그룹은 아무런 기도 없이 병원 치료만 하도록 했다.

이 실험 연구는 엄격한 기준에 맞춘 임상연구법을 그대로 적용해, 무작위적 이중맹검법으로 실시했다. 이중맹검법이란, 환자 자신도 기도를 받고 있다는 것을 몰라야 하지만, 담당 의사와 간호사에게조차도 비밀에 부쳐 플라세보 기대심리를 차단해, 기도의 효과를 정확히 알아보는 실험방법이다.

중보기도 팀에게 기도를 위해서 환자의 이름과 병명 및 상태를 알려주고, 매일 환자들을 위해 기도하게 한 뒤 일지를 적도록 했다.

5~10개월을 지나면서 중보기도를 받은 그룹의 환자들은 비교 그룹과 여러 면에서 다른 점을 보였다. 실험 결과 이들에게는 항생제가 적게(1/5) 사용되었고, 폐수종 같은 부작용이 적었으며(1/3), 호흡용 튜브를 사용한 환자도 비교 환자 집단에서는 12명이나 있었는데 이들은 없었고, 사망자도 없었다. 이 실험은 기도의 힘을 과학적으로 증명한 대표적인 사례이다. 이후에도 기도가 지닌 치유의 힘을 보여주는 증거는 계속 늘어나고 있다.

미국 다트머스대학교 의료센터의 연구에 따르면, 심장수술을 받은 환자 232명 중 신앙의 위로를 받고 있는 환자가 종교를 믿지 않는 환자에 비해 사망률이 1/3 정도로 훨씬 낮았다. 특히 "기도하고 예배에 참여하는 사람들이 비종교인이나 기도의 효과를 믿지 않는 사람에 비해 월등하게 건강하다"는 통계가 나왔다. 그 예로 교회에 다니는 노인들이 다니지 않는 노인에 비해 혈압이 낮고, 뇌졸중 발생률이 낮으며, 수명도 5년정도 더 길다는 사실을 제시했다.

이후 이 병원의 정신과 의사 피터 실버파브(Peter Silberfarb) 박사는 종교가 암에 어느 정도 영향을 미치는지 알아보았는데, 90% 정도의 환자가 암을 이기는 데 종교생활이 도움이 된다고 대답했다.

이런 성과에 근거해, 최근 미국 대학원 의료교육인가위원회는 종교를 구체적인 의료로 정식 인정하고, 18개 대학에서 '영성의학'을 강의하며, 45만 달러의 연구 보조금도 지급하기로 결정하였다. 이러한 시도는 의학이 인간의 몸과 마음을 넘어서 영성까지 치료의 대상으로 받아들이고 있음을 보여주는 것이다.

과학자들은 '영성'을 뇌신경과학의 실험실에서 찾으려 했다. 『신은 왜 우리 곁을 떠나지 않는가』라는 책을 쓴 앤드류 뉴버그(Andrew Newberg) 팀은 영성 실험에서 가장 앞선 연구 결과를 발표했다. 티베트 승려 8명과 수녀 5명이 명상과 명상기도를 할 때 뇌에서 어떤 현상이 일어나는지를 EEG로 알아보았다. 기도 중 뇌 뒤쪽 부분, 공간과 방향을 지각하는 뇌, 나와 타인을 구별하는 뇌에 방사능 물질이 갑자기 분비되면서 빨간색과 노란색으로 활발하게 움직이는 것을 확인했다. 이때 티베트 승려는 무아지경에 빠졌고, 수녀는 성령 체험을 하는 것이었다. 영성을 과학적으로 증명하는 순간이었다. 이로써 우리의 뇌는 하나님과 연결된 무선 핸드폰이라는 것을 과학적으로 증명하게 되었다.

과연 과학이 하나님의 초월적 신비를 풀 수 있을까? 지금은 겨우 시작 단계에 지나지 않지만, 최근 과학은 기도의 효과를 과학적으로 증명하고 있다.

의학박사 다니엘 베너(Daniel Bener)와 심리학자 윌리엄 브라우드(William Braud)가 1990년 이후 3년간 영적 논문들을 수집하여 문헌 고찰 중심으로 조사를 했다. 연구 대상은 131편의 논문으로, 이들 중 77편은 통계적으로 유의미한 결과를 보였다. 한마디로 정확했다. 그리고 대상을 효소, 세포, 효모, 박테리아, 식물, 동물, 인간까지 확대해서 기도의 치유력을 다루었다.

F.C 크라이지(F. C. Craigie) 박사는 다시 최근 10년간 『가정의학 저널』에 발표된 논문을 관찰했는데, 그중 85%는 기도가 효과가 있다고 했으며, 17%는 중립적이었고, 해로운 효과를 보여준 것은 한 편도 없음을 확인했다.

이 연구들의 특징은 무엇일까? 논문의 신뢰도가 높음에도 박사논문은 통과되지 못하고 권위 있는 의학저널에 등재되지 못했다. 그 이유는 단 한 가지 '영적 치유에 관한 연구'였기 때문이다.

왜 과학자들은 영적 기도 치유를 인정하기 꺼려하는가? '과연 기도가 과학이 될 수 있겠는가?'라는 편견 때문이다. 서구의 물질주의적 사고로는 신비적인 기도의 효과를 수용하기 어렵기 때문이다.

한 정신과 의사가 편집증 환자를 치료하고 있었다. 환자는 자신이 죽었다고 끝까지 우기고 있었다. 상담에 지친 의사는 환자에게 "죽은 자는 피를 흘리지 않는다는 것을 알고 있느냐?"고 물었다. 환자는 "당연히 그렇다"고 대답했다. 의사는 환자의 손가락을 바늘로 찔러 피를 보여주었다. "봐요, 당신은 살아 있다고." 환자가 질세라 소리쳤다. "아니에요. 죽은 자도 피를 흘린다구요"라며 또다시 우겨댔다. 과학적 이론보다 개인적 신념이 더 강하게 작용한다는 것을 보여주는 이야기이다. 그래서 현대물리학자 막스 플랑크(Max Planck)는 "과학을 장례 치를 때마다 과학은 변화한다"고 말했다.

기도가 치유 효과가 있다는 것은 분명하다. 가장 큰 증거는 지금도 모든 사람이 기도를 멈추지 않는다는 사실이다. 야생동물들은 그들이 아플 때 어떤 식물이나 약초를 먹어야 하는지 본능적으로 알듯, 만물의 영장인 사람도 병이 걸리면 본능적으로 절대자를 찾는다. 기도의 신비는 변함이 없다.

레리 도시(Larry Dossey) 박사는 의학의 시대를 3기로 나누었다.

제1기는 1860년~1950년대까지의 의학으로, 주로 수술이나 약물, 동양의학, 동종요법을 포함하는 '물리주의적 의학'이었다. 여전히 이 의학은 영향력을 발휘하고 있다.

제2기는 1950년대 태동한 '심신의학' 시대인데, 물리주의적 의학의 한계를 보완하는 의학으로 지금도 꾸준히 발전하고 있다.

제3기는 21세기에 들면서 막 인정을 받고 있는 '초월적 기의학'이다. 이것은 장소와 대상을 초월하는 것으로 기의학, 원격 진단, 텔레

소매틱 등이 있지만 대표적인 것이 '기도'라고 할 수 있다.

자지 말고 깨어라

예수님은 "항상 기도하고, 낙망치 말라"(누가 18:1)하셨고, 제자들에게도 "너희는 여기 머물러 나와 함께 깨어 있으라"(마태 26:38)하셨다. 여기다 바울은 "쉬지 말고 기도하라"(살전 5:17)고 훈수를 든다. 실제로 사도들은 "우리는 오로지 기도하는 일과 말씀 사역에 힘쓰리라"(사도 6:4) 했고, 교인들도 "기도에 항상 힘쓰고"(로마 12:12) 있었다.

어떻게 항상 기도만 할 수 있는가? 일도 하고, 쉬기도 하고, 잠도 자야 하지 않는가? 기도하다가 잠깐 방심하는 순간 정신이 엉뚱한 망상으로 떠다닐 때도 많다. 또 우리는 말로 읊조리는 기도만 기도라고 생각해왔다. 알고 보면 깨어 말하는 기도는 너무나 짧다. 그 내용도 습관에 따라 늘 했던 말로 중언부언한다. 도대체 어떻게 해야 항상 기도할 수 있다는 말인가? '항상 기도하고 낙심하지 않는 기도'는 무의식에서 하는 기도이다. 무의식적 기도라야 쉬지 않고 기도할 수 있다. 아니 무의식적 기도가 더 중요한 기도이다.

" '의식'이 무엇인가?"라고 물으면 십중팔구가 "잠자지 않고 깨어 있는 상태"라고 답한다. 그러나 현대심리학의 정설 중 하나는 사람은 막대한 시간을 무의식 상태로 살아간다는 것이다. 깨어 있지만 잠자는 것과 같은 미몽에 산다. 과연 하루에 망상에 떠다니지 않고 또렷하게 깨어있는 시간이 얼마나 되는가? 실험에 의하면, 마음을 한곳에 집중할 수 있는 시간은 겨우 1분 30초였다. 알고 보면 우리 마음이 깨어 있는 시간은 아주 적다.

사람의 뇌는 중심에 '망상체(reticular formation)'가 있어서, 바깥의 끝없는 정보들 중에 별로 중요하지 않은 정보는 거대한 무의식의 창고에 처박아둔다. 의식으로 깨어 있는 시간은 하루 중 얼마 되지 않는다. 대부분은 무의식적 습관에 따라 움직인다. 프로이트는 무의식을 '강제적 힘'이라 했고, 융은 '원형(Archetype)'이라 했다.

그러면 무의식의 기도란 무엇인가? 무의식의 창고 안에는 사랑과 생명뿐 아니라, 악과 미움 같은 부정적인 것들도 다 함께 들어 있다. 무의식의 기도란 괴물의 소굴같이 어둡고 두려운 죽음까지도 기꺼이 받아들이는 기도를 말한다. 기억조차 하기 싫던 과거의 어두움까지 친구로 끌어안고 불신을 내려놓는 것이다. 그런데 바로 이때 치유가 일어난다. 무의식의 기도는 그동안 어둠속에 숨겨져 있던 문제의 해답을 찾게 해주고 과거와 화해하는 놀랄 만한 치유 능력을 주는 것이다.

그렇다면 어떻게 무의식의 기도를 할 수 있을까? 우선 보이지 않는 무의식의 능력을 인정해야 한다. 고통스런 질병을 인정하고 수용한다. "예! 나는 환자가 맞아요. 혹 죽을까 두렵지요. 그렇지만 늘 울 수는 없잖아요. 현실을 받아들여야지요." 이때 놀라운 역설이 작용한다. "나는 아무것도 하지 않았어요. 그냥 기적이 일어났어요." 기적적인 치유를 원하지 않는 사람들이 오히려 기적을 경험했다.

의식적 기도가 내 힘으로 던지는 화살이라면, 무의식적 기도는 활의 탄성을 이용해서 쏘는 화살이다. 두려움이 몰려오는 영혼의 어두운 밤에 활시위에 화살을 올려놓듯 자신을 온전히 하나님께 내맡기는 것이 무의식의 기도이다.

융은 이 상태를 이렇게 설명하였다. "신성한 존재에 대한 접근이야말로 진정한 치료법이다. 빛이 어둠을 물리치듯, 신성한 경험이 병을 물리친다. 무엇을 해달라는 요청의 기도보다 '아버지, 당신의 뜻대로 이루어지소서'라는 순응의 기도가 낫다. 가장 덜 노력할 때 가장 좋은 결과를 얻게 된다." 병이 자연스럽게 소멸된 사람을 보면, 어떤 공식대로가 아니라 모든 공식을 내려놓았을 때 병에서 벗어나게 되었다. 이들은 병을 통해 어떤 깨달음을 얻은 사람들이다. 이들에게 병은 일종의 선물, 축복, 은총이다. 이것이 무의식의 기도이다.

다양한 기도의 방법들

그러면 어떻게 하는 것이 좋은 기도인가? 스핀드리프트협회(Spindrift, Inc.)에서는 기도의 어떤 형식이 가장 효과적인지를 조사하였다. 먼저 '**소리내는 기도**'와 '**침묵의 기도**'가 있다.

「요한복음」 17장을 보면 예수님은 십자가를 앞에두고 대제사장식 기도가 나온다. 이때 예수님은 소리내어 기도를 하셨고 제자 요한은 곁에서 모두 듣고 있었다. "그는 육체에 계실 때에 자기를 죽음에서 능히 구원하실 이에게 심한 통곡과 눈물로 간구와 소원을 올렸다"(히브리 5:7) 그러나 이외에 많은 기도를 하셨지만 소리 없이 침묵의 기도를 하셨다. 우리는 자칫 소리내는 기도만이 바른 기도라 생각한다. 그래서 침묵을 참지 못한다. 대화 중 말이 끊기면 긴장한다. 새벽 침묵기도 시간에 음악이라도 틀어놔야 편안하다. 이처럼 말 없는 기도는 어쩐지 말이 안 된다고 생각한다.

『무지의 구름』을 쓴 익명의 저자도 말 없는 기도를 강조하며, 도움을 청하기 위해 겨우 두 단어만을 선택하라고 주문했다. 가장 빨리 응답받을 수 있는 기도문은 "불이야!"다. 짧은 기도문일수록 하늘에 빨리 닿게 된다. 침묵은 하나님의 언어이다.

또 다른 분류로 **'지시적인 기도'**와 **'비지시적인 기도'**가 있다.

지시적인 기도는 목적을 두고 기도하는 것이다. 가령 암이 치유되고 통증이 없어지게 해달라는 기도이다. 지시적 기도는 정신 치유, 신념 치유, 플라세보 효과와 연관이 있다. 이에 반해 비지시적인 기도는 하나님께 무엇을 해달라고 말하지 않는 기도이다. 둘 다 효과가 있었지만 비지시적인 기도가 더 효과가 있었다. 왜 그럴까?

지시적인 기도가 최선일 것 같지만 때로는 최악이 될 수도 있다. 사실 우리는 무엇이 내게 유익한지 잘 모른다. 혈류량이 증가하게 해달라 할지, 감소하게 해달라 할지, 어떤 호르몬이 어떻게 작동하게 해달라 할지를 모른다.

때로 하나님에게 무엇을 해달라고 명령하는 것처럼 건방져 보이기까지 하다. 그래서 대신 "하나님의 뜻대로 이루어지이다"라고 말하는 것이다. 이것은 포기하는 것이 아니라 당신께 항복하는 것이다. 포기는 행동을 거부하지만 항복은 또 다른 종류의 행동이다. 포기는 절망을 가져오지만 항복은 평화로움을 가져온다. 항복에 놀라운 힘이 있었다.

다음으로 **'시각화(Visualization) 기도'**와 **'심상(Imagery)기도'**가 있다.

시각화 기도란 무엇인가? 가령 암 환자라면 암덩이를 붉은 고깃덩어리로 상상하고, 면역세포는 고깃덩어리를 갈가리 찢어버리는 상어로 시각화하도록 한다. 이처럼 분명한 방향을 향해 지시적인 특징을 갖는 기도이다. 구체성, 선명성, 강도, 명확성이 높을수록 면역반응이 크게 나타났다. 이런 것이 대표적 시각화 기도이다.

대신 심상기도는 다음과 같은 믿음을 바탕으로 한다. '하나님이 저 푸른 창공 너머가 아니라 우리 안에 '지금 여기'에 계심을 믿는다.' 따라서 이 기도의 목적은 어디에 도달하는 것이 아니라, 내가 하나님 품 안에 있음을 깨닫는 것이다. 대체적으로 성격이 외향적인 사람은 '시각화 기도'를 선호하고, 내향적인 사람은 비지시적인 '심상기도'를 선호한다. 시각화 기도가 바다 표층의 사나운 파도와 같다면, 심상기도는 바다 속 심연에 존재하는 거대한 해류처럼 움직인다.

17세기 어거스틴 베이커(Augustine Baker)는 사람마다 영적 유형(Spiritual types)이 다르기에 한 가지 기도 방법만 고집하는 것은 '기도 소외자'를 만들고, '기도 노이로제'에 걸리게 한다고 했다.

한국 교회는 그간 너무 한쪽에만 치우친 것 같다. 의식의 기도, 소리내는 기도, 지시적 기도에 몰두했다. 무의식의 기도, 침묵의 기도, 비지시적인 기도는 등한시했다. 그래서 "한국 교회는 시끄럽다"는 말을 자주 들어왔다. 이제 한국 교회는 그동안 해오지 않았던 나머지 한쪽의 기도를 가르쳐야 한다. 교인들은 자신의 영적 성향을 깨닫고 자기에게 적합한 기도 방법을 실천해야 할 것이다.

기적을 부르는 미, 용, 감, 사

마지막으로 놀라운 기도 하나를 소개한다.
스트레스 해소 프로그램 전문가인 휴 렌(Hew Len) 박사가 하와이 주립 정신병원 중증환자 병동에서 겪은 일이다. 그는 상담 전문가로 환자를 상담하였다.
"당신 이름이 무엇입니까?" "라플레옹."
"?······"
"당신 나이가 몇입니까?" "180살."
"?······"
도대체 말이 통하지 않았다.

이후 박사는 방법을 바꾸었다. '미, 용, 감, 사!'
'미안합니다' '용서하세요' '감사합니다' '사랑합니다'라는 말이었다. 박사는 환자가 서 있는 복도를 지나면서 속으로 외쳤다. "미안합니다. 당신이 이렇게 병들게 된 것은 내 책임이 큽니다. 용서를 빕니다." "그리고 이 정도라도 지켜온 당신에게 감사드립니다. 진정으로 사랑합니다."

이렇게 한 달 두 달이 지났다. 이상한 것은 그렇게 난폭해서 족쇄를 채워야만 했던 환자들이 점점 온순해지기 시작했다. 하루는 복도를 걷고 있을 때, 침묵으로 일관해오던 환자 한 사람이 "미스터 휴. 제 이름이 토마스~"라며 스스로 말을 걸어왔다. 이후 하나 둘씩 마음을 열더니 300여 명의 모든 환자들이 정상적으로 회복되었다. 이제 과거의 살인, 강간, 마약, 폭력 전과범, 정신이상자가 아니었다. 더 이상 격리실과 족쇄를 사용할 필요가 없었고, 환자들은 스스로 문제를 처리하고, 나중에는 신참 환자를 돌봐주기까지 했다. 병원 안에 '미용감사'의 파동이 점점 퍼져나가 나중에는 거대한 해일처럼 출렁이고 있었다.

어찌 이런 일이 일어날 수 있는가? 앞서 이야기했듯이 사람들은 과거의 기억들을 무의식의 저장고에 쌓아둔다. 그중 정말 가슴 아팠던 상처(트라우마)는 꿈으로 불쑥 올라오거나 일상의 중요한 순간순간에 나를 지배한다. 그런데 나의 무의식 속에는 더 깊은 집단 무의식(융의 이론)이 있고, 또 더 깊은 곳에는 하나님이 계시는 성소가 있다.

　이러한 구조하에 '미용감사'의 반복적 파동은 의식에서 출발하여, 무의식에 도달하고, 여기서 다시 더 깊은 곳인 하나님의 성소까지 도달한다. 처음 나의 작은 파동이 나중에는 거대한 해일같이 커져 하나님의 성소에 전달된다. 이것이 역으로 하나님의 능력을 움직이게 하여 내 과거의 상처(트라우마)를 완벽하게 무(無)로 지우게 되는 것이다.
　그리고 사랑의 파동은 주변 사람에게도 파동으로 전달된다. 사랑의 묘약은 마음속 분노, 두려움, 비난, 화, 혼란 같은 잘못된 감정을 중화시킨다. 중화된 마음은 텅빈 제로 상태(空의 상태, 아픈 기억에서 자유로운 상태)로 무장해제시킨다. 그리고 그 빈 마음은 신성한 사랑으로 채워지는 것이다.

　프로이트식의 정신분석으로 수백 번 상담해봐도 문제를 해결하기는 힘들다. 과거의 부모를 탓하고 조상을 탓한다고 지금 아픈 내 문제에 무슨 도움이 되겠는가. 컴퓨터에서 파일을 삭제하면 그것이 어디로 가는가? '휴지통'에 남아 있다. 마찬가지로 과거 내가 아팠던 기억은 사라지지 않고 '무의식'에 차곡차곡 쌓여 있다. 파일을 완전히 없애려면 휴지통을 비워야 하듯이, 문제를 근본적으로 해결하려면 나의 무의식 창고에 쌓여 있는 아픈 기억을 지워야 한다. 지우는 방법은 '미용감사', 사랑하는 것이다.

사랑은 남을 탓하지 않고 내가 책임을 지는 것이다. 이 마음은 파동으로 전달되고, 상대의 경험을 공유할 수 있도록 한다. 이 파동은 더 큰 하나님의 파동과 일치하게 된다. 이 에너지가 무의식의 아픈 기억을 무력화시키고, 대신 하나님의 사랑으로 충만하게 만드는 것이다.

암 프로그램을 진행할 때 있었던 일이다. 참가자 30여 명 중에 열 살 남짓한 아이와 아이 엄마가 있었다. 엄마는 유방암 환자였고, 아이는 혈액종양 환자였다. 엄마는 아이가 병든 것은 자신 탓이라 말했다. 아이에게 엄마가 필요했을 때 자신의 병으로 인해 아이를 떠나 있었기 때문이라고 했다. 사흘간의 프로그램은 이들에게 정말 많은 행복감을 선사했다. 그러나 강의를 알아듣지 못하는 이 아이에게는 별 도움이 되지 못했다. 그러나 마지막 시간 우리 모두가 아이를 끌어안고 '미용감사'를 해주자 기적이 벌어졌다. 사흘간 풀죽어 의자에 조용히 앉아 있던 아이가 눈물을 흘리고 있었다. 어린 마음속에 숨겨진 아픔이 눈 녹듯 정화되고 있었다. 이후 자주 소식을 듣는다. 아이가 그렇게 밝을 수가 없고, 지금은 엄마와 아이 모두 건강하다고 한다.

사랑이나 공감은 우리 모두를 하나로 만들어준다. 그래서 다른 사람을 위한 치유기도는 어떤 의미에서 자기치유이기도 하다. 다른 사람을 사랑할 때마다 내 기분이 더 좋아진다. 다른 사람을 위해 기도할 때 오히려 내 자신에게 유익한 것은, 바로 이 사랑의 공명현상 때문이다.

"어느 집에 들어가든지 먼저 말하되 이 집이 평안할지어다 하라. 만일 평안을 받을 사람이 거기 있으면 너희의 평안이 그에게 머물 것이요 그렇지 않으면 너희에게로 돌아오리라"(누가 10:5-6)

현대 양자역학이 증명한 기도의 과학

20세기 초까지만 해도 과학자들은 물질을 이루고 있는 가장 기초 단위는 원자(Atom)이고, 그것은 단단하고 안정된 입자일 것이라고 생각했다. 그러나 X선이 발견되면서 이 원자는 단단한 것이 아니라 텅 빈 공간임을 알게 되었다. 또 원자가 핵과 그 주위를 빠르게 도는 전자로 이루어져 있으며, 그 속에 수많은 소립자가 있다는 사실을 알게 되었다. 원자를 축구장이라 할 때 원자핵은 그 한가운데 놓인 조약돌에 불과하고, 전자는 축구장 둘레를 도는 먼지와 같은 것이었다. 결국 우리 눈에 보이는 물질세계는 깊이 들여다보면 99.9%가 텅 빈 공간이라는 사실이 밝혀진 것이다.

곧이어 빛과 전자, 그리고 모든 소립자들이 입자의 성질과 파동의 성질을 동시에 갖고 있음이 밝혀졌다. 마치 돌멩이를 수면에 던지면 물결이 파문을 일으키듯이, 입자가 파동을 일으키는 것이었다.

그런데 그 입자와 파동은 일정한 법칙이 없이 제멋대로 움직이는 것이었다. 이것은 고전물리학 이론을 완전히 뒤엎어버리는 것이었다. 운동하는 물체의 위치와 속도를 알면 특정 지점의 위치를 정확히 예측할 수 있다는 기존의 이론이 무너졌다. 이것이면서도 저것인 존재, 주관에 따라 달라지는 객관, 실험자의 의도에 따라 달라지는 결과를 가져왔다. 결국 기계론적 세계관을 벗어나 아인슈타인과 닐스 보어(Niels Bohr)가 '양자물리학'을 제창하고, 원자폭탄의 이론적 배경을 제공한 베르너 하이젠베르크(Werner Heisenberg)는 '불확정성의 원리'를 발표하게 되었다.

최근 일본의 에모토 마사루(江本勝) 박사는 『물은 답을 알고 있다』란 책에서 물 입자도 주관적 말에 반응하여 움직인다는 사실을 증명했음을 밝혔다. 물 입자에 '사랑과 감사'라는 글을 보여주었을 때는 아름다운 육각형 결정체를 나타내지만, '악마'라는 글을 보여주었을 때는 시커먼 부분이 주변을 공격하는 듯한 형상을 나타낸 것이다. 과연 물에도 의식이 있다는 말인가? 도대체 어찌 이런 일이 일어날 수 있단 말인가?

'입자이면서 파동'이라는 말을 기억해보라. 파동은 서로 정보를 주고받는다. 소리굽쇠(말굽자석)를 이용해서 공명현상을 실험해볼 수 있다. 가령 크기가 '대, 중, 소'의 소리굽쇠를 두고, 또 다른 '중' 크기의 소리굽쇠를 망치로 딩~ 하고 치면, 치지도 않은 '중' 소리굽쇠가 파동의 영향을 받아 울림이 시작된다. 주파수가 다른 파동은 아무리 가까이 있어도 전달되지 않지만, 같은 파동은 울림이 전달된다.

'공명현상' 때문이다. 서울의 방송국에서 전국에 전파를 날려 보내고 지방에서 주파수를 맞추면 방송을 청취할 수 있는 것도 공명현상, 곧 '파동의 원리' 때문이다.

심장과 뇌의 힘을 연구하는 하트메스연구소(Heart Math Institute)의 닥 칠드리(Doc Childre)와 하워드 마틴(Howard Martin)에 따르면 감사와 사랑의 마음을 품을 때 심장박동과 뇌파가 공명현상을 일으킨다고 한다. 이러한 마음을 품으면 매 10초당 심장박동의 사이클인 0.1Hz와 뇌의 주파수가 정확하게 일치하게 되고, 처음에는 작은 파장에서 시작해서, 공명현상이 일어나고부터는 점점 파문을 일으켜, 나중에 엄청난 파도처럼 되는 것을 확인하였다. "가는 말이 고와야 오는 말이 곱다" "주는 대로 받는다"는 말이 과학적으로 증명된 것이다.

듀크대학의 초심리학 실험실에서는 각종 동물들은 이 같은 파동을 더 잘 감지한다는 것을 알게 되었다. 수많은 사례 중 하나를 소개한다.
휴 브레디는 정원에서 상처 입은 비둘기를 고쳐주고 돌봐주었다. 그러던 어느 날 휴는 병에 걸려 360Km 떨어진 병원에 입원해 있었다. 눈 오는 겨울날 어떤 비둘기가 휴의 병실 창문을 두드렸다. 창문을 열어보니 바로 그 비둘기가 그 먼 곳을 날아와 휴의 가슴에 내려앉았다. 사랑은 공감이라는 통로로 연결되어 있다. 마치 비둘기의 귀소본능처럼.

마음이 슬플 때는 슬픈 음악을 들어야 하고, 기쁠 때는 경쾌한 음악을 들어야 한다. 농촌진흥청의 여러 실험 사례로 밝혀졌듯이 동물이나 식물도 음악에 반응한다. 젖소에게 좋은 음악을 틀어놓았을 때 우유가 더 많이 생산되었으며, 식물들도 훨씬 건강해져 많은 열매를 맺었다. 모두가 공명현상 때문이다.

최근에는 파동의 원리를 의학에 접목하기도 한다. 건강할 때와 질병이 있을 때, 그 상태에 따라 몸에서 나오는 파동이 달랐다. 이 파동의 원리로 병명을 찾아내고 심지어 병을 치료하는 '파동의학'이 전개되고 있다. 파동분석기도 여러 가지가 개발되어서 SQUID(초전도성 양자간섭 측정 장치), QRS(양자공명 분석기) 등 수십 가지가 경쟁적으로 등장하고 있다.

파동은 특히 마음과 의식의 세계와 가장 직접적으로 연관되어 있었다. 캔디스 퍼트(Candice Pert)는 『감정의 분자(In Molecules of Emotion)』란 책에서 "감정에는 진동이 있으며 이 진동이 마음과 육체를 연결한다. 기쁠 때와 슬플 때, 즐거울 때와 노할 때, 사랑할 때와 감사할 때 몸에서 각각 다른 파동이 나온다. 특히 분노의 진동은 불규칙하게 깨어져 나타나지만, 감사의 진동은 춤추듯 리드미컬하게 반응한다"고 했다. 그중 가장 아름다운 파장을 그리며 모든 질병을 무기력하게 만드는 파동이 무엇인 줄 아는가? '미안합니다' '용서하세요' '감사합니다' '사랑합니다' 라는 파동이었다.

'미용감사!'는 한마디로 '사랑'이다. 알고 보면 모든 질병은 사랑의 결핍에서 비롯된다. 그리고 모든 치유도 사랑에서 비롯된다. 사랑보다 더 좋은 치료제는 없다.

간호장교가 부상병을 위로했다. 첫째 병사가 "이 손으로 적과 싸웠어요!" 그러자 간호장교가 손에 키스해주었다. 둘째 병사가 "전 이마로 적을 들이받았어요!" 그러자 간호장교가 이마에 키스해주었다. 이를 본 셋째 병사가 하는 말, "지는유~ 입으로 물어뜯었구만유!"
사랑에 대한 갈망이 인간의 뿌리 깊은 본성이다.

현대의학은 눈부시게 발전하고 있지만, 사랑만큼 강력하고, 부작용이 없는 약은 아직 만들어내지 못하고 있다. 모든 사랑에는 경이로운 치유의 힘이 있다. 종양을 녹이며, 중독증을 치료하며, 공포감을 추방하고, 기적을 일으켜 생명을 살린다. 이 사랑은 시간과 공간을 초월하여 작동한다.
예수님은 사랑으로 치료하는 의사이시다. 현대과학은 이를 증명하고 있다.

전인건강 테스트 – 네 개의 바퀴

　세계보건기구(WHO)에서는 1984년부터 건강을 "The condition of being sound in body, mind, social position or spirit"이라 정의하고 있다. 즉 온전한 건강이란 신체적, 정신적, 사회적, 영적으로, 한마디로 전인적으로 하나님의 창조질서가 이루어진 상태라고 말할 수 있다. 『성경』에서 말하는 건강도 온전함과 완전함이다. 치유라는 뜻의 '라파(rapha)'도 마찬가지로 전인적인 치유를 의미한다. 평화라는 뜻의 '샬롬'도 갈등이 없는 상태를 의미하는 것만 아니라, 신체적, 정신적, 그리고 인간과 하나님의 관계에 있어 총체적 평화를 말한다. 이제 당신의 전인적 건강을 체크해보라.

네 가지 건강바퀴 테스트

- **신체적 바퀴** : 한 사람의 육체적 평안
- **심리적 바퀴** : 한 사람의 정신적, 감정적 평안
- **관계적 바퀴** : 가족, 동료, 친구들과 맺는 사회적 평안
- **영 적 바퀴** : 한 개인이 하나님과 맺는 평안

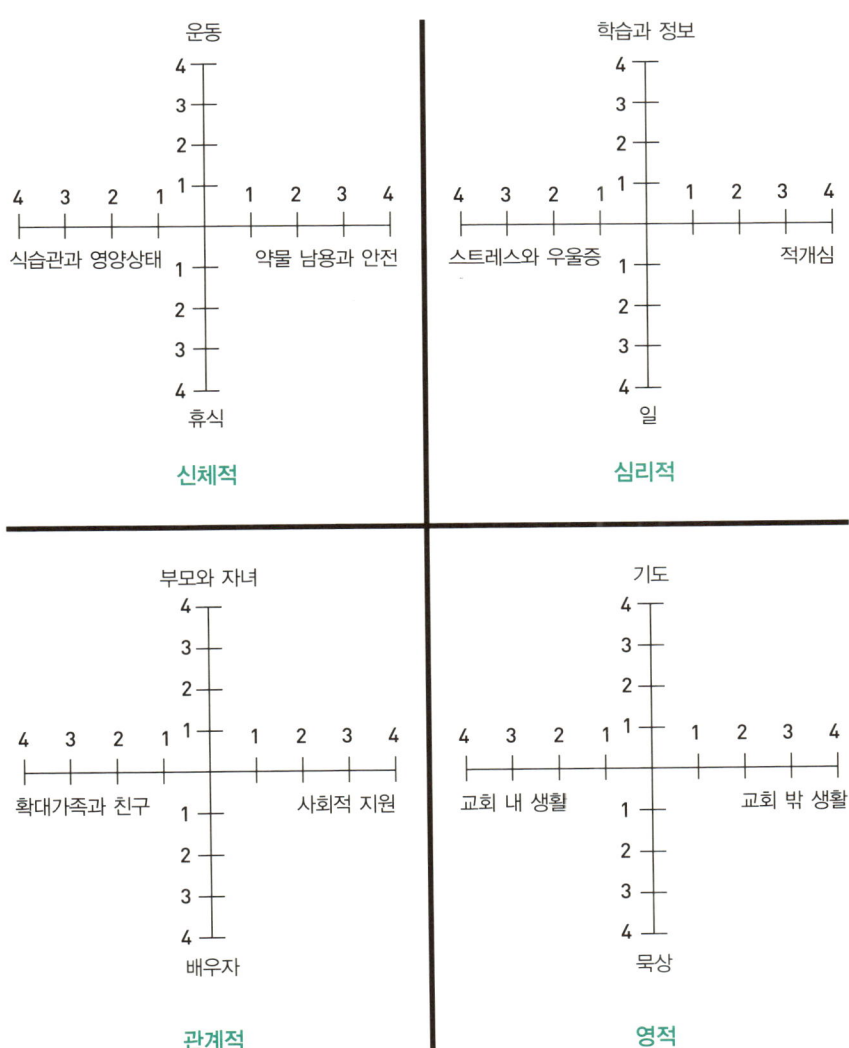

■ 신체적 바퀴

수직 바퀴살 : 운동, 휴식
수평 바퀴살 : 식습관과 영양상태, 약물 남용과 안전

● 운동
☐ 4/4 : 매일 최소 30분 이상씩 운동   ☐ 3/4 : 주 3~4회 운동
☐ 2/4 : 주 2~3회 운동   ☐ 1/4 : 주 1회 운동
☐ 0/4 : 운동 안 하고 TV만 본다

● 휴식
1. 수면 시간이 일정   2. 숙면   3. 상쾌한 기상   4. 취미·여가생활   5. 매년 휴가
☐ 4/4 : 위의 사항 모두 한다   ☐ 3/4 : 3가지 정도 한다
☐ 2/4 : 2가지 정도 한다   ☐ 1/4 : 1가지 정도 한다
☐ 0/4 : 전무하다

● 식습관과 영양상태
1. 물을 충분히 섭취 2. 충분한 과일과 야채 3. 균형 잡힌 영양식 4. 카페인과 탄산음료 금지
5. 포화지방산과 가공음식 금지   6. 패스트푸드 절제
☐ 3/4 : 전부 해당   ☐ 2/4 : 4~5가지 해당
☐ 1/4 : 2~3가지 해당   ☐ 0/4 : 0~1가지 해당
(체중이 정상이면 1/4 더함, 심한 비만이나 극도 미달은 1/4 뺌)

● 약물 남용과 안전
1. 안전운행   2. 안전벨트   3. 사는 곳 환경 쾌척   4. 정기검진   5. 치아 이상 없음
☐ 2/4 : 4~5가지 해당   ☐ 1/4 : 2~3가지 해당
☐ 0/4 : 0~1가지 해당
(음주 흡연과 약물 남용 안 하면 2/4 더함, 가끔씩 한다면 1/4 더함)

■ 심리적 바퀴

수직 바퀴살 : 학습과 정보, 일
수평 바퀴살 : 스트레스와 우울증, 적개심

● 학습과 정보
정신적 학습이나 교육 정도, 프로그램에 참여 하는 정도, 독서하는 정도
☐ 2/4 : 보통 이상 즐기는 편   ☐ 1/4 : 보통 정도   ☐ 0/4 : 오히려 고통스런 일

하루에 대중매체나 컴퓨터 인터넷 검색에 노출되는 정도
☐ 2/4 : 1시간 이하 ☐ 1/4 : 1~4시간 정도 ☐ 0/4 : 4시간 이상

● 일(만족도와 적당량)
1. 일이 적성에 맞음 2. 보수에 만족함 3. 동료와 좋은 관계 4. 주 50시간 이하 노동
☐ 4/4 : 전부 해당 ☐ 3/4 : 3가지 해당 ☐ 2/4 : 2가지 해당
☐ 1/4 : 1가지 해당 ☐ 0/4 : 해당 없음

● 스트레스와 우울증
SAD = Stress(스트레스). Anxiety(불안). Depression(우울) 측정지수 / C형 성격
☐ 4/4 : 없는 편 ☐ 3/4 : 약간
☐ 2/4 : 보통 ☐ 1/4 : 좀 심함
☐ 0/4 : 아주 심함

● 적개심
분노, 공격성, 냉소적인 태도를 봄 / A, D형 성격
☐ 4/4 : 없는 편 ☐ 3/4 : 약간 ☐ 2/4 : 보통
☐ 1/4 : 좀 심함 ☐ 0/4 : 아주 심함

■ 관계적 바퀴

수직 바퀴살 : 부모와 자녀, 배우자
수평 바퀴살 : 확대가족과 친구, 사회적 지원

● 부모와 자녀
1. 내 부모는 사랑과 절제에서 균형적이다 2. 자유와 제한에서 균형적이다 3. 양육과 훈련에 균형적이다 4. 성인이 된 후 부모와 좋은 관계이다 5. 자녀(돌보는 이)와 만족하는 관계이다
☐ 4/4 : 모두 해당 ☐ 3/4 : 4가지 해당 ☐ 2/4 : 3가지 해당
☐ 1/4 : 2가지 해당 ☐ 0/4 : 1가지 이하 해당

● 배우자
최고를 4로 보고 배우자와의 관계에 등급을 매기면 어느 정도인가? 가령 미혼이거나 독신이라면 거의 날마다 우정을 나누는 친구나 가족과 그 깊이 정도는?
☐ 4/4 : 최고 만족 ☐ 3/4 : 만족하는 편 ☐ 2/4 : 보통 정도
☐ 1/4 : 약간 만족 ☐ 0/4 : 불행함

● 확대가족과 친구

형제자매, 고모, 이모, 삼촌 같은 친척과 사랑과 친밀 정도
- □ 1/4 : 좋은 관계
- □ 0/4 : 나쁜 관계

친구와 우정을 나누는 정도
- □ 3/4 : 깊은 우정
- □ 2/4 : 보통 우정
- □ 1/4 : 피상적임
- □ 0/4 : 전혀 없음

● 사회적 지원

자신에게 관심을 가진 사람, 어려운 일을 당했을 때 도와줄 사람, 정서적 소속감, 자존감
- □ 4/4 : 최고 만족
- □ 3/4 : 만족하는 편
- □ 2/4 : 보통
- □ 1/4 : 약간 만족
- □ 0/4 : 전혀 불만족

■ 영적 바퀴

수직 바퀴살 : 기도, 묵상
수평 바퀴살 : 교회 내 생활, 교회 밖 생활

● 기도

하나님과 대화, 절대자와 사랑과 친밀한 관계
- □ 4/4 : 하루 여러 번
- □ 3/4 : 한두 번
- □ 2/4 : 며칠에 한 번
- □ 1 4 : 급할 때만
- □ 0/4 : 전혀 안 함

● 묵상

1. 하나님께 귀 기울이는 것 2. 성경공부 참여 3. 말씀 암송 4. 말씀 묵상 5. 관상기도
- □ 4/4 : 4가지 이상
- □ 3/4 : 3가지
- □ 2/4 : 2가지
- □ 1/4 : 1가지
- □ 0/4 : 전혀 안 함

● 교회 내 생활(신앙의 멘토, 지원하는 동역자, 무조건적 사랑과 격려)

1. 내가 속한 공동체는 사랑과 격려가 넘친다 2. 나는 교회공동체에서 활동적이다
3. 긍정적 관계로 소모임에 참여한다
- □ 4/4 : 모두에 해당한다
- □ 3/4 : 3가지 해당
- □ 2/4 : 2가지 해당
- □ 1/4 : 1가지 해당
- □ 0/4 : 전혀 안 맞다

● 교회 밖 생활
1. 밖의 사람과 적극적 관계   2. 시간과 돈과 재능을 나눔   3. 하나님의 영광을 위해 일함
4. 평소 인격(사랑, 기쁨, 인내…)은 신앙에서 흘러나온다   5. 대화 때 자연스레 신앙 이야기를 함
6. 신앙교리를 편하게 토론한다
☐ 4/4 : 5가지 이상에 해당   ☐ 3/4 : 4가지 해당   ☐ 2/4 : 3가지 해당
☐ 1/4 : 2가지 해당   ☐ 0/4 : 0~1가지 해당

■ 자신의 바퀴 평가하기(전인적 건강 측정)

　네 개의 바퀴살에 자신의 점수를 연결해보라. 네 바퀴가 어떤 모양이 되는가? 둥그스름한가? 아니면 길쭉하거나 납작한가? 네 바퀴 모두 똑같은 크기인가? 아니면 하나가 작은가? 바람이 많이 빠진 바퀴, 균형이 맞지 않는 바퀴, 삐뚤어진 바퀴도 있을 것이다.

　공기가 충분히 들어가 매끈하게 잘 빠진 바퀴는 점수 합계가 16점(각 바퀴살당 4점)이다. 바퀴살을 확인하고 약한 부분부터 빨리 보강하는 것이 좋다. 또 4개의 바퀴(신체적 바퀴, 심리적 바퀴, 관계적 바퀴, 영적 바퀴) 중 어떤 바퀴가 약한지를 확인하라. 약한 바퀴부터 중점적으로 다루어야 할 것이다. 네바퀴 중 하나라도 펑크가 나면 자동차는 정상적으로 운행할 수가 없고 차 전체를 망가뜨릴 수 있다. 그래서 통합적 균형이 건강에 필수이다. 당신의 전인적 건강은 어떠한지 점검해보라. 그리고 3개월, 6개월 후 다시 점검해보라. 당신이 비록 병약한 사람이라도 이 책에서 전하는 가르침을 실천한다면, 분명 건강하게 변화된 당신을 만나게 될 것이다.

출처 : 『하나님이 창조하신 건강한 사람』(월트 래리모어, 트레이시 멀린스 공저, 정지훈 옮김, 죠이선교회, 2007)

캔미션

캔미션(CAN MISSION)은 'Cure Awaken Network Mission'의 줄임말입니다. 우리말로는 '치유를 일깨우는 선교 조직'을 뜻합니다.

예수님의 사역은 가르침(디다케), 선포(케리그마), 그리고 치유(테라피) 사역으로서 인간의 몸과 마음과 영혼을 통합하는 전인 사역을 하셨습니다(마 4:23).

이후 선교의 방향은 몸을 위한 병원, 마음을 위한 학교, 그리고 영혼을 위한 교회로 나누어져 있었습니다.

하지만 최근 의료에서는 통합 의학이, 학교에서는 전인 교육이 실시되고 있는 데 반해, 교회는 아직 하나로 된 인간의 몸과 마음에 접근하지 못하고 있는 실정입니다.

주님의 구원은 전인적 구원입니다. 치유와 가르침은 선교의 도구입니다.

따라서 CAN MISSION은 하나님이 주신 회복력(homeostasis)을 일깨우고 치유해 선교의 장을 넓혀 가는 일을 하고 있습니다.

하버드 의대 암환자 자기돌봄 프로그램

(2박3일, 심신의학 + 영양,운동 + 면역, 해독법 수련)

암 재발의 뿌리(생활습관, 두려움과스트레스)를 캐내세요.
서울 근교 천혜의 자연에서 건강 회복법을 수련!
주변에 있는 환자분을 위해 꼭 소개해주세요.

■ 일시
매달 첫째 주 화요일 오후 2시~목요일 오후 3시

■ 장소
캔미션생명학교(경기도 용인시 양지면 추계로 71-7길, 한국순교자기념관 입구)

■ 참가비
18만원(교재 및 검사비, 숙식비 및 10만 원 상당의 엠뮨주스 포함)
전화상담 후 입금(기업609-000719-01-013, 캔미션)

■ 교육내용
심신의학 테스트, 건강 식사법, 산책법, 바디스캔, 호흡법, 프리즈 프레임, 심상법,
자기 만나기, 영적 신호 알아차리기, 말씀묵상법, 냉온욕, 몸과 대화하기, 긴장 이완법,
불안 차단법, 엔자임 활성법, 자기암시, 마음우상 발견하기, 음악 치료, 토설하기,
용서 회개법, 브레이크아웃, 건강개발 5개년, 미용감사법, 니시오법 (24종)

■ 진행
국내 최초 심신 통합의학 전문가 김종성 목사
(하버드 의대 수련, 전 가톨릭의대 교수, 〈암~마음을 풀어야 낫지〉〈의사예수〉 저자)

캔미션생명학교 **kmbm.kr**   전국전화 **1566-0675**(영육치료)

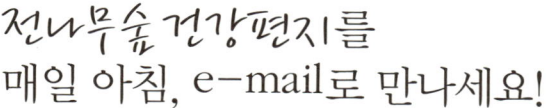

전나무숲 건강편지를
매일 아침, e-mail로 만나세요!

전나무숲 건강편지는 매일 아침 유익한 건강 정보를 담아 회원들의 이메일로 배달됩니다. 매일 아침 30초 투자로 하루의 건강 비타민을 톡톡히 챙기세요. 도서출판 전나무숲의 네이버 블로그에는 전나무숲 건강편지 전편이 차곡차곡 정리되어 있어 언제든 필요한 내용을 찾아볼 수 있습니다.

http://blog.naver.com/firforest

 '전나무숲 건강편지'를 메일로 받는 방법 forest@firforest.co.kr로 이름과 이메일 주소를 보내주세요. 다음 날부터 매일 아침 건강편지가 배달됩니다.

유익한 건강 정보,
이젠 쉽고 재미있게 읽으세요!

도서출판 전나무숲의 티스토리에서는 스토리텔링 방식으로 건강 정보를 제공합니다. 누구나 쉽고 재미있게 읽을 수 있도록 구성해, 읽다 보면 자연스럽게 소중한 건강 정보를 얻을 수 있습니다.

http://firforest.tistory.com

 스마트폰으로 전나무숲을 만나는 방법

네이버 블로그   다음 티스토리

전나무숲

www.firforest.co.kr / e-mail_forestfirforest.co.kr

의사 예수

초판 1쇄 발행		2009년 9월 29일
초판 5쇄 발행		2014년 2월 12일

지은이		김종성
펴낸이		강효림

편 집		이남훈 · 이용주 · 지태진
디자인		채지연
마케팅		김용우

종 이		화인페이퍼
인 쇄		한영문화사

펴낸곳		도서출판 전나무숲 檜林
출판등록		1994년 7월 15일 · 제10-1008호
주 소		121-230 서울시 마포구 방울내로 75(망원동 435-15) 2층
전 화		02-322-7128
팩 스		02-325-0944
홈페이지		www.firforest.co.kr
이메일		forest@firforest.co.kr

ISBN | 978-89-91373-60-0 (03230)

- 값은 뒤표지에 있습니다.
- 이 책에 실린 글과 사진의 무단 전재와 두단 복제를 금합니다.
- 잘못된 책은 구입하신 서점에서 바꿔드립니다.

인간의 건강한 삶과 문화를 한 권의 책에 담는다

나를 찾아가는 감성치유

불안하고 우울한 시대를 살아가는 현대인을 위한 감성 회복 실전서. 감성이 무엇인지, 왜 감성치유가 필요한지, 감성을 치유하고 감성의 힘을 회복하기 위해서는 어떻게 해야 하는지를 구체적으로 제시. 이 책에서 제시한 감성치유의 모든 과정이 끝났을 때 마음이 한결 가벼워지고 삶에 대한 새로운 의욕이 생기는 것을 경험할 수 있다.

강윤희 지음 | 민경숙 그림 | 212쪽 | 13,000원

화내지 않고도 원하는 것을 얻어내는 내 감정 조절법

분노에 대한 다양한 상담 사례와 함께 저자가 개발한 'EEM 기법'을 통해서 어떻게 감정을 조절하고 분노를 근원적으로 치유하는지를 보여준다. 이 책에서 분노는 자신은 물론 자신의 주변에 발생한 문제의 해결을 촉구하는 신호라며 분노의 감정을 긍정적으로 다루는 방법을 제시한다.

송남용 지음 | 240쪽 | 12,000원

좌절하지 않고 쿨하게 일하는 감정케어

산업 전 분야에 서비스가 경쟁요소로 자리 잡으면서 많은 직장인들이 감정노동 스트레스를 느끼며 살고 있다. 이 책은 감정노동 스트레스에서 비롯된 좌절감을 극복하고, 그 어떤 컴플레인과 짜증에도 쿨하게 대처함으로써 행복하게 직장 생활을 유지할 수 있는 방법을 사례와 함께 아주 상세하게 제시하고 있다.

최환규 지음 | 344쪽 | 14,800원

나는 왜 상처받는 관계만 되풀이하는가

왜 우리는 연인, 친구, 상사와 부하, 부부관계에서 상처받는 관계를 맺게 되는가? 5가지 피해자 덫을 통해 우리가 어떻게 상처를 받고 그 상처를 어떻게 치유해야 하는지의 과정을 쉽게 설명하면서 피해자 덫에서 빠져나올 수 있는 방법을 사례를 통해 알려준다.

카르멘 R. 베리, 마크 W. 베이커 지음 | 이상원 옮김 | 236쪽 | 값 13,000원

내가 말하는 진심 내가 모르는 본심

문제 없이 잘사는 것 같은데 왠지 늘 마음 한쪽이 허전하고, 삶이 정체된 것만 같고, 뭔가 부족한 것만 같다. "무언가가 내 행복을 훼방놓는건 아닐까?" 하는 의심까지 한다. 왜일까? 그리고 늘 뭔가를 갈망하는 이유는 뭘까? 이 책은 방어기제 뒤에 숨은 자신의 '진짜 마음'을 보게 함으로써 온전한 행복을 느끼게 해준다.

매릴린 케이건, 닐 아인번드 지음 | 서영조 옮김 | 292쪽 | 값 14,800원

우울증인 사람이 더 강해질 수 있다

우울증 탈출 성공기. 나약한 사람들이 우울증에 걸리기 쉽다는 편견을 깬 책. 윈스턴 처칠과 에이브러햄 링컨 등 우리가 알고 있는 위대한 인물들도 우울증을 극복하고 위대한 업적을 이루었다며 우울증에 잘 걸릴 수 있는 성격인 강직한 성품의 소유자들이 우울증을 극복하면 더 성공할 수 있다는 것을 설득력 있게 풀어낸다.

노구치 다카시 지음 | 황소연 옮김 | 232쪽 | 값 13,000원

인간의 건강한 삶과 문화를 한 권의 책에 담는다

생활 속 면역 강화법

세계적인 면역학자 아보 도오루의 면역학 이론을 쉽게 풀어쓴 책. 어려운 의학 용어와 복잡한 원리를 일러스트로 쉽고 재미있게 설명하면서 생활 속에서 누구나 실천할 수 있는 면역력 강화법을 제시한다. 특히 '면역력을 높이는 10가지 방법'은 그간 아보 도오루가 제창해온 면역학 이론에서 '핵심 중의 핵심'이라는 평가를 받고 있다.

아보 도오루 지음 | 윤혜림 옮김 | 236쪽 | 값 13,000원

면역력을 높이는 생활

의료계의 상식을 깬 가장 혁신적인 면역생활 지침서! 인체의 균형을 잡아주고 생명을 지켜주는 면역의 원리와 생활 속에서 실천할 수 있는 면역 건강법을 알기 쉽게 소개한다. 면역력을 높이는 7가지 생활습관을 실천할 것을 강조한다.

니시하라 가츠나리 지음 | 권오길 감수 | 윤혜림 옮김 | 208쪽 | 값 12,800원

면역처방 101

내가 만든 병은 내가 고친다. 세계 최고의 면역학자 아보 도오루가 전하는 면역 강화 지침. 생활습관병은 물론 암, 고혈압, 아토피 등의 병도 자율신경 즉 교감신경과 부교감신경의 조화를 유지하고 면역력을 높여주면 병원이나 약에 의존하지 않고 얼마든지 치료할 수 있다는 점을 밝히고 있다.

아보 도오루 지음 | 황소연 옮김 | 246쪽 | 값 11,000원